U0541660

文化与科技面面观

毛建儒 刘国帅 著

中国社会科学出版社

图书在版编目（CIP）数据

文化与科技面面观/毛建儒，刘国帅著．—北京：中国社会科学出版社，2021.6
 ISBN 978－7－5203－8702－6

Ⅰ.①文… Ⅱ.①毛…②刘… Ⅲ.①文化事业—科技发展—研究—中国 Ⅳ.①G12

中国版本图书馆 CIP 数据核字（2021）第 136611 号

出 版 人	赵剑英
责任编辑	冯春凤
责任校对	张爱华
责任印制	张雪娇

出　　版	中国社会科学出版社
社　　址	北京鼓楼西大街甲 158 号
邮　　编	100720
网　　址	http://www.csspw.cn
发 行 部	010－84083685
门 市 部	010－84029450
经　　销	新华书店及其他书店

印　　刷	北京君升印刷有限公司
装　　订	廊坊市广阳区广增装订厂
版　　次	2021 年 6 月第 1 版
印　　次	2021 年 6 月第 1 次印刷

开　　本	710×1000　1/16
印　　张	18
插　　页	2
字　　数	205 千字
定　　价	109.00 元

凡购买中国社会科学出版社图书，如有质量问题请与本社营销中心联系调换
电话：010－84083683
版权所有　侵权必究

目 录

上篇 中国文化与科学技术

一 中国文化的特点 …………………………………………（ 3 ）
二 中国文化与科学技术 ……………………………………（ 8 ）
三 对中国近代数学落后原因的分析 ………………………（ 21 ）
四 中国近代技术落后的根源 ………………………………（ 34 ）
五 山西文化与科学技术 ……………………………………（ 52 ）

中篇 中西方文化对科学技术作用之比较研究

一 和谐思想与西方科学发展 ………………………………（ 71 ）
二 和谐思想与中国古代科学的发展 ………………………（ 85 ）
三 古希腊神话与中国神话对科学作用之比较 ……………（102）
四 文化在中西技术发展中作用之比较 ……………………（121）
五 古希腊神话与中国神话对技术作用之比较 ……………（141）

下篇 案例研究

一 哥白尼日心说与古希腊科学传统 ………………………（157）
二 伽利略与近代科学传统 …………………………………（167）
三 科学传统在开普勒科学发现中的作用 …………………（177）
四 牛顿在科学传统上的多重性格 …………………………（190）

五　对屠呦呦获得诺贝尔科学奖的文化反思 …………………（223）
六　对"李约瑟难题"的再思考 ……………………………（236）
七　论科学的功利主义 ………………………………………（260）

参考文献 …………………………………………………………（276）

后　记 ……………………………………………………………（281）

上篇　中国文化与科学技术

　　中国文化与科学技术的关系，是一个比较复杂的问题。对这个问题不能以简单的肯定或否定来回答，而是需要进行具体深入的分析。这就是说，中国文化具有多重性，既有有利于科学技术发展的一面，又有不利于科学技术发展的一面，有时则是这两个方面并存。但有一点是可以肯定的，与西方文化相比，中国文化没有产生近代科学、现代科学。中国的近代科学、现代科学是"舶来品"，即是从西方引进的。这表明中国文化在这方面是有缺陷的。这也是五四运动提倡"赛先生"的原因。

一　中国文化的特点

中国文化源远流长，但真正的成型期却是在春秋战国时期。在这一时期，出现了百家争鸣的现象。在"百家"中，比较重要的学派有：儒家、道家、墨家、法家、兵家、阴阳家，等等。到西汉武帝的时候，董仲舒提出"罢黜百家，独尊儒术"的建议，使"儒术"成为社会的主导思想。当然，这时的"儒术"已不同于孔孟的"儒术"，因为它兼采了法家和其他诸家的一些思想。从这个意义上说，汉代的"儒术"是中国思想的一次统一，董仲舒在这种统一中起了关键的作用。

在之后的 2000 多年的时间中，儒家所提倡的儒学一直是中国社会的主导思想。尽管在某些时期会有一些不同的思想流行。例如，在魏晋时期，玄学比较流行。在隋唐时期，佛学比较流行。但这些思想始终没有取代儒学的地位。这就是说，儒学在思想领域中始终占主导地位。

儒学作为社会的主导思想，是封建统治阶级提倡和支持的结果。但仅有封建统治阶级的提倡和支持是不够的，还必须被广大人民群众接受。这里的接受不是强迫的，而是自觉自愿。这种接受是重要的，正是这种接受使儒家成为中国的文化。

儒学是一种文化。不仅如此，儒学还是一种文化圈，这个文化圈除了中国外，还包括中国周边的一些国家。亨廷顿曾指出："许多学者所使用的'中华'一词，恰当地描述了中国和中国以外的东南亚以及其他地方华人群体的共同文化，以及越南和朝鲜的相关文化。"[①] "历史上，中国自认为是兼容并蓄的，一个'中华圈'包括朝鲜、越南、琉球群岛，有时还包括日本；一个非汉人的'亚洲内陆地带'包括满族、蒙古族、维吾

---

① ［美］亨廷顿：《文明的冲突与世界秩序的重建》，新华出版社 1998 年版，第 29 页。

尔族、突厥人和藏族……"①

儒学之所以能成为一种文化，是因为它的群众基础，是因为它被广大人民群众自觉自愿地接受。确实，它曾经是封建的意识形态，它有为封建社会辩护的功能。但封建统治阶级为什么选它，而不是选别的思想，譬如墨家的思想、道家的思想、法家的思想，等等。这里的根本原因就在于：儒学更符合广大人民群众的需要，更容易为广大人民群众所接受。

广大人民群众为什么要接受儒学，这里边原因很多，主要有：一是儒学的关于"仁"的观点，有利于人们处理相互间的关系。什么是"仁"，《论语》中有这样的记载："颜渊问仁，子曰：克己复礼为仁。一日克己复礼，天下归仁焉。"②"樊迟问仁，子曰，爱人。"③"子贡曰：如有博施于民而能济众，何如？可谓仁乎？子曰：何事于仁，必也圣乎！尧舜其犹病诸！夫仁者，已欲立而立人，已欲达而达人。"④"仲弓问仁，子曰：出门如见大宾，使民如承大祭。己所不欲，勿施于人。"⑤ 根据《论语》的记载，"仁"就是要"爱人""立人""正人"。而要做到这"三人"，就要克制自己，遵守道德规则。在孔子的时候道德规则就是"礼"。因此，孔子主张"非礼勿扰，非礼勿听，非礼勿言，非礼勿动。"这一切都做到了，人与人之间的关系就变得和谐了。二是儒学关于孝的观点，是人们衷心拥护的，并且具有普遍性、可行性。孝是什么？孝就是孝敬父母。在孔子看来，孝包括两种形态：一种是对在世父母的孝；另一种是对去世的父母、先祖的孝。对在世父母的孝，包括奉养、尊敬、服从等方面。对于已死父母及先祖的孝，乃是对在世父母之孝的延伸和扩大，其目的是按祖先的法式办事，使本族后代繁荣昌盛，永远绵延下去。⑥ 父母对子女有养育之恩，作为子女当然应该孝敬父母。因此，孝是人之为人的起点，孝是社会作为人的社会的基础。当然，孝又是可行的，因为父母与子女有血缘关系，子女由父母抚养长大。从亲情和报恩来说，子女一般都能孝敬父母。

---

① ［美］亨廷顿：《文明的冲突与世界秩序的重建》，新华出版社1998年版，第181—182页。
② 张岱年：《中国伦理思想研究》，江苏教育出版社2009年版，第81页。
③ 张岱年：《中国伦理思想研究》，江苏教育出版社2009年版，第81页。
④ 张岱年：《中国伦理思想研究》，江苏教育出版社2009年版，第81页。
⑤ 张岱年：《中国伦理思想研究》，江苏教育出版社2009年版，第81页。
⑥ 黄楠森、杨寿堪主编：《新编哲学大辞典》，山西教育出版社1993年版，第590页。

而孝敬更多的是一些日常琐事，这些日常琐事子女大都能做到。即使经济不太宽裕，只要有孝心，父母也可原谅。孝的这种可行性，使它不再是一种理想而是一种行动，而且是绝大多数人的行动。由于孝的这种性质，它推动儒学进入千家万户，使儒学为广大的人民群众所接受。不仅如此，它使儒学上升为一种文化，它使儒学在几千年的时间中生生不息。时至今日，它仍是儒学的精华，仍是社会所需要的。三是儒学的等级制，可以用来规范人们的行为。人们怎么行为，这是任何社会都应该解决的问题。儒学为这个问题提供了一整套的规范。最大的规范是三纲，即君为臣纲、父为子纲、夫为妻纲。除此之外，还有一些具体的规定。例如："孔子谓季氏，八佾舞于庭，是可忍也，孰不可忍也。"① 这里牵涉到舞蹈的规定。按规定，天子八佾，诸侯六佾，士二佾。季氏是鲁国的大夫，但他却"八佾舞于庭"，这就严重违反了规定，因此孔子对他进行猛烈的抨击。另一个类似的事情是，鲁国大夫孟孙、叔孙、季孙三家，在祭祖时（用天子之礼），唱着《雍》诗来撤除祭品。孔子对此指责说："相维辟公，天子穆穆，奚取于三家之堂？"② 这些例子表明，孔子特别重视等级，并总是在不遗余力地维护等级。

荀子与孔子一样，也反复阐明等级的重要性。他指出："治国者，分已定，则主相、臣下、百吏各谨其所闻，不务听其所不闻；各谨其所见，不务视其所不见。所闻所见诚以齐矣，则虽幽闲隐辟，百姓莫敢不敬分安制以化其上，是治国之征也。"③ "礼者，谨于治生死者也。生，人之始也；死，人之终也。终始俱善，人道毕矣。故君子敬始而慎终。终始如一，是君子之道，礼义之文也。……故事生不忠厚、不敬文谓之野，送死不忠厚、不敬文谓之瘠。君子贱野而羞瘠，故天子棺椁十重，诸侯五重，大夫三重，士再重，然后皆有衣衾多少厚薄之数，皆有翣萎文章之等以敬饰之，使生死终始若一，一足以为人愿，是先王之道，忠臣孝子之极也。天子之丧动四海，属诸侯；诸侯之丧动通国，属大夫；大夫之丧动一国，属修士；修士之丧动一乡，属朋友；庶人之丧合族党，动州里。"④

---

① 李志敏注译：《四书五经》，海南出版社2009年版，第34页。
② 李志敏注译：《四书五经》，海南出版社2009年版，第34页。
③ 方勇等译注：《荀子》，中华书局2011年版，第182页。
④ 方勇等译注：《荀子》，中华书局2011年版，第308—309页。

在这里，荀子把等级推到死人。这就是说，活人是有等级的，死人与活人一样也是有等级的。拿棺椁来说，天子十重，诸侯五重，大夫三重，士再重。发丧的规模是：天子之丧动四海，诸侯之丧动通国，大夫之丧动一国，修士之丧动一乡，庶人之丧动州里。这样，人不管是生还是死，都处于严格的等级之中。当然用今天的观点来看，过分强调人的等级是严重违背人性的，因为人应该是平等的，这种平等既包括人的生、也包括人的死。特别需要指出的是：过分强调等级会使人变得唯唯诺诺，不利于人的聪明才智的充分发挥，不利于社会生产力和经济的快速发展。当然，等级制的历史作用还是应该肯定的。其理由在于，它规范了人们的行为，使人们知道怎么去做。最重要的是，它避免了各种混乱。这里的混乱也包括社会混乱。可以这样说，等级制可以使人各安其分、各司其职，这有利于人的位置的确立、有利于社会的稳定。正是基于此，儒学的等级制被人们所接受，并成为中国文化的一个部分。

儒学作为一种文化，它的最大特点可用四个字来概括：经世致用。儒学最大用是：齐家、治国、平天下。对此《大学》指出："古之欲明明德于天下者，先治其国。欲治其国者，先齐其家。欲齐其家者，先修其身。欲修其身者，先正其心。欲正其心者，先诚其意。欲诚其意者，先致其知。致知在格物。物格而后知至，知至而后意诚，意诚而后心正，心正而后身修，身修而后家齐，家齐而后国治，国治而后天下平。自天子以至于庶人，壹是皆以修身为本，其本乱而末治者否矣。其所厚者薄，而其所薄者厚，未之有也。此谓知本，此谓知之至也。"①

根据《大学》的观点，修身是根本。修身有四个步骤，也可以说有四个方面，即格物、致知、诚意、正心。修身的目的概括起来就是：齐家、治国、平天下。齐家是基础，齐家指家的和谐。只有一个一个的家庭和谐了，国家才能安定，天下才能太平。当然，国家还有国家层面的事，天下还有天下层面的事。拿天下太平来说，除了家庭和谐外，还要消除国内的动乱、平定外敌的入侵。这三个方面都做到了，天下才能太平。

齐家是一个家庭自己的事情。任何一个人都生活在家庭之中，都面临家庭问题。为了处理好家庭问题，就得修身。修身最重要的是确立仁爱的

---

① 李志敏注译：《四书五经》，海南出版社2009年版，第2页。

思想，这就是儒学所说的父慈子孝、夫义妇听、兄良弟悌。除了仁爱思想外，还有各种礼，这也是修身的重要内容。通过修身，要达到知礼、行礼的目的，特别是不能违礼。违礼会导致家庭的不和，这就不可能齐家。

齐家尽管是基础，但儒学更看重的是治国、平天下。这既是个人的荣耀，也是家族的荣耀。治国与齐家不一样，治国是少数人的事情。这里的少数人必须是英才。只有英才在位，才能实现治国、平天下的目的。由此而来的问题是怎么选拔英才。在这个方面中国创造了科举制，而科举考试的基本内容就是儒学和儒学的经典。只有通过阅读儒学的经典，并在科举考试中胜出，才能进入官场，才能成为一名官员。只有在成为官员的情况下，才能治国、平天下。

这样，一种"三角"关系就形成了：要治国、平天下，就得当官；要当官就得读书。把读书当作选拔官员的标准，其本身并没有多少问题。特别是与"任人唯亲"相比，这是一种更好的方式。因为它可以保证官员的基本素质，它在某种程度上体现了公平、公正的原则。中国封建社会能持续两千多年，一些大的朝代能持续几百年，与科举制紧密相关。正是科举制，使大量的优秀人才进入官场。依靠这些优秀人才，国家才能稳定运行，社会才能平安和谐。在某些时候，还会出现"盛世"。所谓"盛世"，就是国家和社会治理得很好，人民则安居乐业、过着比较幸福的生活。

但不幸的是，儒学的经世致用，以儒学经典为考试内容的科举制，最后变化为对官位的片面追求、变化为对官位的盲目崇拜，最后则发展成为官本位制。本来当官是手段，治国、平天下才是目的。但官本位制却把这种关系颠倒了。在官本位制看来，当官就是目的，当官就是一切。

二　中国文化与科学技术

中国文化与科学技术的关系，主要指儒家与科学技术的关系。广义地说，也包括道家、墨家、名家、法家等与科学技术的关系。儒家以孔孟为代表，并包括儒家的历代传人。他们提出并更新了儒家的学说，即儒学。因此，儒家与科学技术的关系，实际上就是儒学与科学技术的关系。

科学与技术经常联在一起使用，但科学与技术具有不同的性质。科学探讨的是自然规律的问题，科学的目的是求真，科学的求真是通过实践来进行的，只有与实践相符，科学才由原来的推测变为真理。技术的目的是求用，没有用的技术毫无价值。当然，技术在求用的过程中也离不开求真、也需要求真。但求用与求真相比，求用是第一位的，求用是主要矛盾。这就是科学与技术的区别，这种区别是根本性的。因此，在谈到儒学与科学技术的关系时，我们要把它们分开来进行。这样才能抓住问题的本质，才能正确地阐明儒学与它们的关系。这不仅有理论意义，而且还有实际价值。因为儒学直至今日仍在我们的社会中发挥着作用。

先来谈儒学与科学的关系。儒学追求的是经世致用，科学显然不符合这一追求。因为科学的本性是求真，而不是求用。即使科学在后来有所应用，那也属于科学的副产品。因此，儒学与科学的本性是对抗的。正是基于这一点，使某些学者得出儒学阻碍了科学发展的结论。这也是五四运动中相当一部分学者痛批儒学的原因之一。

儒学确实在某种程度上阻碍了科学的发展。这主要表现在：中国没有产生近代科学，在近代以后中国科学远远落后于西方。当然，这里的"落后"并不能完全归咎于儒学，但儒学肯定是其中的因素之一。因为儒学的那种只求用不求真的"气质"，对科学的发展是不利的，对纯科学的发展更加不利。

但儒学也有两面性，即它也有推动科学发展的一面。儒学的这一方面来自它的求用的特点。求用尽管与科学的求真相背，但它却可以成为科学发展的动力。这是一种"二律背反"，然而这种"二律背反"在历史和现实中确实存在着。从历史的角度看，中国古代的天文学是很发达的，一度曾遥遥领先于世界各国。例如，《竹书纪年》中载有夏桀十年（约公元前1580年）"夜中星陨如雨"，这是世界上最早的关于流星雨的记载。[①]《春秋·鲁文公十四年》记载了公元前613年秋七月"有星孛（即彗星）入于北斗，"这是关于哈雷彗星的最早记载，比西方早六百七十多年。[②]《后汉书·天文志》载："中平二年（公元185年）十月癸亥，客星出南门中，大如半筵，五色喜怒，稍小，至后年六月消"。这是世界上最早的新星爆发记录。[③] 在敦煌石窟中所发现的约公元940年的星图上，绘有一千三百五十多颗星，绘制的方法与现代所用的麦卡托圆筒投影法相似，西方在公元1608年发明望远镜以前的星图最多只有一千零二十二颗星。[④]

天文学有这样的发展，其原因在于它的用，即它对人们有用。这主要表现在三个方面：一是每个朝代为了表明正统，都要颁布历法。这使历法成了权力的象征，而且被当政者垄断起来。除了当政者，谁也不能颁布历法。否则，就是叛逆，就会被绳之以法，有时还会人头落地。在制定历法的过程中，需要天文学，这就推动了天文学的发展。二是不管哪个朝代，都很重视农业的发展，因为农业是国家的基础，农业出了问题，整个国家的基础就垮了，而农业的运行和发展，需要历法。这也推动了天文学的发展。三是在古代社会，占星术很流行。占星术通过观察天象来推断人间的吉凶，不仅用于国家大事，在民间也有广泛的应用。占星术本身是一种迷信，它没有根据，也经不起实践的检验。但上至皇帝，下至贫民，都对它深信不疑，并用它来调整国家和个人的行为。这样，占星术就成为研究的对象。作为研究的对象，需要进行大量的天文观测，结果也推动了天文学的发展。

例如，关于彗星，占星术对它的看法是："长星，状如彗（扫帚，民

[①] 潘永祥等编：《中国古代科学技术大事记》，人民教育出版社1917年版，第4页。
[②] 潘永祥等编：《中国古代科学技术大事记》，人民教育出版社1917年版，第19页。
[③] 潘永祥等编：《中国古代科学技术大事记》，人民教育出版社1917年版，第41页。
[④] 潘永祥等编：《中国古代科学技术大事记》，人民教育出版社1917年版，第81页。

间将彗星称为'扫帚星');孛星,圆,状如粉絮,孛孛然。皆逆乱凶孛之气,状虽异,为殃一也。为兵、丧;除旧布新之象。……凡彗孛见,亦为大臣谋反,以家坐罪;破军流血,死人如麻,哭泣之声遍天下;臣杀君,子杀父,妻害夫,小凌长,众暴寡,百姓不安,干戈并兴,四夷来侵。"① 这种看法纯属无稽之谈,但却推动了对彗星的研究。据有关史料,我国古代共有关于哈雷彗星的记载 31 次。这在世界上是罕见的,这对今天的天文学仍有一定的意义。

不仅天文学,数学也是在求用的推动下发展起来的。拿《九章算术》来说,它分为方田、粟米、衰分、少广、商功、均输、盈不足、方程、勾股九个部分,这九个部门共有二百四十六个应用问题。例如,《九章算术》衰分章第 10 题是:"今有丝一斤价直二百四十(钱)。今有钱一千三百二十八,问得丝几何。"这题的解法:以 1328 钱为所有数,丝 1 斤为所求率,240 钱为所有率,求得丝 $1328 \times 1 \div 240 = 5\frac{8}{15}$ 斤 = 5 斤 8 两 12 $\frac{4}{5}$ 铢(1 斤 = 16 两,1 两 = 24 铢)。② 衰分章第 20 题是:"今有贷人千钱,(每)月(利)息三十(钱)。今有贷人七百五十钱,九日归(还)之,问(利)息几何"。它的解法:以 9 日乘 750 钱为所有数,30 钱为所求率,30 日乘 1000 钱为所有率,求得利息 $9 \times 750 \times 30 \div (30 \times 1000) = 6\frac{3}{4}$ 钱。③

这表明,数学发展的动力也来自实用,即对实际问题的解决。具体来说,在生产和生活中有很多问题,需要借助数学来解决,这就推动了数学的发展。因此,中国数学的实用色彩很浓。当然,在追求实用的过程中,中国数学也有一些理论的提升和纯数学问题的研究。吴文俊对此曾做过一些分析,他认为中国数学从天文、田亩、土建出发,经过三条路径:天文→高远→勾股、重差,田亩→面积,土建→体积,最后上升为出入相补原理。而田亩→体积这条路径又上升为刘徽原理、祖暅原理。

天文学和数学还有一个互动过程。如中国最早的算经《周髀算经》,同时也是一部天文学的书。在《周髀算经》中,有很多关于天文学的计

---

① 江晓原:《12 宫与 28 宿》,辽宁教育出版社 2005 年版,第 269 页。
② 钱宝琮:《中国数学史》,科学出版社 1981 年版,第 38 页。
③ 钱宝琮:《中国数学史》,科学出版社 1981 年版,第 38 页。

算，如其中一个问题是：已知 1 月 = $29\frac{499}{940}$ 日，月行每日 $13\frac{17}{19}$ 度，求十二个月后，月所及度数。最后所求的度数 = $354\frac{6612}{17860}$ 度。[①] 另一个问题是："夏至之日正东西望，直周东西日下至周五万九千五百九十八里半。"这是一个已知勾股形（直角三角形）的弦 119000 里和勾 103000 里求股长里数的问题。应用勾股定理，求得股长 = $59598\frac{1}{2}$ 里。[②]

天文学与数学的互动贯穿整个中国科学发展的历史。例如，祖冲之是一位天文学家，他编制了《大明历》。在编制《大明历》的过程中需要有精确的 π 值。这使他进入了数学领域，并开始了对 π 值的推算。推算的结果在世界上遥遥领先。秦九昭从小就跟太史局的官员学习天文历法，这推动了他对"大衍求一术"的研究。"大衍求一术"是关于一次同余式的研究。西方学者马蒂生、康托、勃雷希、萨顿给"大衍求一术"以很高的评价。其中的萨顿称秦九昭为"他那个民族，他那个时代，并且确实也是所有时代最伟大的数学家之一"[③]。

这里特别谈谈内插法。所谓内插法，就是已知函数 f(x) 在自变量是 x1，x2，…，xn 时的对应值是 f(x1)，f(x2)，…，f(xn)，求 xi 和 xi+1 之间的函数值的方法。如果 xn 是按等距离变化的，称为自变量等间距内插法；如果 xn 是按不等距离变化的，称为自变量不等间距内插法。内插法是在天文学的推动下发展起来的，公元 206 年，刘洪在乾象历中首次提出用一次内插的方法来确定合朔的时刻；公元 600 年，刘焯在皇极历中提出一个推算日、月、五星视行度数的等间距二次内插公式；公元 1281 年，郭守敬等的授时历在计算日、月、五星视行度数中考虑了日、月、五星运行的不等速运动情况，认为距离是时间的三次函数。不过授时历没有求出三次内插公式，而是用差分表来解决这个问题，把这个方法叫作"招差术"。

可以说，儒学的求用确实推动了中国古代科学的发展。不仅如此，儒

[①] 钱宝琮：《中国数学史》，科学出版社 1981 年版，第 30 页。
[②] 钱宝琮：《中国数学史》，科学出版社 1981 年版，第 30 页。
[③] 吴文俊等：《中国古代科技成就》，中国青年出版社 1978 年版，第 120 页。

学的求用还是中国古代科学发展的主要动力。在古代世界，古希腊属于"异数"，因为它的科学是以求真为目的的。其他国家的科学都是以求用为目的。但古希腊很快就衰落了，其他国家的文明也大都中断了。中国的文明则一直延续了下来。这就使中国古代科学长期处于领先地位，在某些方面则是遥遥领先。

但儒学的求用是缺陷的，这首先是它有大用、小用之分。儒学的大用就是"治国、平天下"。这是儒学的焦点。这个焦点吸引了大部分的知识分子。这就是说，大部分的知识分子所追求的是"治国、平天下"。为了实现这一目标，他们苦苦读书、不停地参加科举考试，少数人虽然获得了成功，即顺利地通过科举考试，顺利地进入了官场，但他们中也只有一部分可以实现"治国、平天下"的目标。

除了大用之外，还有小用。科学就属于小用。对小用，儒学是瞧不起的，有些儒士甚至不屑于去搞小用。因此，科学从来就不是儒学的焦点，有时还会遭到儒学的反对。当然，小用也是用，特别是当小用与大用有联系时，儒学对小用也采取支持的态度，并且不少儒士参与其中。天文学就属于这样的科学。因此在古代，中国的天文学远较其他国家发达。

当然，作为一种业余的爱好和追求，有一些儒士（包括贵族、官僚）也从事某种科学研究。这部分儒士尽管不多，但他们却是科学研究的一种重要力量。他们有文化，在经济上也富裕，这就使他们的科学研究可以顺利进行，并取的一定的成果，有时还是重大的成果。例如，明代朱载堉，是朱元璋的九世孙，郑恭王朱厚烷之子。他是一位科学的业余爱好者和研究者。他发现了"新法密律"；他正确解答了等比数列；他归纳出九进位数和十进位数的换算口诀；他利用旧仪器——元代郭守敬曾发明的"正方案"仪器，测得北京地理纬度为46°16'、地磁偏角为4°48'。

另有一些儒士则是因生活所迫从事科学研究的，这些儒士从事的科学往往是应用科学，并在科学研究中取得了一个又一个的成果。例如，清代医学家叶天士，他之所以行医，一是祖传，二是为了维持生活。在多年行医的基础上，他创立了温病学。温病学的论点是："温邪上受，首先犯肺，逆传心包"。这概括了温病的发展和转变的途径，成为认识外感温病的总纲。他还根据温病病变的发展，将温病分为卫、气、营、血四个阶段。他在诊断上也确立了一系列的方法——察舌、验齿、辨斑疹、辨白疹等。这一切使他成为温病大师。

尽管如此，小用毕竟不是大用，这就决定了在儒学占主导地位的氛围下，中国科学不会有大的发展。

但到近代就不同了。近代科学产生后，西方科学发展的速度越来越快。反观中国科学，却长期停滞不前。例如，就数学而言，在公元1500年以前，中国数学在世界上占据重要地位，在整体上处于领先水平。特别是在公元401—1000年和公元1001—1500年期间，中国数学重大成就占世界数学重大成就的50%以上。但在1501—1900年期间，中国数学则一落千丈，在400年中竟没有一项重大成就。对这种情况，儒学负有不可推卸的责任。

这也是儒学20世纪以后，不断遭到批判原因。

然而儒学作为一种文化，在五四运动"遭劫"以后，它仍然存在，并且还不时地复兴一番。这里的原因是：儒学作为封建的意识形态虽然被扫荡，但它仍然存在于人们的意识中，特别是藏匿于人们的潜意识中。这就是说，儒学是打而不倒、消而不灭。其根源在于：一是儒学经过几千年的学习、宣传，已成为中国人的"集体无意识"，它深深地扎根于人们的头脑之中，并一代一代地传了下来。二是儒学是社会的需要。儒学并不仅仅是封建的意识形态，它包含着许多符合人性的东西。例如仁、孝等。特别是孝，这是任何社会都需要的，而且是任何人都必须去做的。当然，各个时代由于自己所需，赋予儒学很多外在的东西。对这些外在的东西，要根据时代的发展进行清除。但清除并不是清除儒学本身。过去我们往往是这样做的，这等于倒洗澡盆里的脏水时把小孩也倒掉了。

这表明，作为文化儒学要长期存在下去，这就有一个如何处理儒学与科学的关系问题。这个问题既不是古代问题也不是近代问题，而是现代问题。现代科学，其主流和基调仍然是求真。所谓求真，就是要探索自然界的奥秘，就是要揭示自然界的规律。在这个过程中，主观必须符合客观，主观不能违背客观。怎样才能做到这一点，通过实践，实践是检验真理的标准，在最终意义上是唯一的标准。然而，儒学的基本特点是求用。就这一点而言，儒学与现代科学是矛盾的，至少是不和谐的。

怎样解决上述的不和谐，这里至少可提以下几点：一是儒学的求用不要过多地渗透在科学研究中。这里的"过多"实际上是说，不渗透是不可能的，但过多的渗透则会出现问题。因为"过多"会扭曲科学研究的方向。二是在科学领域，要始终坚持求真的精神。至于求用，那是求真的副产品，绝不能把求用作为科学研究的主要目标。三是科学家不能把求用的观念带到科学的研究之中，这会使科学研究"迷失方向"。在这个方面可以学习西方的科学家。他们大多数是宗教的信徒，但一进入科学研究的过程，他们就在科学精神的指导下开展工作。中国的科学家也应如此，他们在处理人际关系时，应遵循儒学的规则，然而绝不能用儒学的求用来指导科学，更不能用儒学的求用来左右科学。四是把儒学的求用放到适当的地方。这里的"适当"是指，在一些应用科学中，儒学的求用有其位置，并且可以发挥其的作用。当然，应用科学不同于技术，应用科学同时应当考虑两个方面，即求真和求用，并且要努力实现求真和求用的平衡。五是在儒学中吸纳科学精神。

当然，儒学要处理好与现代科学的关系并不是一件容易的事情。这只要看看西方的情况就清楚了。西方文化实际上是两种文化的融合，即希腊文化和希伯来文化的融合。希腊文化中包含着科学精神，因此它更适宜科学的发展。希伯来文化则主要涉及信仰、价值，它很少涉及科学精神。特别需要指出的是，希伯来文化一旦发现科学与它有冲突，就会压制科学、否定科学，如中世纪的科学基本处于停滞状态。文艺复兴以后，古希腊的科学精神才得到恢复，并推动了近代科学的产生和发展。但在近代，两种文化的冲突也不断发生。只是在经过反复调整以后，两种文化才开始变得和谐。儒学也一样。儒学与现代科学的关系也需要不断调整。这种调整是可能的，因为儒学是一种开放的体系，通过调整，儒学可以更好地适应现代科学的发展。

技术与科学不一样，技术是实用的，因此在大方向上，技术与儒学是一致的。但在儒学看来，技术是小用，技术是雕虫小技。因此儒士不屑于去从事技术，把从事技术的人称之为小人。例如，在《论语》中有这样一段记载："樊迟请学稼。子曰：'吾不如老农。'请学为圃。曰：'吾不如老圃。'樊迟出。子曰：'小人哉，樊须也！上好礼，则民莫敢不敬；上好义，则民莫敢不服；上好信，则民莫敢不用情。夫如是，则四方之民襁负其子而至矣，焉用稼？'"①

上面的这段记载，表明了孔子对技术的态度，这种态度概括地讲就是：孔子本人是不懂技术的，孔子认为也不需要去学技术。因为技术是小人干的，君子则只管礼、义、信的问题。如果礼、义、信的问题处理好了，人民就会归顺，国家就会安稳，社会就会发展。这就是孔子的理想。

孔子的观点，影响了儒学和儒士。儒士所做的事情是：两耳不闻窗外事，一心只读圣贤书。所谓的"圣贤书"就是四书五经。最后的结果是，儒士成了四体不勤，五谷不分的书呆子。他们满口仁义礼智，他们言则之乎者也，但他们却不懂实际的技术、不懂用实际的技术去造福于人民。

当然，上面只是就一般情况而言的。在历史和现实中，儒学和技术的关系呈现出复杂的态势：一是有些技术是国家之需要，这时的技术就由小用变成了大用。例如，战国时期的李冰，曾任蜀郡郡守，他主持修建了大型水利工程——都江堰。都江堰直到现在仍在运行，是一项利国利民的工程。明代进士潘季驯，曾四次总理河道，并系统地提出"束水攻沙"和"蓄清刷黄"的治河理论及具体的工程措施。二是有些技术是科学之需要，而科学由于国家需要由小用变成了大用，这样与科学有关的技术也就由小用变成了大用。例如，天文学是国家之需要，与天文学有关的各种仪器也就被国家重视、并发展起来，一行和梁令瓒共同设计、制造了既可自动演示天象，又能自动报时的新仪器——浑天仪。他们还设计制造了一种专门用于测量各地北极出地高度（等于地理纬度）的仪器——覆矩。三是有些已担任高官的儒士，在业余时间也从事一些技术工作。这跟他们的个人爱好有关。例如，明代万历时期的鸿胪寺主簿赵士祯，对军事技术情有独钟。他写成了关于火器的著作——《神器谱》。这本书分为5卷，共6万多字，附图200多幅。其中第二卷《原铳》，详细记述了各种火器的主要构造、使用方法以及后期的保养等细节，并附有各主要部件的详细示意图；还论述了火器的地位及其他军事因素之间的关系，并说明需要根据不同的作战形势进行必要调整。四是一些落魄的儒士，迫于生活压力也投身于技术工作。这里的"落魄"包括两部分人：科举考试的失败者，在官场上被罢免的官员。他们为了生计，也进入某些技术领域。这特别表现

---

① 李志敏注译：《四书五经》，海南出版社2009年版，第90页。

在医学上。搞医学必须有文化，医学又是人民需要的。在这个方面，"落魄"儒士有天然的优势，这使他们中的很多人进入医学领域，并成为著名的医生。当然，医学具有二重性，即它既是科学、也是技术。这使它与纯技术有很多不同的特点。

除了儒士以外，技术的发展还依赖于工匠，并且工匠是技术发展的主力军。工匠是因社会需要而产生的。在中国，工匠是一支庞大的队伍，工匠从事着各个领域的技术工作。工匠一旦产生，就开始了传承。工匠的传承主要是在亲属之间进行的，有时也传承给外人。由于工匠没有文化，他们的传承是通过带徒弟的方式进行的，他们的传承方法一是演示，二是手把手地教。如果传承中断，他们的技术就消失了、在很多情况下是永远地消失了。

工匠是社会需要的产物，同时他们也只有在社会需要的情况下才能生存、发展，而社会需要是不断变化的。在这种变化中，有的社会需要消失了，有的社会需要产生了。一旦某种社会需要消失了，与它相关的技术也就无法存在了。这时工匠就得转业，就得进入新的社会需要之中。新的社会需要是一个陌生的领域，但很快就会被工匠开拓出来，并产生与之相关的新的技术。

工匠在不断地进行着技术发明，但更多地在进行着技术改进。一般地说，最初的工匠是技术的发明者，因为他们没有技术可以利用，他们只能发明技术。随后的工匠则主要是传承，即传承最初的工匠发明的技术。当然，他们在传承中也有改进、有时还有大的改进。为什么要改进，有两个原因：一是最初的技术很粗糙，需要精细化。二是为了提高工效。这是最重要的原因。

工匠在社会需要的基础上，一代一代地传承着他们的技术。他们发明新技术的动力严重不足。因此他们的技术是几十年、甚至几百年一贯制。这就使中国的技术发展极其缓慢。由此带来的后果是社会生产力长期得不到提高。在某些特殊的情况下（战争、饥荒、瘟疫），社会生产力还会严重倒退。这就决定了中国人只在少数时期内可以丰衣足食、而在大多数时期内则过着饥寒交迫的生活。

工匠发明新技术，其动力来自新的社会需要。这就是说，一旦有新的社会需要，工匠就会发明新的技术。由于中国社会长期处于农业社会，其发展比较缓慢。因此，新的社会需要不可能大量地涌现，这就影响了新技术的发明。这是一种恶性循环。正是这种恶性循环，使中国社会的发展只能缓缓而行。这在古代还问题不大，到了近代则使中国一次又一次地陷入灾难。

工匠的工作是有程序的，但工匠更多是通过"悟"来解决他们的问题。工匠的传承也是这样，徒弟要学习师傅的技术，在很多情况下是依靠"悟"来进行的。"悟"就有一个高低的问题，即有的工匠"悟性"高，有的工匠"悟性"低。"悟性"当然与学习和锻炼有关，但"天然的素质"也很重要。"天然的素质"是无法传承的。由此决定，在工匠的传承中，有时不是进化而是退化。这就是说，有些工匠，他的传承者很难达到他的水平。特别是一些大的工匠，他们往往是几十年出一个、甚至几百年出一个。他们犹如一座座山峰，后人很难达到他们的高度。这是中国古代技术发展的一个很重要的特点，这与近、现代技术的发展是不一样的。

工匠的技术发明，其承载者是工匠本身，或者是某种实物。工匠一旦身亡，他的技术发明就在人间消失了。因此，在古代中国，技术失传的现象是很严重的，有很多技术不得不重新再来。这就影响了技术的发展，并造成了大量人力、物力的浪费。

由于工匠在社会中地位很低，他们的生活一般也比较贫穷，因此，工匠作为一种职业，其吸引力是不大的，特别是对儒士吸引力不大。儒士是以进入官场为目的的，他们不愿意与工匠为伍。只有在万般无奈的情况下，他们才以工匠为职业。这就影响了工匠队伍的素质。具体地说，在工匠中文化人较少，有科学素养的文化人更少。这带来两个后果：一是工匠的技术成就上升不到理论的层面；二是工匠的技术成就很难用文字记载下来。后一点很重要，它影响了工匠技术成就的传播、使工匠的技术成就不能发挥更大的作用。

特别需要指出的是，在儒士的眼中，工匠是卑贱的。这就阻止了他们向工匠的学习，阻止了他们与工匠的结合。而工匠，由于没有文化，也无法与儒士结合。这种分离的状况，既不利于科学的发展，也不利于技术的发展。这是中国近代科学技术落后于西方的很重要的一个原因。

反观西方，在中世纪的时候学者已开始重视技术、已开始走向工匠。比如，罗吉尔·培根在谈到朝圣徒彼得时指出："他从实验懂得自然科学，还懂得医药、炼丹术以及天上的和地下的一切事物。如果任何平常人、老妇、村夫或兵士懂得一点有关土壤的事为他所不悉，他就要惭愧。所以他熟悉铸金属法，以及处理金、钱、其他金属和一切矿物的方法；他懂得有关军人职务、军器和狩猎的一切；他考察过农业、田地丈量和耕种；他更考虑过老妪的幻术和算命术、这些人和一切术士的符咒，还有魔术家的种种手法和障眼法。他却藐视荣誉和奖励，以为它们将妨碍他在实验工作方面达到的伟大成就。"①

到了近代，学者和工匠不再分离，而是紧紧地结合在一起。梅森曾就此指出："存在于工匠传统和学者传统之间的障碍，一直把机械技术和人文科学隔离开来。这种障碍到了16世纪就开始崩溃了。行业的秘密消失了，工匠把他们的传统记录下来并吸收了学者们的一些知识，有些学者开始注意到匠人的经验和方法。"②

梅森还举了大量的事例：意大利一个冶金工人毕林古邱于1504年出版了《论火法》一书。他后来当了教皇属下开矿和军事工程的总管。这本书谈到冶炼金属，铸造火炮、炮弹和钱币，以及火药的制造。1556年在日耳曼哈尔茨山矿区的一个学者和医生鲍尔也写了一些类似的著作，还加上了一些关于开矿方法的描述。伦敦一个退休海员和罗盘制造者诺曼，在1581年出版了一本小册子《新奇的吸引力》。书中谈到他发现的磁针下倾现象：他把一根磁针用绳子在半中间吊起来，不但指向北方，而且跟水平形成一个倾角，这就叫磁倾角。他还把磁化以前和磁化以后的铁屑称过，看磁力是否有重量。他又把一根装在软木上的磁针浮在水面上，发现磁针仅转动到指向南北而不是向南方和北方移动，从而得出磁力只是一种定向力，而不是运动力的结论。他进一步讨论了和航海有关各种磁力的问题，特别是在不同地方罗盘磁针和正北方向的偏离问题。伊丽莎白女王的御医吉尔伯特推进了诺曼的工作，他著有《磁石论》一书。他按照马里士特的方法，制成球状磁石，取名为"小地球"，在球面上用罗盘针和粉笔画出了磁子午线。他证明罗曼所发现的下倾现象也在这种球状磁石上表现出来，在球面上罗盘磁针也会下倾。他还证明表面不规则的磁石球，其

---

① [英] 贝尔纳：《历史上的科学》，伍况甫等译，科学出版社1983年版，第188页。
② [英] 梅森：《自然科学史》，周煦良等译，1984年版，第128页。

磁子午线也是不规则的，由此设想罗盘针在地球上和正北方的偏离是由大块陆地所致。他还发现两极装上铁帽的磁石，磁力大大增加。他还研究了某一给定的铁块同磁石的大小和它的吸引力的关系，发现这是一种正比关系。

学者和工匠的结合，推动了科学与技术的结合。科学与技术的结合，最初是表面的、浅层的，最后则是有机的、本质的。这表现在两个方面：一是在技术的基础上产生科学。这里的科学是过去没有的，因此是新的科学。例如，卡诺对蒸汽机进行了研究。他提出了"理想蒸汽机"的概念，这种蒸汽机没有摩擦和对外热交换，只有最基本的工作过程——热向机械功的转化。通过对这种蒸汽机的分析论证，卡诺得到了卡诺原理和卡诺定律的公式。在卡诺研究的基础上，经过其他科学家的努力，逐渐形成一门新的科学——热力学。热力学的第一定律是能量守恒和转化定律。后来克劳修斯又提出热力学的第二定律。热力学的第二定律揭示热运动的自然过程是不可逆的。除非由外界做功，才可以使热量从低温物体转向高温物体。

二是在科学的基础上产生技术。这是从电磁科学开始的。在电磁科学的基础上，产生了电力技术。例如，发动机、电动机、电报、电话、电灯等等。进入20世纪以后，特别是20世纪50年代以后，这种现象已经很普遍了。例如，核能产生于爱因斯坦相对论和原子科学，激光产生于激光科学，生物工程产生于分子生物学，超导技术产生于超导科学，纳米技术产生于纳米科学，等等。可以这样说，20世纪50年代以后的技术，是以科学为基础发展起来的，没有科学就没有技术，特别是没有新的技术。

科学与技术的结合，还使科学变成技术的内生变量，使技术变成科学的内生变量。这就是科学与技术的一体化。这种一体化在某程度上说已分不出什么是科学、什么是技术。因此，要发展科学，就得发展技术；要发展技术，就得发展科学。作为科学的主体和技术的主体，也不再像过去那样一分为二了，而是合二而一、融为一体。

这就是西方科学发展的逻辑。中国自身则从未出现这样的逻辑。在中国，科学与技术是分离着的，科学的主体和技术的主体也是分离着的。这种分离一直持续到20世纪。当然，在此之前，也有一些结合，但结合只是个别的、只是涓涓细流。在这个方面根本无法与西方相比。这就决定了中国近代科学技术必然落后于西方。为了追赶西方的科学技术，中国开始引进西方的科学技术，在此基础上中国发展了自己的科学技术。但从整体上看，中国的科学技术仍落后于西方的科学技术，甚至在某些方面还是远远落后。

  中国科学技术的落后，其原因是多方面的，但肯定与中国文化有关、与儒学有关。儒学轻视体力劳动，视工匠为小人，这不利于科学与技术的结合，这既影响了科学的发展，也影响了技术的发展。儒学的这种观念直到现在也没有完全消除，仍在影响着中国科学技术的发展，以至于外国学者对中国留学生的评价往往有动手能力不强这样的说法。要解决这个问题，就必须进行价值观念的转换，甚至必须来一场价值观念的革命。除此而外，还要有体制的保证，即体制要有利于价值观念的转换、有利于科学与技术的结合。就目前的情况而言，市场体制是一种比较好的体制。中国在建立市场体制方面已做了大量的工作，但还存在很多问题。只有把这些问题真正解决了，才能使科学技术紧紧结合起来，才能实现科学技术的一体化。

三 对中国近代数学落后原因的分析

中国数学在古代曾处于世界领先地位,但到近代却落后了,下面就是这种情况的一个具体说明。

公元前 6 世纪以前:

数学重大成就,世界 5 项,中国 2 项。

公元前 600 年—公元 1 年:

数学重大成就,世界 15 项,中国 3 项。

公元 1 年—公元 400 年:

数学重大成就,世界 10 项,中国 4 项。

公元 401 年—公元 1000 年:

数学重大成就,世界 9 项,中国 6 项。

公元 1001 年—公元 1500 年:

数学重大成就,世界 15 项,中国 9 项。

公元 1501 年—公元 1900 年:

数学重大成就,世界 100 项,中国 0 项[①]。

上面所谓的数学重大成就,包括三方面的内容,即重大数学成果,重要数学著作,重大数学事件。例如,欧多克斯的"穷竭法"、刘徽的"割圆术"等,属数学重大成就;欧几里得的《几何学原本》、中国的《周髀算经》《九章算术》《海岛算经》等,属重要数学著作;贝克莱对微积分逻辑矛盾的揭露,属重大数学事件。

数学重大成就的三个部分,具有不可比性,因此把它们作为数学重大成就放在一起是不精确的。另外,就是每一个部分中的具体部分,也具有

---

① 《自然科学大事年表》,上海人民出版社 1975 年版,第 1—107 页。

不可比性。例如，《几何学原本》与其他重要数学著作相比，显然不在一个档次上。

这表明，上面的统计存在着严重的缺陷。尽管如此，我们还是可以通过其中的数字大致了解1900年以前中国数学发展的情况。具体地说，在1500年以前，中国数学在世界上占据重要地位，在整体上处于领先水平。特别是在公元401—1000年和公元1001—1500年期间，中国数学重大成就占到世界数学重大成就的50%以上。但在1501—1900年期间，中国数学则一落千丈，在400年中竟没有一项数学重大成就。

中国古代数学为什么先进？中国近代数学为什么落后？这是互相联系的两个问题。在分析这两个问题的时候，不应仅仅局限于中国内部，而应从世界范围内进行思考。

（一）中国古代数学先进的原因

要弄清中国古代数学先进的原因，就要分析数学发展的一般机制，这种机制包括外在机制和内在机制。

我们先谈外在机制。数学发展的外在机制，就是社会生产推动数学发展的机制。关于这个问题，恩格斯指出："首先是天文学——游牧民族和农业民族为了定季节，就已经绝对需要它。天文学只有借助数学才能发展。因此也开始了数学的研究——后来，在农业发展的某一阶段和在某个地区（埃及的提水灌溉），而特别是随着城市和大建筑物的产生以及手工业的发展，力学也发展起来了。不久，航海和战争也都需要它。——它也需要数学的帮助，因而又推动了数学的发展。"[1]

根据恩格斯的观点，结合数学发展的实际情况，可以确定数学发展的外在机制主要表现在三个方面：一是生产需要→数学；二是生产需要→天文学→数学；三是生产需要→力学→数学。这三个方面，也可以说是三条途径。

就古代而言，最重要的是第二条途径。因为第一条途径虽然也产生过一些数学成果，如埃及的几何学，就是在丈量土地的过程中产生的。克莱

---

[1] ［德］恩格斯：《自然辩证法》，人民出版社1972年版，第162页。

茵曾指出："据历史学家 Herodotus 说，埃及是因为尼罗河每年涨水后须要重定农民土地的边界才产生几何学的。"① 但这条途径所产生的数学成果是有限的、简单的。第三条途径中的力学，正处在萌芽和经验阶段，所产生的数学成果也不很多，对数学发展的推动也很有限。

第二条途径就不同了。因为在古代，天文学的理论形成较早。例如，托勒密在公元 2 世纪写成《至大论》，用本轮和均轮的复杂系统，详细阐述了地球中心说。这一学说虽然后来被证明是错误的，但就西方而言，确是第一个天文学的理论形态。另外，由于农业和畜牧业的需要，推动了历法的制定。但最初的历法是很不精确的，并且随着时间的推移问题越来越多，这就须要修改历法。例如，汉朝编造了《太初历》；南齐编造了《大明历》；到了唐朝又编造了《戊寅元历》。上面这两个方面，有力地推动了数学的发展，使数学达到了一个新的水平。

其次，我们谈谈内在机制。数学发展的内在机制，实际上就是数学内部各要素之间的相互作用怎样推动数学发展的机制。在古代，数学发展的内在机制所起的作用是很弱的，其主要原因是：数学理论化水平较低，数学的分支较少。但古希腊在这方面是很突出的。实际上，欧几里得几何就是数学内在机制作用的产物。具体地说，在欧几里得之前，毕达哥拉斯建立起了以数为基础的数学理论。但他的数只限于自然数和用自然数表示的分数。后来发现了无理数，毕达哥拉斯的数学理论遭到沉重打击，并由此产生了西方数学史上的第一次数学危机。为了摆脱危机，欧几里得对数学理论进行了重建。他避开了无理数，以几何为数学的基础，构造了一个新的数学理论体系，这就是欧几里得几何公理系统。这是数学史上的一件勋业，也为其他科学的发展提供了范例。

在弄清古代数学发展的外在机制和内在机制后，我们就可以分析中国古代数学发展的情况了。中国古代数学之所以能够在整体上处于世界领先水平，其原因主要是：

第一，中国古代的农业和畜牧业在当时的世界上处于领先地位。这表现在三个方面：一是农业和畜牧业的规模最大。这一点比较清楚，中国古

---

① ［美］克莱因：《古今数学思想》第一册，张理京等译，上海科学技术出版社 1979 年版，第 21 页。

代的人口数量在世界各国中是首屈一指的,维持这样一个数量的人口生存,相应地就要有一个规模庞大的农业和畜牧业。二是农业和畜牧业的技术比较先进。例如,在六七千年前就已经种植水稻。五六千年前已有原始畜牧业,饲养猪、牛、羊、鸡、犬等家畜和家禽。周代已掌握利用微生物和酶加工食品的技术。三是农业和畜牧业的理论达到一个较高水平。例如,战国时期中国农业知识开始系统化和理论化,出现了农家学派和《神农》《野老》等农书。以后又出现了《氾胜之书》《齐民要术》等农书。这些农书,把中国古代的农业和畜牧业理论推进到一个新的、更高的水平。

第二,中国古代的天文学在当时的世界上处于领先地位。这可从三方面来说明:一是有最丰富、最系统的天象观测记录。例如,《竹书纪年》中载有夏桀10年(约公元前1580年)"夜中星陨如雨",这是世界上最早的关于流星雨的记载。商代甲骨文中还有世界上最早的关于日食、月食和新星等的记载。二是有比较先进的历法。例如,商代甲骨文中已采用干支日法。公元前6世纪已采用19年7闰月的置闰方法制定历法,比希腊人早100多年。公元前4世纪,已采用定一回归年为365天的《四分历》,比欧洲罗马人在公元前46年颁行的用同样数据的《儒略历》早300年以上。三是出现了若干天文学理论。例如,在汉代,形成了盖天说、浑天说和宣夜说。以《周髀算经》为代表的盖天说认为天是一个弯曲的盖子,地也是一弯曲的面。落下闳、张衡等人总结和发展了当时较先进的浑天说,认为"浑天如鸡子,天体圆如弹丸,地如鸡中黄"。郗萌所提倡的宣夜说认为天没有形质,"高远无极",日月星辰都是飘浮在空中的。

第三,中国古代的力学在当时的世界上也处于领先地位。例如,东汉时发明的水排,是用卧式(或立式)水轮带动皮囊鼓风的机械装置,这比欧洲类似机械早约1200年。元初郭守敬作"简仪"时,于"环内广面卧施圆轴四,使赤道环旋转无涩滞之患"。"圆轴"即滚柱,这是世界上第一次关于滚柱轴承的记载。欧洲15世纪达·芬奇才提出滚柱轴承的设计。

由于中国古代的农业和畜牧业、天文学、力学在当时的世界上处于领先地位,这就为中国古代数学的发展提供了最强劲的外在动力。具体地说,中国古代的农业和畜牧业、天文学、力学,在其发展的过程中提出了大量的数学问题，在解决这些问题的过程中，中国古代数学向前发展了，并达到了一个新的水平。

在所有外在动力中，天文学表现得最为强劲。可以这样说，天文学是推动中国古代数学发展的最主要的外在动力。例如，祖冲之是中国古代的一位杰出的数学家，他推算出圆周率在 3.1415926 与 3.1415927 之间，有效数字达到 8 位，领先西方 1000 多年。祖冲之同时也是一位天文学家，他编制了《大明历》。在《大明历》中，他首次把岁差计算在内，定一回归年为 365.2422 日，一交点月为 27.21222 日（现代数据分别为 365.2428 日和 27.21223 日）。正是由于天文学研究的推动，使祖冲之在 π 值的计算上达到了世界的先进水平，在数学史上竖起了一座新的里程碑。刘焯在制定《皇极历》时，在世界上最早提出了等间距二次内插公式，这在数学史上是一项杰出的创造。张遂在制定《大衍历》时，首创不等间距的二次内插公式，把刘焯的数学成果又推进了一步。王恂、郭守敬等制定《授时历》时，列出了三次差的内插公式。郭守敬还运用几何学方法求出相当于现在球面三角的两个公式。概言之，如果把中国古代数学的发展比喻为一幅图画，其主线就是天文学和数学的互动，这种互动规定着数学发展的方向，是大量数学成果产生的根源。

第四，中国古代数学在发展的内在机制上亦胜过世界其他国家。中国古代数学，在数学内在机制的推动下，产生了一些成果。例如，刘徽发明了割圆术，他指出："割之弥细，所失弥小，割之又割以至于不可割，则于圆合体而无所失矣。"[①] 朱世杰在他的著作《四元玉鉴》中，把天元术推广为四元术（四元高次联立方程），并提出消元的解法。还对各有限项级数求和问题进行了研究，在此基础上得出了高次差的内插公式。

吴文俊曾对中国数学发展的内在机制进行过分析。他把他的分析结果列了两个表，其中第二个表的内容可叙述如下：勾股→开平方（开带从平方）→开立方（开带从立方）→开高次幂（增乘开方法）→高次方程的数值解（正负开方术）、天元术、四元术→几何代数化、代数等。[②] 在这里，勾股是起点，勾股就是勾股定理。勾股定理是中国数学家独立发现

[①] 《中国古代科学技术大事记》，人民教育出版社 1978 年版，第 71 页。
[②] 杜石然等：《中国古代科技成就》，中国青年出版社 1978 年版，第 100 页。

的，并且还对它进行了逻辑论证。后一点只有古希腊数学家做过，埃及人则只知道勾3股4弦5。因此，以勾股定理为起点，就是以理论为起点，这无疑是一种数学的相对独立发展。这种发展不同于古希腊，因为古希腊的发展结果是代数几何化，中国的发展则是几何代数化。尽管发展的结果不同，但其性质是一样的。

但应该指出的是，中国古代数学，其内在机制提供的动力是很小的，也是有限的。不要说与近代西方相比，就是与古希腊相比，也不是在一个等级层次之上。由于在古希腊科学（包括数学）很快就衰落了，西方进入了中世纪，科学（包括数学）长期处于停滞状态。这样，尽管中国古代数学发展的内在机制提供的动力很弱，但西方在这方面的情况更差。因此从内在机制来说，中国古代数学也处于优势地位。

通过上面的分析，我们就可以总结中国古代数学先进的原因了。概括地讲就是：中国古代数学，无论是外在机制提供的动力，还是内在机制提供的动力，都超过、有时是远远超过世界其他国家。这两种动力形成一种强劲的合力，推动中国古代数学走在世界其他国家的前面，并一直保持到近代。

（二）中国近代数学落后的原因

中国古代数学是先进的，但中国近代数学却落后了。这里的原因是什么？我们认为，要弄清这个问题，也得从数学发展的外在机制和内在机制这两方面进行分析。到了近代，数学发展的外在机制和内在机制都发生了质的、根本的变化。我们首先来谈谈外在机制。外在机制的变化主要表现在以下几个方面：

第一，人类社会由农业社会进入工业社会，这发生在西方。导致这一变革实现的原因是工业革命。工业革命的直接导火线是纺织机的发明。1733年，凯依改进了纺织机（发明了飞梭）；1738年，惠特和鲍尔制造滚轮式纺织机；1764年哈格里夫斯制造多滚轮纺织机（珍妮纺织机）；1768年阿克莱特制造桨叶式纺织机；1779年克朗普顿制造走锭精纺机；1787年卡特赖特制造蒸汽织机。在工业革命中起主导作用的则是蒸汽机。1695年，巴本发明活塞蒸汽机；1698年，萨弗里发明蒸汽抽水机；1705

年，纽可门发明常压蒸汽机。瓦特在前人工作的基础上，在蒸汽机中加了一个冷凝器，使蒸汽机的效率大大提高。例如，萨弗里的机器每小时一马力的耗煤量为 80 公斤，纽可门的机器为 25 公斤，瓦特的蒸汽机只有 4.3 公斤。由于瓦特蒸汽机的这一优点，使蒸汽机很快应用于社会的各个领域。这样，就引起了一场工业革命，其结果是工业社会的出现。

第二，力学发展迅速，并很快建立起理论体系。力学的发展与生产需要有关，主要与工业需要有关。黑森认为有三个突出的方面：一是水上运输——①增加船的装载能力和航行速度；②提高船的浮力，增加安全率和持续航行能力以及操作的简易化；③确定船在海上的位置、时差和潮汐涨落的方法；④内河水道的完成以及它与海上的联络，运河和闸门的建设。二是矿山业——①从深矿井中把矿石运出来；②井内的通信手段；③排水及导出设备、水泵问题；④熔矿炉的改进；⑤用破碎机和分选机等完成对矿石的加工。三是军事技术——①研究发射时火炮内部发生的作用及其改进；②火炮的最小重量及其安全度的关系；③合适的瞄准法；④真空弹道问题；⑤空气弹道；⑥子弹的空气阻力；⑦子弹对弹道的偏离。这三个方面有力地推动了力学的发展。特别是蒸汽机和其他机器的应用，形成了机器生产，这一方面提出了更多的力学问题；另一方面也使力学得到了广泛的应用，其结果是为力学的发展提供了巨大的动力。这样，力学就领先其他科学迅速发展起来。

力学不仅是近代发展最迅速的科学，也是理论体系最早建立的科学。在这方面贡献最大的是三个人：伽利略、开普勒、牛顿。伽利略建立了地上的力学；开普勒建立了天上的力学；牛顿把二者综合起来，建立了统一的力学体系。牛顿的力学体系见之于《自然哲学的数学原理》一书。在这本书中，牛顿首先定义了惯性、质量、力、向心力、时间、空间等基本力学概念，叙述了运动的基本定律，即牛顿力学三定律，以及用演绎的方法推演出万有引力定律、流体静力学、流体动力学的各种定律。然后用已发现的力学规律去解释世界体系，以及地球上潮汐的成因、岁差现象和彗星轨道等。

工业社会的出现，给数学提出了新的、更多的问题，要求数学去解决。特别是力学的迅速发展及其理论体系的建立，给数学的推动作用就更大了。可以这样说，在古代，天文学是数学发展的最重要的动力，而到了近代，力学则成为数学发展的最重要的动力。例如，牛顿在建立力学体系的过程中，创立了微积分。具体地说，1704年，他发表了《三次曲线枚举》《利用无穷级数求曲线的面积和长度》《流数法》。1711年，他发表《使用级数、流数等的分析》。1736年，他发表了《流数法和无穷级数》。

除了牛顿外，与力学有关的数学成果还有：1736年，欧勒出版了《力学或解析地叙述运动的理论》，这是用分析方法发展牛顿的质点动力学的第一本著作。1760—1761年，拉格朗日系统地研究了变分法及其在力学上的应用。1788年，拉格朗日出版《解析力学》，把新发展的解析法应用于质点、刚体力学。1822年，傅立叶研究热传导问题，发明用傅立叶级数求解偏微分方程的边值问题。

其次，我们谈谈内在机制。到了近代，数学发展的内在机制也发生了质的、根本的变化。这种变化主要表现在两个方面：一是数学的理论化程度越来越高；二是数学的分支越来越多。其结果是，数学日益形成一个大的系统。在这个系统中，各要素之间相互作用，产生一定的结构和层次，并表现出相应的矛盾。在解决矛盾的过程中，推动了数学的发展。这是数学自身的运动，也可以说是数学的自组织运动。这种运动在近代日益加强，并导致了大量数学成果的出现。

第一，解析几何的制定。1637年，笛卡儿出版了《几何学》，制定了解析几何。解析几何实际上就是代数与几何的结合。为了实现这种结合，他引进了坐标系，这使得代数学方程可以表示几何形状。这样，几何问题就可以归结为代数问题，而代数的语言远较几何语言富有启发性。这就为数学的发展开辟了一条新的道路。恩格斯对笛卡儿的工作曾给予很高的评价："数学中的转折点是笛卡儿的变数。有了变数，运动进入了数学，有了变数，辩证法进入了数学，有了变数，微分和积分也就立刻成为必要的了，而它们也就立刻产生，并且是由牛顿和莱布尼兹大体上完成的，但不是由他们发明的。"[①]

第二，数系的扩大。最初的数系，只有自然数和分数。毕达哥拉斯的数的理论就是以这两种数为基础的。后来又出现了无理数。但古希腊不承认无理数是数，而是把它们放到几何里边去处理。直到近代，无理数才被

---

① ［德］恩格斯：《自然辩证法》，人民出版社1972年版，第236页。

承认为数。例如，stevin 承认无理数是数，并用有理数来不断地逼近它们。笛卡儿也承认无理数是能够代表连续量的抽象的数。无理数之后是虚数。虚数完全是从数学内部产生的。具体地说，是从解方程中产生的。请看这样的方程：$x(10-x)=40$，这个方程的根是 $5+\sqrt{-15}$ 和 $5-\sqrt{-15}$。在这里 $\sqrt{-15}$ 就是虚数。对于虚数，很多学者对它持否定态度。例如，莱布尼茨曾指出："圣灵在分析的奇观中找到了超凡的显示，这就是那个理想世界的端兆，那个介于存在与不存在之间的两栖物，那个称之为虚的 -1 的平方根。"[1]

但虚数不虚，它与实数相加就是复数。后来，挪威测量学家莫塞尔找到了复数的几何表示法，这是它"落地生根"的第一步。欧拉等数学家则在复数的基础上发展出一门新的数学分支——复变函数论。在柯西、黎曼、魏尔斯特拉斯的推动下，复变函数论还进一步"落地生根"，它被广泛应用于空气动力学、流体力学、电学、热学、理论物理学等多个方面。兰佐斯曾指出："复数远远不是什么'虚幻'的东西，它同各种物理问题有无数的联系；如果我们把复数的发现看作是发明十进制以后在整个数学史中最令人吃惊的事件，那是一点也没有错的，因为要是没有复数，就不能想象物理学和工程技术会有迅速的发展。"[2]

第三，微积分的建立。微积分是由牛顿和莱布尼茨建立的。牛顿建立微积分的动力来自力学，莱布尼茨建立微积分的动力则来自数学内部。莱布尼茨以求函数的无限小增量的题目为出发点，函数取得这种增量是自变量无限小变化的结果。他把这个函数的增量叫作微分，并用字母 d 表示。他还从求以曲线为界的图形面积出发得到了积分的概念。在积分学中，他没有局限于有理整函数的积分法，还作出了代数分式的积分法。

第四，微积分逻辑基础的探讨。牛顿和莱布尼茨创立的微积分，存在着严重的逻辑矛盾。贝克莱曾就此指出：如果 x 取得一个增量 i，这里 i 代表某一个不为零的量……现在令 $i=0$……这里假设突然改变，因为 i 原先是假定不为零的。这简直是"睁着眼睛说瞎话"。为了解决微积分存在的逻辑矛盾，达朗贝尔、拉格朗日、柯西等做了大量的工作。柯西在这方

---

[1] 尹斌庸等：《古今数学趣话》，四川科学技术出版社 1985 年版，第 46 页。
[2] ［英］兰佐斯：《无穷无尽的数》，吴伯泽译，北京出版社 1979 年版，第 135 页。

面的贡献最大，他提出了极限论，使微积分的逻辑矛盾得到了基本的解决。这里的"基本"，是说还没有"完全"解决。事实上，在柯西之后，微积分逻辑基础的探讨仍在进行，并且一直延续到20世纪。在这个过程中，产生了一系列的数学成果，极大地推动了数学的发展。

第五，非欧几何的出现。在欧几里得几何中，有一条公理即第五公理（平行公理），在直觉上是不明白的，这不符合人们对公理的要求。为了解决这个问题，数学家们进行了不懈的努力。他们解决的途径有三：一是用直觉上明白的公理代替平行公理。如用"三角形三内角和等于180°"来代替平行公理。但后来人们发现，代替平行公理的公理，在直觉上也是不明白的。于是这条途径失败了。二是把第五公理降为一条定理。作为一条定理，应能从其他公理中推出。但不管数学家怎样努力，都无法从其他公理中推出平行公理。这条途径也告失败。在这种情况下，数学家转向第三条途径。这条途径的实质是，把欧几里得几何的除去平行公理的9条公理与平行公理的矛盾公理放在一起，然后进行推导，如果推出矛盾，就否定了平行公理的矛盾公理，同时也就证明了平行公理。但推导的结果是没有出现矛盾。这就没有达到预期的目的，然而却产生了新的几何系统。数学家将新的几何系统称为非欧几何，非欧几何包括罗巴切夫斯基几何和黎曼几何。非欧几何是数学自组织运动的辉煌成果。

由此可见，到了近代，数学内在机制的作用，已变得很强大了。这就是说，它已成为数学的新的增长点，很多数学分支就是通过它产生并发展起来的。特别须要指出的是，数学的两种作用，即外在机制的作用和内在机制的作用，往往是交织在一起，以合力的形成共同推动数学的发展。例如，复数就是在两种作用的推动下发展起来的；非欧几何中的黎曼几何后来在爱因斯坦的广义相对论中得到应用，也开始由一种作用的推动变为两种作用的推动。两种作用不同于一种作用。因为两种作用产生了一种合力、产生了一种新的力。这种力远大于每种作用所产生的力，也远远大于两种作用所产生力的机械相加。这就导致了西方数学的迅速崛起，并持续地向前"猛冲"。

一些数据充分说明了：西方在近代以后数学向前"猛冲"的态势。据统计，1501—1600年，重大数学成就，世界4项，西方4项。1601—1700年，重大数学成就，世界13项，西方13项。1701—1750年，重大数学成就，世界 13 项，西方 13 项。1751—1760 年，重大数学成就，世界 2 项，西方 2 项。1761—1770 年，重大数学成就，世界 2 项，西方 2 项。1771—1780 年，重大数学成就，世界 1 项，西方 1 项。1781—1790 年，重大数学成就，世界 1 项，西方 1 项。1791—1800 年，重大数学成就，世界 5 项，西方 5 项。1801—1810 年，重大数学成就，世界 2 项，西方 2 项。1811—1820 年，重大数学成就，世界 2 项，西方 2 项。1821—1830 年，重大数学成就，世界 12 项，西方 12 项。1831—1840 年，重大数学成就，世界 7 项，西方 4 项。1841—1850 年，重大数学成就，世界 7 项，西方 7 项。1851—1860 年，重大数学成就，世界 5 项，西方 5 项。1861—1870 年，重大数学成就，世界 3 项，西方 3 项。1871—1880 年，重大数学成就，世界 4 项，西方 4 项。1881—1890 年，重大数学成就，世界 7 项，西方 7 项。1891—1900 年，重大数学成就，世界 5 项，西方 5 项。[1]

从以上的数据中，我们可以得出这样的结论：近代以来，数学的发展完全被西方垄断。如果说古代数学，还是世界各国的"合唱"，那么近代的数学则是西方的"独唱"。在几百年的时间中，世界其他国家在数学上毫无建树，有建树的只有西方，只有西方各国。这是一种奇特的现象，也是一个阿芬克斯之谜。要解开这个"谜"，只能从数学发展的动力入手。可以这样说，到了近代，世界其他国家数学发展的动力枯竭了，而西方数学发展则获得了新的动力。不仅如此，西方数学发展的两种动力合在一起了，这就产生了更大的动力。这里特别须要提到内在动力。内在动力只有西方得到了充分的实现，只有西方是"洪水滔滔"；而世界其他国家则只处于"婴儿阶段"，其作用只是"涓涓细流"。为什么是这样呢，这么西方的文化有关，主要是与古希腊的文化有关。古希腊文化有一种精神，这就是追求真理的精神，古希腊文化崇尚演绎逻辑，这推动了科学理论体系的建立。有了这些，才有科学的内在动力，才有数学的内在动力。

而中国的情况又是怎样的呢？中国的情况可归纳为三点：一是中国在近代仍是一个农业社会。中国近代虽有商品经济萌芽，但由于种种原因，这种萌芽并没有成长、壮大。由此决定中国不可能有大机器生产，当然也

---

[1] 《自然科学大事年表》，上海人民出版社 1975 年版，第 25—107 页。

就不可能由农业社会走向工业社会。二是中国的力学是零散的，处于经验阶段。中国的力学知识早就产生了。例如，早在公元前4—前3世纪，《墨经》中就有关于力、力系的平衡和杠杆、斜面等简单机械的论述。并且在长达几千年的过程中，形成了大量的、丰富的力学知识。但应该指出的是，中国的力学知识始终是零散的、经验的、与器物相连的，从未建立起像牛顿力学那样的力学体系。三是中国数学发展的内在机制也曾起过一定的作用，产生过一些数学成果。但由于没有形成数学的理论体系，没有新的数学分支的产生，因此始终是在低水平上重复，没有什么大的突破。

弄清上面的情况后，我们就可以分析中国近代数学落后的原因了。这方面的原因归纳起来主要有：一是中国作为一个农业社会，已没有多少问题需要数学去解决了，因此也就不能再推动数学前进了。旧动力耗竭以后应续之于新的动力，但由于中国在近代没有进入工业社会，新的动力也就没有产生。这就严重影响了数学的发展。二是中国古代数学的主要动力天文学，到了近代也基本上耗竭了。解决这个问题需要动力的转换，即由天文学转到力学。但中国的力学却是零散的、经验的、与器物相连的，没有上升到理论阶段，没有形成理论体系，因此也就无法实现数学的动力转换。这一点对数学发展是致命的，是中国近代数学落后的主要原因。三是中国数学发展的内在动力到近代也基本耗竭了。考察中国古代数学自身运动的逻辑，可以发现，在宋元时期达到了一个顶峰。究其原因，主要是数学知识在这个时期已积累到一定程度，须要对其进行整理，并探讨其各部分之间的内在联系，这就促进了数学的自身运动。但到了近代，中国却没有像西方那样产生解析几何、微积分等，因而也就没有为数学的自身运动注入新的活力。这样，中国数学发展的内在动力到近代也基本耗竭了。

概括起来讲，中国近代数学落后的原因在于它的动力机制。由于动力机制出了问题，即不能再提供动力了，这就导致了中国近代数学的落后。这种落后不是几年、几十年，而是几百年。在几百年的时间中，中国数学"颗粒无收"，重大的数学成果一项也没有。这是令人惊讶的，因为这么大的一个国家，在数学上"落魄"到如此程度，在数学上出现了这样一个"荒芜"时期。这确实值得现代中国人深刻反思，并认真总结其中的沉痛教训。

这里还须要指出的是：中国20世纪以后的数学发展，不是对中国古代数学继承基础上的发展，而是通过引进西方近现代数学、在西方近现代数学基础上的发展。这种发展是很艰难的。从1901—1960年，中国的重大数学成就只有5项，它们分别是：林士谔的"求代数方程数字解的林士谔方法"，陈省身建立的"代数拓扑和微分几何的联系"，陈省身等提出的"纤维丛理论"，华罗庚发展的"三角和法研究解析数论"，钱学森发表的《工程控制论》。[①] 这相对于世界的数学发展来说显然是太少了。但不管怎么样，结束了几百年的零纪录，使世界数学史上又有了中国人的名字。

温故而知新。中国现代数学的发展，必须汲取历史的经验教训，必须下决心解决摆在面前的种种挑战。这种种挑战，都可归结到数学发展的动力机制。就目前的情况而言，中国正在实现工业化、信息化，这就给数学提出了诸多的实际问题，使数学有较强的外在动力。与外在动力相比，中国数学的内在动力仍较弱，与西方相比有较大的差距。这种差距中的最大差距是科学精神。这根源于文化。中国的文化是一种讲求实用的文化，中国文化缺少像古希腊那样的科学精神。古希腊的科学精神概括地讲就是：科学的目的是求真，求真包括事实求真和逻辑求真。在这两种求真中，古希腊特别重视逻辑求真。就逻辑求真而言，"真"本身就是目的，至于应用那是另一个问题。中国文化缺少的就是这种科学精神，而这种科学精神是数学发展的灵魂。因此，中国要成为数学大国，并进而成为数学强国，必须确立科学精神，必须在数学家中确立科学精神。这是一项长期而艰巨的任务，但为了中国数学的发展，这项任务是必须完成的。

---

① 《自然科学大事年表》，上海人民出版社1975年版，第180—197页。

四　中国近代技术落后的根源

中国古代的技术不同于科学。中国古代的科学尽管取得了很大的成就,但它从未达到古希腊的水平。即使同阿拉伯科学相比,它也有些逊色。因为阿拉伯科学更接近近代科学,正是通过阿拉伯科学才走向近代科学。

中国古代技术就不同了,中国古代技术达到了世界的最高水平。不仅如此,中国古代的很多技术在世界上处于遥遥领先的地位。更重要的是,中国古代的"四大发明"传播世界后,重塑了世界,改变了历史的进程。

然而,到了近代,中国的技术却落后了,而且是大大地落后了。这种落后的后果是,西方列强凭借"船坚炮利",屡屡侵犯中国。而中国则一败涂地,逼迫割地赔款。一些爱国人士痛心疾首,并提出"师夷之长技以制夷"[①]的主张。

这实际上就是要发展技术。怎么发展技术,就是要向西方学习。但仅有学习是不够的。因为通过学习可以缩小与西方的差距,然而却永远改变不了落后的状态。特别须要指出的是,在学习的过程中,不可能学到最先进的技术。这一点很清楚,西方为了保持垄断,对最先进的技术是封锁的。

因此,我们必须搞自主创新。自主创新不仅仅是一个技术的问题,它还是一个社会的问题。这就须要对技术和社会问题进行综合的分析。这种分析应该是全面的,即既有历史的,也有现实的;既有经济的,也有政治和文化的。

基于上述的理念,我们把中国古代和近代的技术作为研究的对象,并

---

① 王鸿生:《中国历史中的技术与科学》,中国人民大学出版社1997年版,第234页。

着力分析中国近代技术落后的原因。分析不是为了分析而分析，而是为了找出现代技术发展可以借鉴的东西。

这里须要指出的是：对中国近代科学落后原因的分析，有很多研究成果。这些成果中也包括李约瑟的研究成果。以李约瑟名字命名的"李约瑟之谜"，至今仍像"磁石"一样吸引着人们，由此不断生发出新的研究成果。但对中国近代技术落后原因的分析，却成果甚少。这是一种不对称现象，这种不对称现象应该扭转。这不仅是理论的需要，也是实际的需要。因为我国的经济要发展，必须依赖科学技术。而技术是直接面向经济的，科学通过技术才能对经济发挥作用。因此，技术的发展是至关重要的。这就须要探讨技术发展的规律，特别是中国技术发展的规律。这种探讨，也涉及古代、近代技术的发展。这样，对中国近代技术落后原因的分析，就有了现代的意义。

（一）中国古代技术的领先地位

就古代世界而言，中国的技术处于领先地位，有些技术则处于遥遥领先的地位。詹姆斯等指出："当现代欧洲人开始向中国渗透时；展现在他们面前的是更加壮美的奇观。在500余年的时间里，中国人在自己的土地上，沿着自身特有的技术发展道路，大体上独立于西方的发展而稳步向前迈进，无数科学技术人员，用自己的聪明才智，创造性地改变了生活的每一个方面——基础经济（以钻取盐卤和天然气到地震探测）、军事技术（从弩弓到大炮）和奢侈产品的开发（从香炉到镜子）都因数千年范围广泛和积极活跃的实验活动而受益匪浅。"[①]

詹姆斯等的评价基本上反映了中国古代技术发展的状况，这就是独立运行、全面发展、成就"壮美"。在这个基础上，我们还可以再加两句：领先世界，源远流长。具体地说，中国古代技术的发展有如下特点：

一是中国古代技术的发展源远流长。据考古发现和考证：中国在六七千年前已经种植水稻；在六千年前已经种植粟和蔬菜；在四千七百年前，

[①] ［英］詹姆斯等：《世界古代发明》，颜可维译，世界知识出版社1999年版，第15—16页。

已有粳稻、籼稻等不同品种；在五六千年前已有原始畜牧业，饲养猪、牛、羊、鸡、犬等家畜和家禽；在周代已经掌握利用微生物和酶加工食品的技术。另外，钱山漾遗址的发掘表明：中国在四千年前已经养蚕。钱山漾遗址中还出土了耕田器和戽水，捻河泥的工具"千篰"（竹编的小篓），说明当时可能应用了中耕、施肥和人工灌溉技术。

上面的这些成就就表明，中国的很多技术很早就被开发出来。当然，由于考古发掘的局限，有不少技术还"沉睡"在大地之下。就目前考古发掘的技术而言，无疑是领先于世界的，这既表现在时间上，也表现在技术本身。就技术本身而言，则表现在独创性和灵巧性两个方面。中国古代技术的独创性令人惊叹不已，这是中国工匠独创精神的体现，也是中国工匠对世界文明的贡献。

二是中国古代技术的发展在宋辽金元时期达到顶峰。中国古代技术进入春秋战国以后，开始了加速发展。中国古代的很多技术都是在春秋战国时期出现的。在随后的秦汉、魏晋南北朝、隋唐五代、宋辽金元、明清等时期，中国古代技术获得了长足的发展，并创造了一个又一个的辉煌。可以这样说，18世纪第一次技术革命之前，中国古代技术从整体上看领先于世界其他国家，这里也包括西方国家。

特别指出的是，中国古代技术在宋辽金元时期达到了顶峰。这个时期的技术成就主要有：《荔枝谱》《蚕书》《本草衍义》，陈旉《农书》《糖霜谱》《橘录》《农桑辑要》，王祯《农书》《农桑撮要》《太平圣惠方》《圣济总录》《新铸铜人腧穴针灸图经》《良方》《经史证类备急本草》《政和经史证类备急本草》《绍兴校定经史证类备急本草》《十产论》《妇人大全良方》《小儿药症直诀》，睡圣散，《洗冤集录》《世医得效方》，火热致病理论，气候、环境和体质变通治疗，《儒门事亲》《脾胃论》《格致余论》《饮膳正要》《武经总要》，石油炼制，划花、彩绘、釉上彩等工艺，冷锻技术，蜡模造型法，运河复闸，铁龙爪扬泥车法，大运河，白浮堰工程，《河防通义》《木经》，叠梁结构，应县木塔，泉州万安桥，广济桥，《营造法式》《武经总要》，火枪，突火枪，秧马，活字印刷术，内坞，干船坞，水运仪象台，走马灯，脚踏车船，水密隔舱结构，双作活塞风箱，海滩晒盐技术，铁火炮，铜火铳，圆轴，轧花、织布技术，水转大纺车，转轮排字架。①

就宋辽金元时期的技术成就来看，中国在当时无疑是一个技术大国和强国。这不仅是表现在量上，也表现在质上。作为一个技术大国和强国，中国的技术不仅满足了自己的需要，而且还输出到其他国家，带动了整个世界的技术发展。这是一件很了不起的事情，是中华民族对世界的贡献。

三是中国古代技术的最大成就当数四大发明。四大发明是：造纸术、印刷术、火药和指南针。这是中国古代的核心技术，也是中华文明的基础。正是在四大发明的推动下，中华文明得以形成，中华文明不断走向世界。培根在《新工具》一书中指出："我们应该看看各项发明所具有的力量、效能和后果。这些发明，无论从哪方面看，都不如古人闻所未闻的那些发明，即印刷术、火药和指南针来得惹人注目。因为这三项发明已使整个世界的面貌和状况为之一变。"②

除了四大发明之外，中国有些技术在世界上是遥遥领先的。例如，"1956年，在发掘一位卒于公元297年的军事首领的陵墓时，考古学家们发现了大约20条金属饰带，随后饰带被送到实验室中进行分析。分析结果表明，其中的几条饰带内含有10%的红铜和5%的锰的铝材做成的。"③ 这个分析引发争议。因为直到1827年，铝才首次被分离出来，大规模的生产也仅始于1889年。如何看待这个分析。这里至少可提出两点：一点是这是事实，而事实是无法否定的。另一点是这可能是偶然的，即炼金术士偶然制造出来的。这是李约瑟的观点。但偶然中包含着必然，偶然不可能纯粹是偶然。火药不是偶然发现的吗，它最后却成为必然的东西，成为中国古代技术的四大发明。

另一个须要提出的是"魔镜"。大约在1500年前，中国发明了"魔镜"。"这些镜子皆用青铜制作，初看时显得很为平常：抛光的一面可以映射出观者的面部，背面有浮雕或镂刻的图案或文字。然而，在明亮的阳光下，它们竟能将镜背图案的影像映射到墙上。"④ 关于"魔镜"，沈括的解释是："文虽在背，而鉴面隐然有迹，所以于光中现。"布拉格借助于

---

① 潘永祥等：《中国古代科学技术大事记》，人民教育出版社1978年版，第91—116页。
② ［英］詹姆斯等：《世界古代发明》，颜可维译，世界知识出版社1999年版，第16页。
③ ［英］詹姆斯等：《世界古代发明》，颜可维译，世界知识出版社1999年版，第17页。
④ ［英］詹姆斯等：《世界古代发明》，颜可维译，世界知识出版社1999年版，第269页。

现代显微镜，证实这种解释是正确的。用肉眼观察时，镜子的反射面是一个平滑的凸面，看不出制作期间留下的微细差别。镜子的两面铸造平滑，只是背面有浮雕或镂刻的图案，经过仔细刮削之后，镜子的那一面遂呈弯曲形状，刮削所产生的应力便造成了与镜面凸起部位相对应的细小凹槽。抛光后涂上汞齐，可以加大表面结构因刮削所产生的细微差异。抛光面上的瑕疵与镜背的图案一模一样，只是小得难用肉眼看到。但是，由于镜子具有曲面，因此，这些瑕疵便在反射的影像中被放大了。[①]

"魔镜"在世界上是独一无二的，这体现了中国古代工匠的聪明智慧。具体地说，它的理念是独创的；它的构思是巧妙的；它的工艺是精湛的。以至于到了近、现代，西方的很多科学家对它都无法作出恰当的解释。李约瑟对它的评价是："在通向掌握金属表面微细结构的道路上迈出的第一步。"[②] 然而令人遗憾的是：它始终是一种"工匠之巧"，它一旦产生就没有再向前发展。特别须要指出的是，通过它没有走向科学。因此它始终是一项技术，并且是一项孤零零的技术。

综上所述，中国古代技术在各个方面都取得了巨大成就。这些成就放在古代世界，可以说不比任何国家逊色，在很多方面还处于领先，甚至遥遥领先的地位。在这个问题上不同于科学。因为中国科学在古代也达到了较高的水平，但与古希腊科学相比，却位居其后，且差距甚大。特别是在理论化方面，古希腊科学可以说是"一枝独秀"。西方近代科学之所以产生，就是因为在新的条件下继承并发展了古希腊科学。

（二）中国古代技术领先世界的原因

中国古代技术，为什么能领先世界，其原因概括起来主要有：一是社会生产的推动。中国很早就进入了农业社会。中国的农业社会有很多特点，如规模大，这是世界上少有的；差异大，生产条件有很大的差异；持续时间长，达几千年之久；组织特色明显，以村落为主，以一家一户为主。由这些特点决定，社会生产面临较多的问题。正是这些问题推动了技

---

① ［英］詹姆斯等：《世界古代发明》，颜可维译，世界知识出版社1999年版，第270页。
② ［英］詹姆斯等：《世界古代发明》，颜可维译，世界知识出版社1999年版，第270页。

术的发展。拿农作物来说，中国的种类很多，这是由中国的地理差异造成的。中国的灌溉工具也很发达，这是农业生产推动的结果。二是国家政治的作用。中国的国家制度自秦以后，是一种高度集权的制度。这种制度要维系，首先要利民、惠民。如果这一点做不到，社会就会趋于崩溃。在这种情况下还有什么集权！因此，任何一个朝代都必须考虑这个问题。而这个问题最根本的是发展生产，让人民有饭吃、有衣穿、有房住。为了实现这一目标，各个朝代的统治者都很重视生产。为此，他们修筑了大量的水利工程，他们也鼓励技术的推广和应用。除此而外，还须要保卫国家，抵御外敌入侵。这使与军事有关的技术也发展起来。可以这样说，中国古代的军事技术在世界上是最先进的，这是中国能够长期保持稳定的原因之一。上面两个方面因为政治的集权而被推向"高潮"。集权在历史上曾导致一系列灾难。但集权也有一个优点，就是可以集中力量干大事。中国的很多水利工程，都是在集权的条件下完成的。这不是为集权评功摆好，而是就历史的事实来谈论事实。三是能工巧匠的促成。中国的工匠很早就出现了。这是由社会需要决定的。具体地说，人们要盖房子，就需要木匠；人们要铁器，就需要铁匠；人们要制陶、造船、修桥，等等，都需要相应的工匠。这样，工匠就活跃在各个领域。中国的工匠之巧在世界上也是首屈一指的。这种"巧"，来自工匠的聪明，来自工匠的想象力，来自工匠的代际积累。这种"巧"，可称之为"巧夺天工"，可使现代工具相形见绌，可令现代人惊叹不已。正是由于中国的工匠之巧，使中国的技术不断有新的成果推出，不断攀上一个又一个的高峰。这保证了中国生产力的发展，使中国成为少有的强国，使中国的文明不断外溢、向世界传播。

（三）中国近代技术落后的根源

但到了近代，中国的技术落后了，而且是远远地落后了。由于技术的落后，生产也落后了。而这一切又导致国力的下降。其结果是当外敌入侵的时候，连自己的国家都保卫不了。于是，西方的列强来了，东方的列强也来了。中国逐渐沦为半封建、半殖民的国家。这里的根源是技术的落后，但技术为什么会落后，其更深根源在于：

一是没有从农业社会前进到工业社会。中国始终是农业社会。作为农业社会，它的生产力已没有多少发展的余地，它的生产对技术的推动也在变弱。特别是新的、重大的技术，已很难在农业社会产生。这时技术需要新的动力，这种动力在西方产生了。这就是工业社会以及工业社会带来的生产力的快速发展。工业社会与技术的关系是相互的，一方面，是技术导致了工业社会的产生；另一方面，工业社会的产生又为技术的发展提供了巨大的动力。而工业社会与技术，其更深层的动力来自市场。正是国内市场和对外贸易，推动了工业社会与技术的发展。与西方相比，中国始终停留在农业社会。在这种情况下，中国的技术落后了，而且是远远的落后了。

二是始终徘徊于机器之母的门外。"机器之母"是什么？"机器之母"就是钟表。钟表是用来计时的。就计时而言，中国早就开始了。计时方法有水漏、沙漏。还有一种独特的方法是"百级香炉"，这是用点燃的香来计时的。在这个方面的最高成就就是苏颂的"水运仪象台"。它由五层组成，五层外都各有一对木人，持铃和锣，每到一定时刻就出来报时。苏颂本人曾就此描述到："时幕时分，一红衣木偶出现报时，越二'刻'又半，绿衣木偶出现，以示黑夜来临。至于守夜时间，又分五更。守夜时间开始，红衣木偶出现，此为第一更，其余四更出现的木偶都穿绿衣。这样，五更共有二十五个木偶出现。到十'刻'黎明时分，又一绿衣木偶出现报讯。破晓，则由另一绿衣木偶标示二'刻'又半。到日出，又由红衣木偶报时。所有这些木偶都是从中央门廊中出现的。"[①]

但中国从来就没有出现过真正的钟表。这里的原因是多方面的，概括地讲主要有：一是社会动力不足。这里的动力来自人们的需要。但在农业社会，人们的计时不需要那么精确，有没有钟表对于他们来说都无所谓，他们的生产和生活都可以顺利进行。二是社会组织欠缺。中国的社会组织，以政治组织最为发达。这与中国的集权政治有关。至于生产组织，民间是一家一户的、个体式的。官方的规模则比较大。但官方的组织由官方的意志主导，其目的是为官方服务而不是赢利。这就使它忽起忽落，没有持续性和稳定性。由此决定，它很难成为分工精细、相互协调的组织。而这样的组织正是制造钟表所需要的。没有这样的组织，制造钟表是不可能

---

① ［美］布尔斯廷：《发现者》，严撷芸译，上海译文出版社1995年版，第87页。

的。三是没有与科学结合起来。制造钟表需要科学。但中国没有相应的科学，工匠也不懂科学，更没有科学家的参与。这是中国没有出现钟表的最深层的原因。

　　西方就不一样了。西方对钟表有社会需要。这种需要来自教会、航海。而航海又与贸易有关，这就与经济也联系起来。西方还发展出可与制造钟表相适应的社会组织。这种社会组织有严密的分工。具体地说，有21种不同的分工：运转机械制造工、精加工、打眼工、弹簧制作工、铜时针雕刻工、钟摆制造工、钟面雕刻工、铜制部件抛光工、钟面涂釉工、时针镀银工、钟壳雕刻工、青铜镀金工、模仿镀金色彩油漆工、齿轮铸造工、车床工和响铃打磨工。这种分工需要大量工匠的分工组合。例如，17世纪即将结束的时候，瑞士的日内瓦有100多钟表匠和大约300名技工。英国的伦敦也聚居着大量的钟表工匠，钟表行业每年向荷兰、佛兰德、德国、瑞典、丹麦、挪威、俄国、西班牙、葡萄牙、意大利、土耳其、东印度群岛、西印度群岛、中国以及其他许多地方出口钟表约8万只。这里须要提出的是，法国政府曾大力激励钟表业，但却没有成功。布尔斯廷就此指出："英国著名的钟表制造专家亨利·萨利应聘到法国，专为奥尔良公爵制钟。然而萨利所作的一切努力，甚至包括和他一同赴法的六十名英国熟练工匠的努力，也难以克服法国社会上的阻力。不久，他就放弃了他在凡尔赛及圣日耳曼的工厂。"[①] 这表明，钟表的制造，不仅是一个技术的问题，它潜藏着很多社会的因素。社会因素不具备，钟表也是制造不出来的；即使制造出来了，也不能发展。

　　钟表的制造，还需要第三个条件，这就是科学。这个条件西方也具备了。因为西方在近代产生了近代科学。与近代科学相联系的是一大批科学家的出现。这些科学家中有哥白尼、开普勒、伽利略、惠更斯、胡克、牛顿，等等。近代的工匠也不同于古代的工匠，因为他们已开始学习科学知识。这就为钟表的制造提供了科学的基础。在这个方面作出贡献的第一人，应该是伽利略，他发现了钟摆等时——钟摆的摇摆时间不是按摇摆的幅度而是按钟摆本身的长度而变化的。胡克则前进了一步，他推测，航海时钟调节器的制造，也许可"用发条而不靠重力来使时钟的重要部分在

---

① [美]布尔斯廷：《发现者》，严撷芸译，上海译文出版社1995年版，第101页。

任何位置都能摆动"。惠更斯比胡克走得更远,他利用平衡发条制造了一只表。这样,在科学家的参与下,钟表的制造越来越精致、越来越完善。布尔斯廷曾就此指出:"时钟在各种知识、智慧和技术之间打破了无形的障碍,而对时钟制造者在制造机件时也首先应用了机械学和物理学原理。科学家——伽利略、惠更斯、胡克和其他一些人——与手工艺人和机械工人的共同合作带来了进步。"[1]

由此可见,钟表的制造,不仅仅是一个技术的问题,它还须要有相应的社会背景、科学背景。这样的背景在西方都具备了,至少是在一些国家具备了,因此它们能够制造出钟表,他们能够使钟表成为一个产业。在这里,关键在于"集成",即科学、技术、社会的集成。中国没有这种集成,这就决定了中国可能有钟表的"胚芽",但不可能制造出钟表。而钟表是"机器之母"。没有钟表,其他机器就发展不起来。例如,纺织机就发展不起来,蒸汽机也发展不起来。其结果是,中国的技术在近代落后了。这种落后从钟表开始,而全面落后则是在第一次技术革命之后。第一次技术革命使西方进入机器时代,中国则仍停留在手工工具时代。手工工具怎么能战胜机器,这就是中国在近代被动挨打的最直接的原因。这种最直接的原因背后则是科学的原因和社会的原因。洋务运动只看到技术的原因,它只在技术问题上做文章,它缘何不败,它不败反倒有违"天理","天理"能违吗!

还有一个问题须要指出的是:中国不能制造钟表,但中国引进钟表后为什么不能仿造呢?这与引进的目的有关。中国引进钟表,只是把它当成一种"玩物",而不是通过它来发展生产力,通过它来进行贸易,通过它来改善人们的生活。作为一种"玩物",它只流行于达官贵人之中。在达官贵人看来,它是新奇的,它也是昂贵的,因此它属于奢侈品的范畴,它还是高贵地位的象征。至于它与生产力的关系,达官贵人是不关心的,因为他们已过得很富足,他们没有发展生产力到动力。这样,钟表就始终是一种"玩物",始终是一种奢侈品,它既没有变成生产力,也没有开辟生产力发展的新天地。

钟表在日本就不同了。他们引进钟表后,便进行仿制。他们成功地制

---

[1] [美]布尔斯廷:《发现者》,严撷芸译,上海译文出版社1995年版,第92页。

造出一种整年准确报时的钟,显示出全年不等的"钟点"。他们还设计出一种"柱形钟",以适应日本的需要。他们最大的进步是制作出发条开动的时钟。他们最后把钟表发展成了一种产业,这推动了日本生产力的发展。

这表明,中、日对钟表的态度是不同的,最后的效果也是不同的。这看似是一件小事,却代表了中、日的不同走向。这种不同的走向所带来的后果是,日本生产力快速发展,中国的生产力则停滞不前。生产力的发展是国力的基础。因此,日本的国力日益强盛,中国的国力则日益下降。由于国力的下降,保卫国家也成了问题。"甲午战争"中国惨败,指挥员、士兵、武器都是原因,但最根本的原因还在于国力。国力不如人家,即使一战胜利,再战也会失败。

三是科学长期停滞不前。中国的科学曾有过辉煌的时期,特别是在宋、元时期,科学达到了一个顶峰。拿数学来说,这个时期的主要成就有:北宋贾宪的"增乘开方法"、二项式定理系数表;北宋沈括的"隙积术""会圆术";秦九韶的增乘开方法、一次同余式理论;李冶的"天元术";南宋杨辉的"垛积术""九归捷法";元代王恂、郭守敬的三次差的内插公式;郭守敬的关于球面三角的两个公式;元代朱世杰的"四元术""消元法"、高次差的内插公式。

这表明,中国的科学在宋元时期达到了一个顶峰。而宋元时期的西方却正处于中世纪时期。在中世纪,西方在技术上有很大的进步,但在科学上却毫无建树。恩格斯曾指出:"古代流传下欧几里得几何和托勒密太阳系,阿拉伯人流传下十进位制、代数学的发端、现代的数字和炼金术;基督教的中世纪什么也没留下。"[①]

当然,在对中世纪的评价上存在着争议。但是有一点是可以肯定的,在中世纪期间科学确实没有多少进步。而在此期间,中国的科学却有较大的发展。这就使中国的科学领先于西方,在某些方面还处于遥遥领先的地位。然而到了近代,中国的科学开始落后,并且越来越落后。还是拿数学来说,在1501—1600年期间,中国的数学成就是0;在1601—1700年期间,中国的数学成就还是0;在1701—1800年,中国的数学成就又是0。

---

① [德]恩格斯:《自然辩证法》,人民出版社1972年版,第92页。

由于中国科学的落后，使它很难为技术提供基础，使它无法引导技术的发展。在这种情况下，中国技术的发展只能靠工匠，只能靠工匠的聪明才智，只能靠工匠的经验积累。这在近代以前还可以，在近代以后就不行了。因为近代以后，西方的技术已长上了科学的"翅膀"，西方的技术已"飞"起来了。这就决定了中国的技术必然落后。

四是科学与技术基本上处于隔绝状态。中国科学本来就落后，中国工匠的科学知识更落后。这就是说，中国工匠的知识主要是经验知识。这种知识是从上代传下来的，或者是从经验中获得的。他们很少有科学知识。这与他们的文化基础有关。他们要么是文盲，要么只受过较短的文化教育。这使他们无法了解科学、掌握科学。他们也不能把自己经验中的知识上升到科学。由此决定，工匠与科学基本上是隔绝的。而工匠是技术的主体，技术的发展就依赖他们。没有科学素养的工匠怎么能承担起这一责任呢？于是中国的技术便远远落后于西方。

与此相联系的另一个问题是：为什么文化人不去搞技术。这与文化人的价值观有关。中国的文化人讲经世致用，而用又有大用、小用。大用是指：格物、致知、诚意、正心、修身、齐家、治国、平天下。小用则指稼穑之类的事情，其中也包括技术。文化人趋向大用，对小用他们抱鄙视的态度，而且也不屑于去做。实现大用的道路是科举考试。于是文化人便不断地来往于科举考场，不断地进行科举考试。他们的目的是一举成名、进入官场、光宗耀祖。但他们中只有少数人能够达到目的，大多数人则是名落孙山、一事无成。这样，大多数文化人的时间和精力就白白耗费了。而在另一边则是技术队伍素质的低下。如果文化人能加入技术队伍，他们的才能就有了用武之地，他们就会推动技术的发展。但他们的价值观阻止了他们，使他们与技术无缘，使他们无法成为技术的主体。这既是他们的悲剧，也是国家的悲剧。中国就是在这种悲剧中运行的。当社会处于急剧变革的时期，悲剧就演变成悲惨的结果。甲午战争的结果不是如此吗！

当然，文化人也不是与技术完全隔绝。这就是说，也有一些文化人最后搞了技术的工作。这在医学领域特别多。例如，李时珍14岁中秀才，随后的三次举人考试都落第了。于是他转而学医、专心于医学。经过几十年的努力，他写成了《本草纲目》，这是对中国医学，乃至世界医学的巨大贡献。宋应星和李时珍一样，最初也奔忙于科举考试。他近30岁考取了举人，但以后六次也未考中进士。在这种情况下他退出了科举考试，开始研习技术。经过多年的实地考察和思考，他写成了《天工开物》一书。这是技术史上的名著，它分别记载了我国古代饮食、衣服、染色、陶瓷、采矿、冶炼、兵器、车船、纸笔、墨砚、玉器等方面的原料种类、产地、生产工艺和技术设备，有大量数据和123幅生动形象的插图。

但这只是少数文化人的情况。而且他们的工作也不被社会重视，尤其是不被统治阶级重视。就是文化人中，冷眼相对者多，能真正领悟的则少而又少。宋应星曾在《天工开物》的序中感慨："丐大业文人，弃掷案头！此书于功名进取毫不相关也。"① 正是由于这"毫不相关"，《天工开物》很快就失传了。然而这只是在中国。因为它还被翻译成日文、法文、德文、英文、俄文、希腊文、阿拉伯文、韩文等不同文字，在多个国家广泛传播。这充分说明了中国的"焦点"不在技术。在这种情况下，已有的技术都保不住，还能有技术的大发展吗？因此，中国的技术在近代肯定要落后，而且落后的不是一点半点。形象地说，中国近代的技术"崩盘"了，中国的技术要发展必须从头开始。

西方就不同了。到了近代，西方的科学和技术开始结合。当然，这是一个过程，而且是一个曲折的过程。在这个过程中，首先是科学的发展。西方的科学不同于中国的科学。西方的科学在古希腊走到顶峰后，便开始衰落。这种衰落起于古罗马，到了中世纪的时候便跌到谷底。通过文艺复兴。西方的科学走出谷底，一步一步上升。在这个方面立首功的是哥白尼。严格地说，哥白尼不是一个近代的科学家，他是一个"复古"的科学家。所谓"复古"，就是回复到古希腊。这使他能够创立日心说，并成为近代科学的开拓者。哥白尼之后，伽利略创立了地上的力学，开普勒创立了天上的力学，牛顿则把二者统一起来，建立了经典力学的"大厦"。这样，近代科学在西方就产生了。这是西方人在科学上的贡献，也是西方人在科学上领先的开始。

有了科学，还有一个与技术结合的问题。在古希腊，科学是很发达的。这种发达不仅表现在科学成果上，还表现在科学方法上。最重要的是：古希腊有一种科学精神。正是这种精神使古希腊成为古代世界科学发

---

① 金观涛等：《科学传统与文化》，陕西科学技术出版社1983年版，第125页。

展的顶峰，这个顶峰是最高纪录，没有哪一个国家能够超越。可以这样说，严格的科学是在古希腊产生的，其他国家的科学只能算是准科学、前科学。但古希腊的科学家搞科学，只是为了求真，即追求真理，他们不管科学的应用，他们也不屑于科学的应用。其结果是，古希腊的科学与技术基本上是脱节的，科学与技术没有结合起来。

是基督教推动了科学和技术的结合。基督教的精神气质不同于古希腊的精神气质。古希腊的精神气质是一种贵族气质。这种气质瞧不起劳动者、瞧不起劳动，甚至以劳动为耻。它所追求的是精神的目标、是精神的自洽、是精神的喜乐。而技术是工匠干的，工匠要从事劳动。因此，在古希腊，工匠的地位是很低的，工匠也被贵族鄙视、被认为是下贱的人。这就阻碍科学与技术的结合。基督教的精神气质则相反，它重视劳动，它强调劳动。例如，法兰西斯修道院有这样的《规矩》："凡受上帝所赐有工作力量的人，都应当具有忠心和尽力的态度去做工，使怠惰没有地位；这怠惰就是灵魂之仇敌。……工作之目的不是因为贪图什么货财，乃是因为可以助人助己得生活之必需物。"[①] 法兰西斯临死前留下这样的遗嘱："我用我的手做工，我喜欢做工；我喜欢我的兄弟做忠实之工夫；你们中有不会做工的，应当去学做工，这学做工的目的，不是因为要赚钱，乃是因为要树立一个模范，以免坠入怠惰。"[②]

基督教对劳动的重视和强调，使劳动成为一种高尚的职业。这是一种价值观的转变。在这种转变中，产生了一种新的价值观。新的价值观推动人们去从事各种各样的劳动。这里也包括技术，因为技术也是一种劳动。而且从事技术的不再只是工匠，一些有知识的人也进入技术领域。在有知识的人中间，很多是科学家。科学家搞技术工作不同于工匠，因为他们可以把科学知识应用于技术。这样，他们的技术工作就有两个源泉：一个是经验；另一个是科学知识。

上面只是科学与技术结合的一个渠道。除了这个渠道外还有一个渠道：工匠开始学习和掌握科学知识。这源于工匠地位的提高。工匠地位原来是很低的，因此知识界不愿意接纳他们。随着工匠地位的提高，他们开

[①] 杨昌栋：《基督教在中古欧洲的贡献》，社会科学文献出版社 2000 年版，第 148 页。
[②] 杨昌栋：《基督教在中古欧洲的贡献》，社会科学文献出版社 2000 年版，第 148 页。

始接受更多的教育。通过教育，他们掌握了很多知识，尤其是科学的知识。除此而外，由于基督教的平等观念逐渐深入人心，工匠可以与科学家交往、交流，工匠中的一些还参加了科学家办的学会。这样，工匠就可以从科学家那里获得大量的科学知识。工匠把这些科学知识应用于他们的技术活动，这使他们的效率大大提高，这也使他们不断推出新的技术成果。

这表明，是基督教推动了科学与技术的结合。当然，基督教是一个极其复杂的混合物，它的作用也表现为多个方面，即既有积极的，也有消极的，还有积极和消极的共处于一体的。例如，在近代，它曾阻挠过科学的发展。这集中地表现在：它对日心说的查禁，它对伽利略的审判。更为严重的是：它活活烧死了布鲁诺。因此，在对基督教的评价上，就出现了"仁者见仁、智者见智"的情况。直到今天，仍是观点林立、争论不休。

我们认为，该肯定的还是要肯定，这是一种实事求是的态度。例如，在科学与技术的结合上，基督教就"功勋卓著"。可以这样说，正是基督教的独特的精神气质，促成了科学与技术的结合。这在世界文明中是少有的。拿佛教文明和儒学文明来说，它们就不具有这种精神气质。因此在中国，从未实现科学与技术的真正结合。这当然是在古代和近代。

除了基督教外，西方科学与技术的结合还有其他推手。这里至少可以指出三个方面：一是近代学者的提倡和宣传，这首推培根。培根明确提出知识就是力量，他还强调科学要为人类服务。他指出：学究们的旧"科学"不结果实，它没有减轻生活的重担，因为它使技艺与自然相分离，把形式置于人类能力所及范围之外。这种停留于言词而不产生功效的自然科学，如同没有功效的信念一样是没有生命力的。他认为，"科学的真正的、合法的目标说来不外是这样：把新的发展和新的力量惠赠给人类生活。"[1] 二是近代科学的产生。科学与技术的结合，首先要有科学。古代的科学，即使是古希腊的科学，其应用也存在诸多的问题。这源自科学自身的不完备、源自科学与技术的脱节。这里的"脱节"包括，科学走向技术的环节太多，还没有与科学相对应的技术。近代科学的产生，解决了这些问题，使科学与技术有可能结合起来。三是资本主义制度的出现。技术不同于科学，科学是一种精神活动，它在某种适宜的精神气质下就能成

---

[1] 毛建儒：《论科学技术发展的社会因素》，山西人民出版社2004年版，第110页。

长起来。古希腊就是这样，古希腊的科学就是这样发展起来的。技术则不同，它必须有物质的支持，它必须能够解决实际的问题。到了近代，资本主义制度开始萌芽、成长。资本主义制度把技术变成了盈利的工具。而技术要发展，越来越依赖于科学。在这种情况下，资本家开始重视科学、重视科学的发展。这时的科学不同于以往的科学，因为它的精神气质变了，它变成了赢利的工具。这样，它与技术的精神气质变得一致了。这种一致使科学与技术实现了真正的结合，而最后则走向了科学与技术的一体化。

由此可见，科学与技术的结合是多因素集成的结果。这种集成只有西方有，因此西方很好地实现了科学与技术的结合。正是这种结合，推动了科学的发展，推动了技术的发展，推动了经济和社会的发展。这是西方之先进，中国之落后的根本原因。时至今日，在这个方面中国仍不如西方，仍与西方存在较大的差距。中国要发展，中国要赶上西方，必须下决心解决这个方面的问题。否则，中国将永远落后于西方。

科学与技术的结合，还有一个具体途径的问题。这个问题的中心最初是工匠，最后则演变为科学家和工程技术人员。例如，近代科学与技术的结合，就主要依赖工匠。这时的工匠不同于传统的工匠，他们学习并掌握了一定的科学知识，他们把这些知识应用于技术之中，以推动他们的技术发明。例如，瓦特是格拉斯哥大学的仪器修理工。他在修理蒸汽机的过程中发现，纽可门蒸汽机的汽缸对热能浪费比较大，同时由于真空度不好，使效能很低。找到这一原因后，他很想作进一步的改造。后来他听了该校布莱克教授的课，特别是听了关于"潜热""比热"的理论，受到很大的启发。他感到蒸汽机中有很大一部分热量并没有用于做功，而是用在加热气缸使其提高温度上去了。在布莱克教授的帮助下，瓦特还发现，大的蒸汽机比小的蒸汽机效率高，他想这可能是小蒸汽机单位容积的汽缸面积比大蒸汽机大，因此在冷凝之后加热汽缸所消耗的热量比例就大，最后形成了"要保持汽缸热"这一概念。在此基础上，他设计了新的蒸汽机，并获得了成功。

在第一次技术革命中，科学与技术的结合，瓦特就是一个典型。这甚至可以称之为"瓦特模式"。这种模式的核心就是工匠要有科学知识。正是工匠的科学知识，使他能够把科学与技术结合起来。在这种模式中，工匠的科学知识是有限的，而且工匠更多依赖于他作为工匠的经验。尽管如此，这仍是一种突破。因为在过去工匠只依赖于他的经验，现在则有了另一个源泉，这就是科学知识。这加快了技术发明的进程、加快了技术发展的步伐。

科学与技术的结合，很快就由瓦特模式走向新的模式。例如，麦克斯韦创立的电磁理论，预言了电磁波的存在。赫兹用实验证实了麦克斯韦的预言，他发现了电磁波。赫兹的发现立即吸引了许多科学家和工程技术人员，这些科学家和工程技术人员是：卢瑟福、洛吉、马可尼和波波夫。他们开始探索利用电磁波实现无线电通信的可能，他们中的马可尼、波波夫使无线电通信进入了实用阶段。

新的模式产生于第二次技术革命。新的模式不同于旧的模式。新的模式是以科学为基础的，没有科学就没有技术。这种模式用公式表示就是科学→技术。当然，科学、技术是相互作用的，但科学是先导，科学是源泉。技术上的一切重大突破，都依赖科学，都离不开科学。因此，发展技术，首先要发展科学。技术不再是独立的，它与科学结合在一起了。

在新的模式中，工匠已不能适应需要了，即使像瓦特这样的工匠也落伍了，也不再是"弄潮儿"了。代替工匠的是科学家和工程技术人员。科学家是搞科学研究的，他们是科学成果的创立者，他们对科学成果最了解。他们中的一些人，在科学成果的基础上，开始了技术的探索，并成为技术的发明者。这种一身二任的情况，是新模式的特点之一。除了科学家以外，还有工程技术人员，他们也是技术发明的主体。他们与工匠不同，因为他们受过系统的科学教育，他们掌握最新的科学知识，他们的技术探索就是在这种科学知识的指导下进行的。因此，他们一旦获得技术发明，就属于技术上的重大突破，随后便是新的产业的出现。这往往导致经济的跨越式发展。

中国技术落后，最后的结果必然是被动挨打。这在鸦片战争以后愈演愈烈。这就引起了广大智士仁人的深思，这种深思也触动了当时的统治阶级，于是开始重视技术的问题。最初是技术的引进。开始的引进实际上是用钱买设备。至于设备怎么制造是不管的，只要能使用、能维修就可以了。在此基础上，则是一些仿造和仿制，仿造或仿制的水平很低。真正的技术发明则很少。因此，中国的技术仍很落后，而且与西方技术的差距仍在扩大。

（四）中国现代技术发展的现状及其问题

从清朝被推翻100多年的时间中，中国的科学技术的发展经历了两个阶段：中华人民共和国成立前和成立后。中华人民共和国成立前，中国的科学有较大的发展，但中国的技术却相对落后。这是因为技术不同于科学，科学可以在社会动乱中发展，技术则不行，它的发展必须有安定的环境，而且有国家的大力支持。这些条件在中华人民共和国成立前是不具备的，这就决定了技术不可能有较大的发展。

中国技术的较大发展，是在新中国成立以后。这突出表现在：两弹一星、激光照排、杂交水稻等的研制成功。最近的神舟飞船、嫦娥登月等工程，也是技术上的重大进展。当然，这只是就主要的技术而言，次要的技术就多了。正是这些技术以及技术的应用，使中国人的生活水平有较大的提高，使中国有较强的国防能力。这保证了中国几十年的和平环境。在这种和平环境下，人民才能安居乐业。

当然，新中国技术的发展也存在严重的问题，这就是：独创的技术少，重大的技术突破少。这制约了中国经济的发展，也与中国这样的大国不相称。这里的原因很多，其中比较重要的有：一是科学相对落后；二是科学与技术没有很好地结合起来。先谈第一个问题。现代的科学当然不同于古代的科学。古代的科学是中国自己的科学。这种科学到近代落后了，而且再没有复兴。现代的科学是从西方来的、是向西方学习的结果，在学习的基础上，中国有很多创新。从整体上说，中国科学与西方科学的差距是缩小了。这是与近代相比而言的。但由于现代科学是引进的科学，与西方相比，中国的科学还是落后的。特别须要指出的是，中国的文化不同于西方的文化，现代科学在中国文化的氛围下有点"水土不服"。这里最根本的是缺乏一种精神，即科学的精神。由于这些原因，再加上国家政策等方面的问题，中国在科学上的重大成果屈指可数，科学大师更是寥若晨星。正是基于此，钱学森晚年提出"钱学森之问。"这是对中国科学的忧虑、是对中国科学发展的忧虑。对这个问题不能敷衍搪塞，必须有直面的勇气，并下决心采取措施解决。

由于科学的落后，中国的技术也是落后的。当然这是就整体而言的。

解决这个问题不能靠引进、不能靠仿制。因为这些方法是缩小差距的方法，这些方法不可能产生先进的技术。要产生先进的技术，就得发展科学，就得在科学的基础上发展技术。在这里，科学的大师很重要。他们就在科学的前沿，他们在科学上有重大的成果，他们中的一些还会从科学领域转移到技术领域，并在技术领域获得重大成果。这样，他们不仅是科学的创新者，他们也是技术的创新者。他们的技术创新，其独创性较高，往往能促成一个产业的出现。

中国现在缺的就是科学大师、技术大师。没有科学大师和技术大师，中国的技术进步只能跟在西方后面亦步亦趋，永远也无法超越西方。这是中国技术发展面临的最严重的挑战。对于这样的挑战，仅靠增加投资是不够的，仅靠提高工程技术人员待遇也是不够的，必须采用集成的方法，在集成的方法中必须重视精神的因素。

第二个问题是科学与技术结合的问题。这个问题与中国原来实行的计划体制有关。在计划体制下，科学与技术是两张皮，科学与技术无法很好地结合起来。后来，通过改革，从计划体制转向市场体制。在这个过程中，科学技术的体制也进行了改革。改革的结果是：科学与技术两张皮的现象有所解决。但与西方相比，中国在这个方面仍然存在很多问题。这些问题不解决，中国的科学与技术就不可能很好地结合起来。

温故而知新，从中国近代技术落后的根源来看中国现代技术，可以发现：二者有不少相同或相似的地方。这一方面是历史的延续。这种延续表明，不管你愿意不愿意都得接受历史的遗产；另一方面则是对历史的问题解决得不好。这既有历史的根源，也有现实的原因。其结果是，中国现代技术的发展仍受到诸多限制，仍面临各种障碍，仍不能按照应当有的速度前进。当然时代不同的了，中国的社会制度变了，中国的国家力量是空前的，中国的技术条件有了质的飞跃，中国工程技术人员的素质也是古代的工匠难以比拟的。因此，中国现代技术的落后是暂时的，通过各个方面因素的集成，中国有可能在技术上赶超西方。当然，这个任务是艰难的，需要"卧薪尝胆"，需要较长时间的努力。

五 山西文化与科学技术

山西文化与科学技术的关系，同中国文化与科学技术关系一样，也是一个比较复杂的问题。但有一点是可以肯定的，中国文化的缺陷山西文化都有。不仅如此，山西文化还把中国文化的缺陷放大了。这导致的后果是，山西文化更不适应科学技术的发展。这种情况从古代一直延续到近代和现代。因此，山西要发展科学技术，山西要实现经济的腾飞，必须在文化上下功夫，必须重塑山西文化。

山西作为中国的一部分，它在中国文化这个大"场"之中。因此，山西文化与中国文化具有同一性。从这个意义上来说，山西文化的特点与中国文化的特点是重合的，即中国文化有什么特点，山西文化就有什么特点。例如，中国文化讲经世致用，山西文化也讲经世致用；中国文化中有官本位思想，山西文化中也有官本位思想，等等。

当然，山西文化也有自己不同于中国文化的特点。这种特点概括起来就是：一是山西是中国文化的发源地，山西出过很多学术大家，荀子就是其中杰出的代表。由此决定，中国文化在山西扎根很深，对山西人的影响很大。这种影响不仅体现在一代人又一代人的中间，还体现在各个遗留的文物之中。如果说中国文化在其他省份变异较多，而在山西则基本"正常"。当然，山西也有一些"走样"，但"走样"较少。二是山西人比较崇尚政治、崇尚政治人物。这使山西的官本位远胜于其他省份。例如，在山西最闻名的肯定是官员，在山西人口中津津乐道的也是官员，山西人更是用当官大小来衡量人的价值。山西近年来官场的"塌方式腐败"，从文化的角度看就是官本位畸形发展的结果。三是山西是一个比较封闭的内陆省份，这就带来两个后果：首先是西化的程度较低。西化有利有弊。从利的方面来说，它可以带来新的观点和思想，它可以冲击和削弱中国文化中的某些陈旧意识。例如，官本位的意识、重义轻利的意识、君子不器的意识等等。由于西化程度较低，中国文化的某些意识仍死死缠绕着山西人，使山西人思想保守，不敢闯不敢干。山西在改革开放后经济不断走向落后，与山西陈旧的意识有密切的联系。其次是山西人择业观念较窄。山西人受中国文化的影响，首先选择的是当官。当官如果不成，下一选择就是"铁饭碗"。因此山西人热衷于"体制内"的事、热衷于进入"体制内"的圈子、热衷于在"体制内"混个一官半职。

山西是中国大背景下的一个省，因此山西文化与科学技术从总体上看，与中国文化与科学技术的走向是一致的。但山西文化与科学技术，又有自己的特点，这种特点概括起来就是：

一是山西的"官本位"远较全国突出和盛行。官本位并不是儒学的本意，儒学的最大追求是：修身、齐家、治国、平天下。而要治国、平天下，就得当官。本来当官只是一种手段，但它却成了人们追求的目标。由此形成了官本位的观念。这是儒学思想的一种异化，也是官的一种异化。在上述的文化氛围中，山西人出了很多官，出官多的家族则成为名门望族。例如，山西的裴氏就是名门望族。裴氏的祖居之地是闻喜。"裴氏家族，从周秦到明清，绵延两千多年，历久不衰。特别是自东汉到唐朝八百年内，将相辈出，仕宦者如林，独领风骚。据统计，裴氏家族中曾出任宰相的59人，大将军59人，尚书55人，中书侍郎14人，侍郎44人，御史11人，刺史211人，太守77人。被封爵的有公爵81人，侯爵33人，伯爵11人，子爵18人，男爵13人，驸马21人，七品以上官职者达3000余人，正史立传载列的有600余人。"[①]

特别是在唐朝，比较有名的官吏有：裴寂、裴律师、裴承先、裴行俭、裴宣机、裴光庭、裴積、裴倩、裴均、裴居道、裴炎、裴彦先、裴伷、裴仁轨、裴漼、裴亮、裴湑、裴珣、裴朗、裴胄、裴守真、裴子余、裴行立、裴耀卿、裴佶、裴冕、裴遵庆、裴向、裴寅、裴延龄、裴茙等，共计53人，其中担任过宰相的有：裴居道、裴炎、裴度、裴休等。

像裴氏这样的名门望族，在山西的很多地方都出现过。例如，五台徐氏也算得上是名门望族。徐氏中最有名的要数徐继畬。徐继畬，字健男，

[①] 王宁林：《河东裴氏文化》，香港天马图书有限公司2002年版，第3页。

号松龛，山西省五台县东冶镇人。嘉庆癸酉（1813年）举人，道光丙戌（1826年）进士，授翰林院编修，补陕西道监察御史，出守广西浔州，调升福建延津邵道，调署福建汀漳龙道，授广东监运史、广东按擦史，迁福建布政史，援广西巡抚，调补福建巡抚，简放四川乡试正考官，乡试毕"传旨革职"，奉令襄办上党防务，主长平遥超山书院，奉诏入朝（1865年）命以三品京堂在总理各国事务衙门行走，授太仆寺卿，受命管理同文馆，诏许告病归里（1869年），1873年赏头品顶戴。[1]

除了徐继畲外，徐氏比较有名的官吏还有：徐润第、徐寅第等。徐润第系徐继畲的父亲，乾隆乙卯（1795年）进士，内阁中书。1798年入京供职，1808年任储济仓监督，并兼署中仓，后调海运仓、施南仓同知。[2] 徐寅第系徐继畲堂叔，嘉庆辛酉（1801年）科拔员。后朝考以知县用，分发直隶，委署肃宁县。丙子（1816年）调河间县，戊寅（1818年）升景州知州，壬午（1822年）冬，特旨擢河间府，乙酉（1825年）秋调署通永道，己丑（1829年）升清河道。[3] 特别需要指出的是：中华人民共和国的开国元帅徐向前，与徐继畲同宗同族。

山西有这么多名门望族，其中的原因之一是，山西在古代是中国文化最发达的地区之一，特别是河东地区，与陕西毗邻，在文化发达的基础上，再加上山西人杰地灵，出众多的名门望族也就是自然而然的事情了。

当然，山西众多名门望族的出现，还与山西人的价值观有关。这种价值观来自中国文化，主要是来自儒学。但山西人将其异化了。具体地说，山西人把当官作为最高的追求、作为最高的价值。为了达到当官的目的，山西人便拼命读书。因为在古代通过读书可以直接进入官场。这样，读书就与当官联系起来了，二者成了手段和目的的关系。但当官有很多途径。读书是正途，而且是光明正大之途。除了正途之外，还有他途。例如，因父亲是官，儿子、孙子等也被赐予官职。有些官职是通过花钱买来的，在每个朝代的末期，这种现象非常严重。

上述两个原因，决定了山西人进入官场的人比较多。进入官场便成为

---

[1] 白清才、刘贯文主编：《徐继畲集》第一卷，山西高等联合出版社1995年版，第1页。
[2] 刘贯文：《徐继畲论考》，山西高校联合出版社1995年版，第225页。
[3] 刘贯文：《徐继畲论考》，山西高校联合出版社1995年版，第230—231页。

官吏。作为官吏，可以是好官，也可以是庸官、贪官，这两种官山西都有。这里需要提出的是，如果是好官，他们比一般人对国家和人民的贡献大。在这个方面，山西有很多例子：裴氏家族中的裴佗，北魏时举秀才，以高名次被授命为中书博士。历任征虏将军、中散大夫、赵郡（治今河北赵县）太守。前将军、东荆州（治今陕西嵩县）刺史、平南将军、抚军将军、中军将军。裴佗为官清廉，治理有方。他在赵郡时，对百姓生活很关心，时常派人和亲自查访人民生活上的疾苦、生产上的困难。他了解到人民最怕的是官衙中的催粮、收税的衙吏，最恨的是地方上的恶霸。他对衙吏规定了戒律，不得无故扰民、借故欺民。恶霸和百姓之间发生争执，他从来是严惩恶霸。因为敢于打击恶霸豪绅的气焰，地方一时得到安静，人民百姓称他为"好官一人"。他到荆州时，田盘石、田敬宗等部落百余家起义，前牧守曾派兵征讨，也未能平定。裴佗从各方调查了解到蛮酋起义，主要原因是民族问题，因为摊派负担不公，对所谓贫户往往加重征收，衙吏在催要租税时又常常敲诈勒索，民愤鼎沸。针对这些情况，裴佗首先公开宣布征收摊派标准，如有不合标准，额外加重者，无论属于什么户，什么民族，都可向官府告发。对任意勒索的衙吏，裴佗查明之后公开做了惩处。然后他单身前往宣慰，晓以利害。田敬宗等相率归附，未费一兵一卒，平定了过去多年不能平定的"匪乱"，合境安定太平。[①] 裴氏家族中的裴耀卿在唐朝中童子举。二十岁即任秘书正字，不久又任相王府典签。睿宗继位后，又授其为国子主簿。开元初，他任长安令。后又任济州（治今山东茌平西南）、宣州（治今安徽宣城）、冀州（今属河北）刺史。又回京师，任户部侍郎，京兆尹，侍中，江淮、河南转运使，左丞相，尚书右仆射，尚书左仆射。裴耀卿在黄河入汴（开封）附近设输场，并置河阴仓。江南租米漕运到输场后，即得租米纳入仓内，船返回本州。然后，再由朝廷调拨运船，一路经洛水漕输含嘉仓；另一路至三门峡东的集津仓，再由陆运几十里至三门峡西的盐邑，绕过了三门之险。接着又将租米漕运至黄河岩的陕州太原仓，溯河水至潼关附近永丰仓，经渭水直达长安。自开元二十二年（734年）始，三年之间，运往关中长安的租米达

---

① 王宁林：《河东裴氏文化》，香港天马图书有限公司2002年版，第28—29页。

七百万石,为隋唐漕运史上的最高纪录,节省陆运费用三十万贯。① 裴氏家族中的裴度,唐朝贞元年间进士。唐宪宗时,升为宰相。裴度一生的主要事迹是极力主张削除藩镇,督师攻破蔡州,结束了唐代长期的藩镇叛乱局面。②

这表明,山西的好官确实不少,山西的很多官在治国安邦方面起了很大的作用。这样的官是国家需要的、是人民需要的。因此,对官不能一概否定,对官本位也不能一概否定。

但一个不可回避的问题是:当官的人多了,追求官的人多了,科学技术就被冷落了。因此就科学技术角度看,不论在古代还是现代,山西出的人才都很少,杰出人才就更少了。拿裴氏家族来说,政治人才成千上万,但它科技人才却寥寥无几,只有三个人可以算得上是科技人才:裴秀、裴政、裴矩。裴秀可以算得上是杰出的科技人才,他不仅绘制了《禹贡地域图》等地图,还提出了较为科学的"制图六体"。他的制图六体是:1. 分率,就是比例尺;2. 准望,就是方位;3. 道里,就是距交通线的距离;4. 高下,就是地势高低,与现在的海拔线相似;5. 方邪,就是倾斜度缓急趋势;6. 迂直,就是道路的曲直。裴秀的制图六体,一直到明代,都被奉为唯一的制图准则。唐代地图学家贾耽就是继承了裴秀的制图法,绘制出许多有价值的地图。就全世界范围来说,地图虽说出现很早,但真正的地图却是从裴秀开始的。由于他在地图学上的伟大成就,国际地图学界公认,在世界地图科学史上,裴秀与欧洲学者托勒密是东西辉映的两颗明星,标志着古代地图科学的巨大成就。③

山西在古代科技人才少,这种情况一直延续到现代。即使是很少的科技人才,他们也没有受到应有的重视和尊敬。他们在官的面前,显得微不足道,在官看来,他们只是一个"棋子",更有甚者,把他们列入有才能的奴仆。在这种价值观的氛围下,已有的科技队伍会萎缩,很多有才能的年轻人则不愿加入科技队伍。其结果是,山西的科技人才、山西的科技成果,远远逊色于其他省份,特别是一些科技发达的省份。

---

① 王宁林:《河东裴氏文化》,香港天马图书有限公司2002年版,第38—40页。
② 王宁林:《河东裴氏文化》,香港天马图书有限公司2002年版,第43页。
③ 王宁林:《河东裴氏文化》,香港天马图书有限公司2002年版,第49—50页。

科技人才少，科技不发达，在古代对经济的影响还不大。到了现代就不同了。因为在现代，科学技术是第一生产力。这就决定了山西经济的落后、决定了山西经济转型的"难产"。当然，这并不排除山西在某一时期会出现经济发展的高潮。但这种高潮并不是根源于科学技术，而是根源于原料。例如，"煤炭的黄金10年"，山西经济发展的速度是很快的。然而煤炭出问题后，山西的经济便陷入困境，而且是前所未有的困境。这种情况实际上并不自今日始，在历史上曾多次循环。要走出这种循环，只能依赖科学技术。当然，依赖科学技术是一个"慢活"，需要多年的、持之以恒的努力。在这个问题上，必须有整体战略，必须有顶层设计；在这个问题上，不能急于求成，更不能"临时抱佛脚"。

二是除了官以外，山西人价值观的第二位是经商。晋商在全国是很有名的，晋商在兴盛发达之时，其经济在全国占举足轻重的地位。晋商不是一时一地之事，晋商形成很多有名的家族，并有数代之久的绵延。晋商的经营是全方位的，即他们不仅经营烟、布等，他们还创立了一个又一个的票号。晋商的经营方法，已在某种程度上突破了亲情的羁绊，开始向现代的经营方法转变。

例如，平遥毛家，曾开办了日生烟店、晋泰昌布庄、永泰昌钱铺、永泰庆票号、永泰裕票号、义泰昌粮行等商号。从毛家从事公益活动的片段记录中，可以看出其发家的情况。在道光年间，平遥修城捐银中，毛鸿翙排列13位，只捐了500两银子；到了光绪初山西赈灾捐银中，毛鸿翙的孙子毛履泰就捐银达8400两、钱1300千文。[①]

祁县乔家，其创始人乔贵发对黄豆的开发形成了一个产业链。以黄豆为中心，下线产业是做豆腐、泡豆芽、卖豆面，用豆腐渣养猪卖猪肉，用猪粪施肥种菜；另一类是用高粱等粮食开"烧锅"（酿酒）。上线产业主要是以黄豆、高粱等粮食的需求调节种植。同时还兼营杂货、旅店等，成为一个以豆腐制作加工销售为中心的，集粮店、草料铺、旅店、烧锅、肉铺、菜园等为"一条龙"的"集团公司"。乔家的"公司"，最初的名号是"广盛公"，后又改名为"复盛公"，"复盛公"极盛时，达到了20多

---

① 田玉川：《晋商》，中国工人出版社2007年版，第10页。

家，雇员 500 多人。①

太谷曹家，其创始人曹三喜的生意也是从做豆腐开始的。他先租地种植大豆和高粱，用大豆磨豆腐，用豆渣喂猪；用高粱开"烧锅"（酿酒），用酒糟喂猪；用猪粪作为肥料种菜种粮。这样，就形成了以种粮、粮食加工、养殖为循环的产业链，其中，做豆腐是其主打产品。同时，曹三喜还兼营日用杂货、典当等业务。曹三喜所创办的"公司"在极盛时，有商号 600 多家，雇员达 2.7 万人，资产过千万两白银。②

太平县（今称襄汾县）有四大商人家族，他们分别是赵康尉家、北柴王家、南高刘家、西贾仪家。这里简单谈谈赵康尉家。尉家的创始人是尉得胜。尉得胜是一个铁匠，他既打铁又种地，生意越做越大，比如烘炉有一盘、两盘、三盘，最多达二十一盘，炉工百八十，成为大型工场手工业。尉得胜后来又成为盐商。盐商区分为坐商和运营商。坐商是盐的生产商人，运商是推销盐的商人。尉得胜属运商。尉家传至四代尉维模，或六七代尉世隆，仍是运商，一年销往山西凤台、翼城、安邑、永济县和河南沁阳、康县的额引、代销、除引共 286 名 759 引。"名"是盐引的计量单位，一名 120 引，这样，286 名 × 120 引 + 759 引，等于销往各州县盐 35079 引，河东盐一引重多少斤？累有变化，至清末每引重 240—800 斤不等。按 240 斤计算，年销盐达 8418960 斤。③

曹履泰、毛鸿翙、程大佩，是"中国第一票号"日升昌的三位掌柜，即中国以从事白银异地汇兑和存放、兑换业务的行业——票号的创始人。日升昌，喻其必然像红日升天一样，光芒四射，普照大地。在日升昌的带动下，晋商纷纷创办票号，形成了平遥帮、太谷帮、祁县帮三大票帮。最多时有 30 多家，分号达 600 多处，遍布全国各地，在日本、朝鲜、俄罗斯、新加坡、印度都有其分号。④ 票号在很短的时间内就积聚了大量的财富。例如，祁县渠家的百川通票号，仅光绪二十八年（1902）就赢利百万两，每股分红达 2 万多两。渠家建有银窖。银窖究竟藏了多少银子，不得而知。仅"武昌首义"后，山西军政府一次就向渠家（渠源

---

① 田玉川：《晋商》，中国工人出版社 2007 年版，第 90—91 页。
② 田玉川：《晋商》，中国工人出版社 2007 年版，第 91 页。
③ 孔祥毅等：《晋商研究》（第二辑），经济管理出版社 2015 年版，第 19—20 页。
④ 田玉川：《晋商》，中国工人出版社 2007 年版，第 122—123 页。

祯）储了 30 万两。在他死后，子孙从其老宅的银窖中就挖出了 300 万两白银。①

在晋商商帮中，有一支专门从事对俄蒙贸易的商队，由于其主要靠牛车、骆驼作为运输工具，从南到北奔波在数千里的商路上，因而称为"驼帮"或"车帮"。晋商从南方采购茶叶、瓷器、丝绸、手工业品、烟叶、铁制品等北上，与俄商在恰克图交易换取皮毛、呢绒、玻璃品、五金等，几乎垄断了对俄贸易。在恰克图从事贸易的"都是晋帮商号"，约有 50 多家。他们风餐露宿，星夜兼程、服牛驾车，驱驼牵马，长年行进在数千里的商路上，运来了堆积如山的货物。据统计，在清嘉庆二十三年（1818），贸易量为 157 万斤；清道光九年（1829）增加到了 377 万斤。仅茶叶一项，清道光十七年至十九年（1837—1839）输俄约值 800 万卢布；清道光二十三年（1843）则猛增到 12 万箱（每箱 100 磅），约值 1200 万卢布。茶叶是对俄贸易的大宗商品，晋商始终占据垄断地位。②

由于经商极其成功，山西出现了很多富户。光绪年间，徐珂在《清稗类钞》中，曾指出过这方面的情况：介休侯氏，资产七八百万两；介休冀氏资产三十万两；祁县乔氏，资产四五百万两；祁县渠氏，资产三四百万两；太谷曹氏，资产六百万两；太谷刘氏，资产百万两内外；太谷武氏，资产五十万两；太谷孟氏，资产四十万两；太谷杨氏，资产三十万两；榆次常氏，资产百数十万两……③

山西因为晋商也成为富省。《清高宗实录》称："山西富户，百十万家资者，不一而足"，尚属小富，不算大富。到了咸丰年间，山西之富，在全国与南方的广东并列，"忧思天下之广，不乏富庶之人；而富庶之省，莫过广东、山西为最。风闻近数月以来，在京贸易之山西商民报官歇业回籍者，已携资数千万出京，则山西之富庶可见矣"④。

经商是一件有风险、又很艰难的事情。然而经商与其他行业相比，发财要来得快一些。山西人又有经商的传统、商人的睿智。需要指出的是，山西人比较诚实。诚实是经商之本。如果在经商中搞诓骗、欺诈行为，那

---

① 田玉川：《晋商》，中国工人出版社 2007 年版，第 107 页。
② 田玉川：《晋商》，中国工人出版社 2007 年版，第 168 页。
③ 田玉川：《晋商》，中国工人出版社 2007 年版，第 131 页。
④ 田玉川：《晋商》，中国工人出版社 2007 年版，第 130—131 页。

是不会持久的，即在短期内就会垮台。山西人不是这样，他们诚实、诚信，这就使他们的商业可以做大做强。

这里简单谈谈诚信。山西商人特讲诚信，他们视诚信为第一。例如，在清末民初，曾发生了这样一件事。有一天，一位英国商人的孙子，在他的家乡收到了一封来自中国山西的信。写信人自称，自己也是一位山西商人的孙子。自己的爷爷曾与这位英国人的爷爷做过生意，自己的爷爷还欠着这位英国人的爷爷若干英镑的债务。自己的爷爷在世时，无力偿还。自己的父亲在世时，也未还上。现在，自己做生意终于赚了钱，现如数替爷爷还债，并致信表示歉意。平遥城有一位人人皆知的乞丐老太太，有一天，突然颤巍巍地掏出了一张1.2万两银子的汇票要日升昌总号兑现。日升昌伙计和掌柜都大吃一惊。经仔细辨认并查30年前的汇票存根证实真实无假。于是，日升昌就如数兑现了。[①]

其结果是，在山西的商界，积累了一大批人才，出现了一个又一个的经商世家。这带动了山西的经济发展，使山西的经济雄踞全国前列。这是山西最好的时期，可以说是"前无古人、后无来者。"研究这段历史很有价值，因为它可以对现代山西经济的发展提供诸多启示。当然，历史是不可复制的，山西人必须根据新的情况、走出一条新路，以达到振兴山西、改变山西落后面貌的目的。

山西人在经商上很成功，但在科学技术却比较落后，这既表现在科技人才上，也表现在科技成果上。为什么会有这样的结果呢？这是因为，山西人的焦点在当官和经商，因此山西的人才基本上积聚在这两个领域。这导致的后果是：山西很少有人才进入科技领域。即使进入科技领域，也因经济问题不能安心研究。他们中的一些人还贫困潦倒、处境艰难。他们的"示范"效应，使很多人不愿进入科技领域。这就导致山西科技人才匮乏，使本来就落后的科技"雪上加霜"。当然，其他省份也有这种情况，但山西的问题更加严重。

山西的科学技术落后，还有另一个原因：山西的实体经济没有发展起来。实体经济包括农业和工业。这里主要指工业。工业和商业不一样，工业更需要科学技术。由于商业过度发达，且商业赢利更快，工业

[①] 田玉川：《晋商》，中国工人出版社2007年版，第151—152页。

受到冷落，就比较落后。在这种情况下，科学技术发展的动力严重不足。

当然，在民国时期，山西的实体经济有较大的发展。"1920年制定、1921年开始实施至1930年底陆续完成的为期十年的《厚生计划案》，即是阎锡山'兴办实业''造产救国'强国方案的具体实施，也是山西现代经济建设的第一个大发展时期。《厚生计划案》包括《炼油计划案》《炼钢计划案》《机器计划案》《电气计划案》《农业计划案》和《林业计划案》。"① 1933年西北实业公司成立后，与育才炼钢厂、育才机器厂一起被改组，统归西北实业公司机械管理处管辖，计有西北铸造厂、西北机车厂、西北铁工厂、西北农工厂、西北水压机厂、西北机械厂、西北汽车修理厂、西北溶化场、西北育才炼钢厂、西北机械修理厂等十大机械工厂。1936年，将各厂合并为西北制造厂，形成一支规模庞大、实力雄厚的机械制造中心。总计职工5058人，厂房6100余间，各种机器1500余部，产品从枪炮弹药到民用机械，品种繁多，门类齐全。②

新中国成立后，山西的机械制造业又有了较大的发展。例如，在国民经济恢复时期以及"一五""二五"时期，国家都把山西作为全国装备制造业建设和发展的重点地区。如在"一五"时期由苏联对我国援建的156项重点工程中山西有16项，占到了38.4%。从20世纪60年代初到70年代末，山西又成为全国"三线建设"的重点地区之一。"大三线""小三线"加起来山西有50多项，从而使山西的装备制造业得以较快发展。据有关资料显示，山西装备制造业在发展最快的1971年曾经占到全省工业总产值的1/3左右，成为当时山西工业的第一大行业。在改革开放初的1978年，山西装备制造业的总产值仍占到全省工业总产值的23.5%。

由于实体经济的发展，山西积聚了一大批科技人才；由于实体经济的推动，山西也产生了一大批科技成果。但应该指出的是，山西的高端产业始终不多。特别是在改革开放后，山西的高技术产业没有发展起来。这就使山西的实体经济在低端和中端产业间徘徊。低端产业就是煤炭。山西是一煤独大。在21世纪"煤炭的黄金十年"中，煤炭产业更是"突飞猛

---

① 温泽先主编：《山西科技史》，山西科学技术出版社2002年版，第443页。
② 温泽先主编：《山西科技史》，山西科学技术出版社2002年版，第470—471页。

进"。然而随后则是煤炭的衰落，不仅煤炭衰落了，机械制造业也衰落了。据统计，1991年，山西机械工业总产值在全国排名第23位，固定增产净值为第21位，实现利税为第28位。

这样，高技术产业没有发展起来，低端和中端产业也问题重重。在这种情况下，科学技术发展的动力在不断减弱。因为山西的科学技术，纯科学的成分较小，大部分是实用性的。"实用"这一块出了问题，肯定会严重影响山西科学技术发展。现在在山西讲转型，但转型谈何容易。因为转型需要人才和资金，资金从何而来？而且转型是要转到高技术产业，而高技术产业的竞争非常激烈，成功者少，失败者多。因此，转型并不是想转就可以转过去的。

科学技术是第一生产力，这在21世纪尤其如此。山西科学技术发展的动力严重不足，山西科学技术的成果、重大成果甚少。这就严重制约了山西的经济发展。山西要突破这个"瓶颈"，必须在科学技术上下功夫，必须在科学技术与经济的结合下功夫。但这是一个"慢活"，它不可能像煤炭产业那样，在短短几年内就财源滚滚、"盆满钵满"。然而这是山西发展的根本，只有通过它，才能实现跨越式发展，山西才能实现可持续发展，山西才能真正走在全国的前列。

三是山西人对科学技术不够重视。如果从价值观的角度来排位，科学技术肯定会排在当官和经商之后。因此，科学技术在山西从来就不是焦点。在山西人眼中，首先是当官，其次则是经商。至于科学技术，在有用的时候也不妨尝试一下，但尝试也是浅尝辄止。因为科学技术，不像当官那样名声显赫，也不像经商那样财源滚滚。这就决定了科学技术必然受到冷落。有时在口头上也喊几句，但实际行动并没有跟上去。这种口头与行动的脱节，直到现在仍然存在，有时还表现得很严重。

四是山西在近现代比较闭塞，这也影响了山西科技的发展、影响了山西科技人才的成长。山西在古代是中国文明、文化的发源地之一，因此山西文化曾处于全国的"高地"。但在近现代，山西的文化却落后了，与文化相连，科技也落后了，科技人才也产生得较少。山西文化落后的原因是多方面的，其主要原因是：山西是一个内陆省份，比较闭塞，与外界交流较少，特别是与西方交流较少，在这个方面，山西不像中国的沿海的省份。由于与西方文化的交流、碰撞，沿海的省份接纳了西方的文化元素，并使自己的文化迅速发展起来，山西没有这样的条件，这就使山西的文化在全国落后了。

文化的落后表现在两个方面：一是文化中包含的价值观还是古代的，即仍把当官看成是最高的价值，其次的价值是经商、赚钱。二是文化教育落后，即学校少，上学的人少，文盲较多。这两个方面自然不利于科技的发展、不利于科技人才的成长。

我们以山西的中国科学院院士、中国工程院院士的数量来说明上述情况。据统计，2000年以前，山西籍的中国科学院院士、中国工程院院士共19人。他们是：

1. 何泽慧，核物理学家，山西灵石
2. 张沛霖，物理冶金学家，山西平遥
3. 郭承基，地球化学家，山西清徐
4. 贾福海，地质学家，山西原平
5. 王志均，生理学家。山西寿阳
6. 席泽宗，天文学家，山西垣曲
7. 席承藩，土壤专家，山西文水
8. 马志明，数学家，山西交城
9. 李静海，化工工程专家，山西静乐
10. 郭应禄，医学专家，山西定襄
11. 关桥，焊接专家，山西襄汾
12. 陈力为，计算机专家，山西洪洞
13. 梁维燕，电工技术专家，山西临汾
14. 张子仪，动物营养学专家，山西临汾
15. 牛憨笨，物理电子学专家，山西壶关
16. 赵国藩，土木结构工程专家，山西汾阳
17. 张锡祥，雷达对抗专家，山西文水
18. 刘尚合，静电与电磁防护工程专家，山西闻西
19. 于润沧，有色金属采矿专家，山西

这就是2000年以前山西籍的中国科学院院士、中国工程院院士的数量。2000年以后在数量上略有增加中国。当然，中国科学院院士、中国工程院院士的籍贯只是一个方面，就是这一个方面也需要分析。例如，籍

贯是山西的，但他可能不在山西生活、也不在山西长大。另外，他在山西生活，并在山西接受大学前的教育，然而他上的大学却不在山西，而在其他省份。还有，大学毕业后，他并不在山西工作，而是在其他省份工作。尽管如此，他与山西紧密相连、与山西文化紧密相连。因为他在山西生活，就受到山西文化的熏陶。他如果不在山西生活，他的家庭也充满山西文化，也同样受到山西文化的熏陶。

中国科学院院士、中国工程院院士，是高档次人才。除了高档次的人才外，还有中档次、一般的人才。例如，山西的农艺专家有：郝钦铭（山西武乡）、王绥（山西沁县）、武藻（山西武乡）、贾麟厚（山西太谷）、李二成（山西偏关）。水利专家曹瑞芝（山西襄汾）、采矿专家耿步蟾（山西灵石），等等。山西籍的科学家还走向世界、成为世界著名的科学家。例如，任之恭，山西沁源人。1929—1931年，他入美国哈佛大学，获物理学哲学博士学位。1946—1950年，任哈佛大学电力学研究讲师。1950年起，担任马里兰州霍普金斯大学应用物理实验室高级物理学家。1959年，当选为美国物理学会理事。1959—1974年，当选微波物理学组组长和应用物理实验室中心副主任。1962年，当选为（台湾）"中央研究院"院士[1]。另一位著名的科学家是张民觉。张民觉是山西岚县人。他1929年考入清华动物心理系，1933年毕业留校，1941年获剑桥大学动物生殖博士学位，1945年到美国麻省克拉克大学渥斯特基金会实验生物学研究所工作。他1951年发现了"精子获能现象"，1959年完成了兔子体外受精实验，1969年完成了人卵的体外受精。他的工作，为日后实现人的体外受精和试管婴儿的问世奠定了基础，因此被誉为"试管婴儿之父"。他1989年当选第三世界科学院院士，1990年当选美国科学院院士，曾两次被提名为诺贝尔奖候选人[2]。除了任之恭和张民觉之外，比较著名的科学家还有：张耀德（山西洪洞）、张馥葵（山西运城）、张树庭（山西原平）等。

但一个不争的事实是：就近、现代而言，山西的科技人才较少、杰出的科技人才更少。导致这种结果的原因，上面已经分析过了。这里还

---

[1] 温泽先主编：《山西科技史》，山西科学技术出版社2002年版，第483页。
[2] 温泽先主编：《山西科技史》，山西科学技术出版社2002年版，第485页。

可以谈谈大学的情况。山西最早创立的大学是山西大学。1902年，山西巡抚岑春煊奏准清政府，拟在山西令德堂的基础上独立筹办山西大学堂。最初的校址为太原文瀛湖南的乡试书院，后迁入新址（今太原师范学院）。山西大学分为中学专斋和西学专斋。中学专斋起初沿用令德堂的教学模式，1904年后增设英文、日文、法文、俄文、代数几何、物理、化学、博物、历史、地理、图画、音乐和体操等新课程。西学专斋仿照英国学制，后逐渐设置文学、法律、格致、工程和医学五个专门科。课程内容较充实，设有文学、物理、工学、矿学、化学、格致、数学、法律、历史（世界史）、地理（中外地理）、英文、图画、博物和体育（足球）等。①

山西大学是当时七所公立大学之一，仅次于京师大学堂和北洋大学，称"国立第三大学"。就是这样一所大学，山西人并没有办好。在20世纪末的重点大学建设中，山西大学连211都没有进，全国大学中的排位大概在100位左右。这里的原因是多方面的，但也与山西的文化有关。山西的文化太讲实用，而教育属长线投入，很难在短期内有所回报。另外，在山西人的观念中，官就是一切，在大学里也是如此。一些学者当了官，他们就不再做学问了，即使想做时间也很少。在这种情况下，他们为了壮其门面，就依靠别人来做，别人做的却要挂他们的名。更有甚者，他们还排挤有学问的人，并给他们设置种种障碍，使他们无法从事他们的研究。在这种文化氛围下，山西的大学怎么能走在全国前列！

由于山西的大学水平较低，而山西人主要在山西接受教育，这就影响了山西科技人才的成长，也影响了山西经济的发展。因此，山西要发展，就要努力办好山西的大学，就要努力使山西的大学在质上和量上有一个较大的提高。这是一项艰难的任务，因为它需要较长的时间，它需要克服一系列的困难。但这个任务是必须解决的。否则，山西的经济转型就很难成功，山西的经济发展就会落在全国的后面。

五是新中国成立后，山西是计划经济"大户"。自改革开放以来，山西仍在计划经济中思维，山西在走向市场经济的道路上困难重重、一波三折。计划经济的特点是按"计划"分配或支配资源。谁按计划支配资源，

---

① 温泽先主编：《山西科技史》，山西科学技术出版社2002年版，第434页。

当然是官员，这就使官员具有很大的权力。而计划经济又是一种短缺经济，这又使官员的权力空前扩张。本来山西的官本位思想就很严重，对资源的支配使官本位思想变得更厉害了。

重塑山西文化，这是一个很大的问题，也是一个很艰巨的任务。为了不至于使我们的探索太空、太虚，我们把我们的探索主要集中在高校。这种选择的另一个理由是：高校是文化的传承者，高校也是文化的创新者。因此，重塑山西文化，关键是在高校。当然文化是多方面的，高校只是文化的一个方面。这就是说，重塑山西文化需要方方面面的努力。这也是一个综合治理的问题。下面就是以高校为主，提出的几点主张。

一是改变原来的价值观念，并确立新的价值观念。新的价值观念可以从两个方面来分析：第一个方面是社会。从社会的角度来分析，要确立行行重要、行行出状元的思想。山西人爱钻牛角尖，他们认为什么好，就会千方百计地、不顾一切地去追求。结果是"千军万马"去挤"一座桥"，过去的当然是少数，多数则被挤到桥下。这不仅浪费了大量的人力、物力，还造成了一个又一个的悲剧。对官的追求不是这样的吗？这种追求不仅产生了上述的问题，还造成了官场的严重腐败。可以这样说，官场腐败是山西的一个毒瘤，这个毒瘤是短期内难以清除的。

因此，山西人必须结束价值的单一性，必须从价值的单一性转向多样性。所谓多样性，就是行行都重要、行行出状元。在行与行之间没有高低、贵贱之分。只要对社会做出贡献，不管是哪一行，都应受到社会的尊敬，都应受到社会的嘉奖。在这种氛围中，人们就会根据自己的爱好、自己的特点去选择行业。这就可以使人们的潜能得到充分的发挥、可以使人们获得最大的成就。同时，人们还可以在各行业之间自由流动。因为他们的目的不是占据某一行业，而是要实现自我价值。这就打破了行业固化的"藩篱"，使行业与行业之间真正流动起来。最重要的是，这避免了"千军万马"挤"一座独木桥"的现象。

在科学技术已成为第一生产力的今天，发展经济必须依赖科学技术。这就有一个科学技术率先发展的问题。科学技术的发展，不仅仅是科学技术本身的事情，它还涉及经济、政治、文化。在这三个因素中，文化具有根本性的作用。古希腊的科学为什么如此发达，近代以后西方的科学技术为什么总是走在世界的前面，这里当然有经济、政治的因素，但最根本的是文化。例如，古希腊科学发达的根源就在于它的文化。在古希腊的文化中，有一种求真的精神，这种精神在科学中尤为盛行。这在古代世界是独特的，甚至可以说是绝无仅有的。因为古代世界的其他国家，在他们的文化中渗透着一种实用的精神。这在古埃及是这样，在古代中国也是这样。实用精神也能推动科学的发展，但却无法使科学达到更高的水平。这里的更高水平包括三个方面：从个别到一般、逻辑论证、理论体系。这三个方面、特别是后一个方面，只有古希腊做到了。古希腊与古代其他国家相比，在经济上基本雷同，在很多方面还有些落后。因此，从经济的角度并不能说明古希腊科学的发达，古希腊科学发达，最根本的原因在它的文化。具体地说，就是它文化中包含的科学精神。这种精神与科学探索的有机结合，造就了古希腊的科学，使古希腊科学登上了古代世界的"巅峰"。

这表明，文化是科学技术发展的根本因素。由此我们可以得到启示：山西要发展经济，就必须依赖科学技术；而要发展科学技术就必须有相应的文化。山西现有的文化适应科学技术的发展吗？显然是不适应的。因为山西文化中，官本位的气氛甚浓，经商的气氛甚浓，这不利于科学技术的发展。怎样才能解决这个问题？必须重塑山西文化。重塑不是否定、不是"另起炉灶"。重塑的核心是：调整原来的价值观，即让科学技术成为第一价值、成为人们最尊崇最向往的事业。这里特别是青少年。如果青少年把科学技术作为自己的第一选择、把当科学家作为自己的最高荣誉，那山西的未来就有希望了。

当然，重塑文化不是一件容易的事，因为旧的价值观念很难被新的价值观念所代替。例如，就官本位来说，它已经流行了几千年，真可谓根深蒂固。特别是当官本位还能给人带来利益、有时还是巨大利益，在这种情况下，要人们放弃官本位更是难于上青天，但这个问题是必须解决的。否则，即使投入上去了、实验室建好了、队伍组织起来了，科学技术还是上不去。这方面的教训还少吗！因此，必须下决心解决文化的问题，这是根本，这是核心。

中篇 中西方文化对科学技术作用之比较研究

中、西文化，是两种不同的文化，这两种文化对科学技术的作用是不同的。我们从不同的角度（"和谐的角度""神话的角度"）对这个问题进行了分析。分析的目的首先是要把问题弄清楚，更进一步则是要找到中国文化存在的问题，并提出解决问题的对策，以更好地推动中国的科学技术的发展。

一 和谐思想与西方科学发展

什么是和谐,冯契主编的《哲学大辞典》对什么是和谐有定义:"美学范畴。指审美对象在多样联系中形成的协调的整体以及主客体之间的协调一致。"① 朱立元主编的《西方美学范畴史》也指出:"和谐是指事物与事物之间、人与事物之间、主观与客观之间的一种天然存在或经过对立、斗争之后产生的多种因素协调一致的整体关系,它是最佳的整体组织结构和整体功能状态。"② "和谐与对称、平衡、均匀、比例、协调等美学因素有着密切的联系,但它更突出多样统一和对立统一的整体性,因而具有包括对称、平衡、均匀、比例、协调等美学因素但又高于这些因素的性能。和谐是跟不协调、错乱和残缺相对的范畴,表现为整体的有机协调,因而成为事物内部组织和功能的必然要求,更是美的事物所必备的条件之一。"③

对和谐的概念,我们可做如下概括:一是和谐属美学概念,"美即和谐"是美学领域的一个重要学派。二是和谐的本质在于它更突出多样统一和对立统一的整体性。三是和谐的对立面——不和谐,不和谐包括不协调、错乱和残缺。四是和谐可分为事物之间的和谐、人与事物之间的和谐、人与人之间的和谐。五是与和谐相近的概念有:优雅、简单、整齐、对称、平衡、均匀、比例、协调、有序、规律等。六是和谐在不断发展变化,它的内涵越来越丰富,这依赖诸多学者的分析和探索。七是和谐在向各个领域渗透。例如,科学领域、经济领域、政治领域等。这使它不再局

---

① 冯契主编《哲学大辞典》,上海辞书出版社2007年版,第768页。
② 朱立元主编:《西方美学范畴史》,山西教育出版社2006年版,第318页。
③ 朱立元主编:《西方美学范畴史》,山西教育出版社2006年版,第318页。

限于美学领域，变成一个"共通"的概念。

（一）西方和谐思想

和谐的概念在西方早就被提出来了。例如，古希腊的毕达哥拉斯学派认为：自然界中的一切事物都是以数目为范型的，而数目中间存在着各种各样和谐的特性与比例，因此整个的天也是和谐的。赫拉克利特指出："自然是由联合对立物造成最初的和谐，而不是由联合同类的东西。艺术也是这样造成和谐的，显然是由于模仿自然。绘画在画面上混合着白色与黑色、黄色和红色的部分，从而造成与原物相似的形象。音乐混合不同音调的高音和低音、长音和短音，从而造成一个和谐的曲调，书法混合元音和辅音，从而构成整个这种艺术。"① 柏拉图写道："不美，节奏坏，不和谐，都是由于语文坏和性情坏；美，节奏好，和谐，都由于心灵的聪慧和善良。"② "它（节制）贯穿着整个音阶，把最强的，最弱的和中间的音素不管是在智慧上，或者，如果你喜欢这样说的话，在力量上，或者在数目上、财富上或其他类似的方面，都结合起来而产生一个和谐的交响曲。"③ 亚里士多德也写道："和谐是一种确定的比例或混杂成分的混合……和谐是在两种意义上被述说的，最严格的意义是指那些具有运动和位置的事物的紧密结合，它们结合得如此紧密以至于任何同质的东西也不可能插入进来；在引申的意义上是指各种构成成分相混合的比例。"④ "……整体（我指的是天地以及整个宇宙）的组成也是如此，单一的和谐秩序由最相反的本原混合成的。因为干与湿混合、热与冷混合、直与曲混合，整个地、海、以太、太阳、月亮以及整个天都由渗透到万物中的某种单一的力量安排次序；从未被混合的、不同的元素——气、土、火和水——中，它造就了整个宇宙，把一切都包裹在单一球体的表面上，即使宇宙中最相反的本性彼此地聚在一起，从而从他们之中，保证了整体的稳定。……在这些重大问题上，自然教会我们，相等在某种意义上维持和谐，和谐则维持宇宙

---

① 毛建儒：《论科学技术发展的社会因素》，山西人民出版社 2004 年版，第 160 页。
② 朱立元主编：《西方美学范畴史》，山西教育出版社 2006 年版，第 325 页。
③ 朱立元主编：《西方美学范畴史》，山西教育出版社 2006 年版，第 325 页。
④ 朱立元主编：《西方美学范畴史》，山西教育出版社 2006 年版，第 324 页。

——它是万物的祖先,也是万物中最美好的东西。"①

到了近代以后,和谐思想又得到了进一步的发展。哥白尼指出:"太阳在万物的中心统驭着,在这座最美的神庙里,另外还有什么更好的地点能安置这个发光体,使它能一下子照亮整个宇宙呢?……事实上,太阳坐在宝座上率领着它周围的星体家族……地球由于太阳而受孕,并通过太阳每年怀胎、结果。我们就是在这种布局里发现世界有一种美妙的和谐,和运行轨道与轨道大小之间的一种经常的和谐关系,而这是无法用别的方式发现的。"② 开普勒写道:"我企图去证明上帝在创造宇宙并且调节宇宙的次序时,看到了从毕达哥拉斯和柏拉图时代起就为人们熟知的五种正多面体,他(指上帝)按照这些形体安排了天体的数目、它们的比例和它们运动间的关系。"③ "对外部世界进行研究的主要目的在于发现上帝赋予它的合理次序与和谐,而这些是上帝以数学语言透露给我们的。"④ 莱布尼兹写道:"灵魂遵守它自身的规律,形体也遵守它自己的规律,它们汇合一致,是由于一切实体之间的预定的和谐,因为一切实体都是同一宇宙的表象。"⑤ "多样性中的统一不是别的,只是和谐,并且由于某物与一物较之另一物更为一致,就产生了秩序,由秩序又产生美,美又唤醒爱。由此可见,幸福、快乐、爱、完美、存在、力、自由、和谐、秩序和美都是互相联系着的,可是很少有人正确理解了这一事实。"⑥ 爱因斯坦也指出:"我信仰斯宾诺莎的那个在存在事物的有秩序的和谐中显示出来的上帝,而不信仰那个同人类的命运和行为有牵累的上帝。"⑦ "可是科学家却一心一意相信普遍的因果关系。在他看来,未来同过去一样,它的每一细节都是必然和确定。道德不是什么神圣的东西,它纯粹是人的事情。它的宗教感情所采取得的形式是对自然规律的和谐所感到的狂喜的惊奇,因为这种和谐显示出这样一种高超的理性,同它相比,人类一切有系统的思想和

---

① 朱立元主编:《西方美学范畴史》,山西教育出版社 2006 年版,第 326 页。
② [英] 梅森:《自然科学史》,周煦良等译,上海译文出版社 1984 年版,第 123 页。
③ 徐纪敏:《科学美学思想史》,湖南人民出版社 1987 年版,第 222 页。
④ 徐纪敏:《科学美学思想史》,湖南人民出版社 1987 年版,第 228 页。
⑤ 《西方哲学原著选读》(上卷),王太庆等编译,商务印书馆 1981 年版,第 490 页。
⑥ 朱立元主编:《西方美学范畴史》,山西教育出版社 2006 年版,第 338 页。
⑦ 《爱因斯坦文集》第一卷,许良英等译,商务印书馆 1977 年版,第 243 页。

行动都只是它的一种微不足道的反映。"①

　　这表明,西方的和谐思想源远流长,且丰富多彩。概括地讲,其主要观点有:一是自然是和谐的;二是自然的和谐其根据是不同的。在毕达哥拉斯看来,自然的和谐在于它的数目,柏拉图则认为,自然的和谐在于它们的几何图形。最原始的几何图形有两种,即等边三角形和等腰直角三角形。三是自然的和谐是由于相反而不是相同。这与中国的"和而不同"颇为类似。四是和谐表现为比例、相等、节奏等。五是和谐不是各种东西的拼凑,即使把最美的东西拼凑在一起也构不成和谐。和谐必然是各种东西的有机结合。六是和谐需要把整体和部分紧密结合起来。这种紧密结合表现在:如果任何一部分被删去或移动位置,就会拆散整体。七是人作为自然最高的等级层次,人是最和谐的。人的和谐表现在:人体各部分之间或简单整数比,或与原型、正方形等完整的几何图形吻合。八是艺术、绘画、音乐、书法等的和谐,都是对自然和谐的模仿。九是科学的目的是探索自然的和谐,这决定了科学本身也应该是和谐的。十是科学应当是和谐的,但科学理论本身却存在着不和谐。这就需要解决科学理论本身不和谐的问题。十一是和谐的最深刻根源可追溯到上帝。这就是说,是上帝设计了和谐,是上帝将和谐给予自然以及自然的万事万物。十二是对上帝的理解是不同的。例如,爱因斯坦的上帝就不是基督教中的上帝,而是斯宾诺莎的上帝。后一种上帝并不是真正意义上的上帝,只是借助了上帝的名称。

(二) 西方和谐思想对科学的积极影响

　　和谐思想对西方科学产生了积极的影响。这种影响表现在两个方面:第一,使科学的研究有了动力。我们知道,科学的发展是循着两个方向进行的,一个方向是为了满足人类的需要,特别是生产的需要;另一个方向是为了探寻自然界的规律。前一个方向的动力是人类的需要,在这种需要的推动下,科学有了长足的进步。后一个方向的动力我们认为是和谐思想,说得再具体一些就是:"要是不相信我们的理论构造能够掌握实在,

---

① 《爱因斯坦文集》第一卷,许良英等译,商务印书馆 1977 年版,第 283 页。

要是不相信我们世界的内在和谐，那就不可能有科学。这种信念是，并且永远是一切科学创造的根本动力。"① 这就是说，相信自然界是和谐的，或遵循一定规律的，这一信念推动、鼓舞着人们去探寻自然界的奥秘。第二，使科学研究有了目标。技术的目标在于获得应用、在于使人类过上方便和舒适的生活。科学的目标则在于发现自然界的和谐（规律）。在现实的科学研究中，不和谐的现象却时有发生，这种现象表现为观念体系与自然现象（事实）的不和谐，以及观念体系内部的不和谐。消除或解决这些不和谐或矛盾，便成了科学研究的重要任务。

上面我们只是概括地从两个方面谈了和谐思想对西方科学的影响，现在我们以科学史上的具体材料为依据，更详细地论述一下这个问题。先从古希腊谈起。自从毕达哥拉斯学派提出和谐思想以后，就逐渐为科学家所接受，并开始影响他们的科学研究。例如，欧几里得就是在和谐思想的推动下，创立了几何公理系统。古希腊的几何，在欧几里得之前，已有了很大的发展，但却存在着一个问题：零散、混乱、不系统。这与和谐思想是矛盾的。为了解决这一矛盾，欧几里得才下决心去整理原有的几何知识。特别需要指出的是：毕达哥拉斯学派曾根据数的和谐，推出整个宇宙（或天）的和谐。但由于出现了不可公度比（无理数），数的和谐遭到了破坏，并进一步危及宇宙的和谐。这对毕达哥拉斯学派来说，犹如五雷轰顶。历史上的这一事件，被后人称为第一次数学危机。怎样重建和谐的数学理论？柏拉图提出数学几何化的思想，即把数学的基础移向几何，以几何为基础来构造数学。这是数学发展史上的一大变化，因为在此之前，数学是以数（算术）为基础的。实现这一转变之后，就可以对无理数进行处理了。不仅如此，还可以用几何图形构造一幅和谐的宇宙图景。柏拉图虽然提出了摆脱危机的办法，但许多具体工作他并没有去做。欧几里得继承了柏拉图的事业，使他的想法变成了现实，这就是几何公理系统的建立。在这个系统中，欧几里得首先定义了点、线、面等几何的基本概念，然后又列出了公理和公设，最后是各类命题及其证明过程。通过这一系列的工作，数学的基础确立在几何之上，巧妙地避开了无理数的问题。又如，地心说的产生及发展，也与和谐思想有关。是什么力量推动古希腊、罗马

---

① 《爱因斯坦文集》第一卷，许良英等译，商务印书馆1977年版，第379页。

人建立了系统的天体理论体系？我们认为，是毕达哥拉斯学派的和谐思想。英国科学史家丹皮尔认为："托勒密，像他的老师一样，改进并发展了三角学，一意要把他的工作建立在'算术和几何学的无可争论的方法'之上，他重述了一条原则：再解释几何现象的时候，采用一种能够把各种事实统一起来的最简单的假说，乃是一条正路。"① 这里的原则，就是毕达哥拉斯学派的和谐思想的另一种说法。具有讽刺意味的是：哥白尼也是借助这一原则，推翻了托勒密的地心说，这可能是历史的辩证法吧！

近代的科学同样受到了和谐思想的影响。例如，哥白尼在创立日心说的过程中，就深受和谐思想的影响。我们看看他的一段论述："我对传统数学在研究各个天体运动中的可疑之处思索了很长时间之后，对于哲学家们不能对造物主为我们造成的美好而有秩序的宇宙机构提出正确的理论而感到气愤。"② 他还具体分析了托勒密地心说的问题："为了解释行星的运动，托勒密曾经假设圆心是地球，太阳和行星绕着地球运动。可是为了能解释天体的视运动现象，他又必须认为太阳和行星各自绕着一个假想圆的圆心做匀速圆周运动。这个假想圆叫'本轮'，'本轮'的中心在一个大圆上绕地球作等速运动，这个大圆叫'均轮'。太阳或行星对'本轮'的圆心而言，虽然在作匀速圆周运动，但是这种匀速圆周运动对'均轮'的中心——地球而言，却变成不均匀的运动了。"③ 不均匀就是一种不和谐，不和谐是对和谐的违背。而作为科学理论，是必须和谐的。这样，托勒密的地心说就陷入"危机"之中，危机不是来自事实，而是来自理论本身，即来自理论的不和谐。为了解决不和谐的问题，哥白尼仔细研究过他找到的一切哲学家的著作。他通过研究发现："据西塞罗说，西塞塔斯认为大地是动的……普卢塔克说，有某些别的人也持同样的见解。……当我从这里看到有这种可能的时候，我自己也开始思考大地的运动了。"④ 这就是哥白尼日心说的思想渊源。在此基础上，哥白尼进行了大量的天文观测。他还建立了一个小的观测台，并亲自制作了一些观测仪器。这两个方面工作的结合，再加上哥白尼的反复思考、反复计算，最后建立了日心

---

① ［英］丹皮尔：《科学史》，李珩译，商务印书馆1987年版，第93页。
② 申先甲：《物理学史简编》，山东教育出版社1985年版，第257页。
③ 徐纪敏：《科学美学思想史》，湖南人民出版社1987年版，第209页。
④ ［英］丹皮尔：《科学史》，李珩译，商务印书馆1987年版，第171—172页。

说。日心说认为，太阳是宇宙的中心；地球有两种运动，即绕日旋转和自转。这就彻底颠覆了托勒密地心说。哥白尼的日心说始于和谐、终于和谐。具体地说，它的和谐表现在这样几个方面：一是它保持了匀速运动这个和谐原则；二是它使整个宇宙变得更加和谐了；三是它只用了48个圆，而托勒密的地心说用了80个左右。这也是它的和谐性的表现。哥白尼本人也谈过这个问题，他指出："从地球运动的假定出发，经过长期的'反复的观测，我终于发现：如果其他行星的运动同地球运动联系起来考虑，并按每一行星的轨道比例来作计算，那么，不仅会得出各种观测现象，而且一切星体轨道和天球之大小与顺序以及天穹本身，就全部有机地联系在一起了，以至不能变动任何一部分而不在众星和宇宙中引起混乱。"[1]

著名天文学家开普勒的科学研究工作也受到和谐思想的推动。他认为，上帝按照某种先存的和谐创造了世界，而这种和谐的某些表现可以在行星轨道的数目与大小以及行星沿这些轨道的运动中追踪到。他试图用多面体及其内切球面和外接球面来揭示行星位置和运行规律。结果发现了宇宙的基本秘密之一：八面体的内切和外接球面两者的半径同水星距太阳的最远距离和金星距太阳的最近距离相当成比例。同样，二十面体的内切和外接球面的半径可以认为分别代表金星的最远距离和地球的最近距离。十二面体、四面体和立方体可类似地插入到地球、火星、木星和土星的诸相继轨道之间。进一步的探索，使开普勒发现了行星运动的三定律。这三个定律分别是：①行星运动的轨道是椭圆，太阳在其一个焦点处。②太阳中心与行星中心间的连线在轨道上所扫过的面积与时间成正比例。③行星在轨道上运行一周的时间平方与其至太阳的平均距离的立方成正比例。在这三定律中，开普勒尤其喜欢第二定律。因为根据观测事实，他不得不放弃古希腊的两条和谐原则，即行星的圆形轨道和运行线段的均匀性。这似乎是对和谐的破坏。哥白尼本人就是这样认为的，伽利略则紧紧抱住圆形轨道不放。开普勒最初也有些犹豫，但在观测事实的压力下，他走了一条与哥白尼、伽利略相反的道路。在这条道路上，让他惊讶的是他找到了新的和谐，这就是第二定律——面积均匀定律。新的和谐不仅是和谐的，而且还与观测事实相符。在这个方面，开普勒超越了哥白尼和伽利略。通过开

---

[1] 申先甲：《物理学史简编》，山东教育出版社1985年版，第258—259页。

普勒，哥白尼的日心说才最终走向科学。开普勒对第三定律也特别看重，他称之为"和谐定律"。为了获得这条定律，他用了 10 年的时间。在这十年的时间中，他"遨游于第谷丰富的观测资料之间。第谷的观测资料并不知道行星与太阳之间的实际距离，只知道各个行星距离的比例。而各行星的周期 T 已被第谷详细地测量"[①]。他认为，在第谷的观测资料背后必然存在某种和谐的东西。这种东西他后来找到了，这就是 $T^2 = D^3$。其中的 T 是行星公转的周期，D 是各个行星与太阳距离的比例。$T^2 = D^3$ 是如此简单，它本身就是和谐的体现。这样我们就可以说，行星运动三定律是开普勒追求和谐的结果，同时行星运动三定律也使开普勒进入和谐的新境界。这种新境界表明，和谐不是一成不变的，和谐要随着科学的发展而发展。这不仅是对和谐本身的贡献，也是对科学、科学发展的贡献。

到了 20 世纪，和谐思想继续推动着科学的发展。科学史家丹皮尔指出："在我们的时代，阿斯顿的原子整量说，莫斯利的原子序数说，普朗克的量子说以及爱因斯坦关于万有引力等物理事实不过是局部的时空特性的表现的说法，都是毕达哥拉斯派哲学一些见解的复活，只不过在毕达哥拉斯派的哲学中，这些见解比较古老、比较粗糙而已。"[②] 下面具体谈几个例子。1924 年，德布罗意提出了事物粒子也具有波动性即物质波的概念。他设想：既然光这种公认的波动物质显现出粒子性，那么，电子一类公认的粒子物质很可能也显现出波动性。即一切客体都具有波粒二象性。从这一观点出发，德布罗意认为，一个动量为 P，能量为 E 的自由运动的电子，相当于一个波长 $\lambda = h/p$、频率 $v = E/h$ 并沿粒子运动方向传播的平面波。他预言，电子束穿过小孔时，会像光一样显现出衍射现象。借助这种物质波，他很自然地揭示了玻尔的定态概念，为玻尔和索末菲的量子条件提供了理论依据。1927 年，几个国家的物理学家（美国的戴维森、英国的汤姆逊等）在实验中证实了德布罗意的物质波假设。德布罗意之所以能够提出物质波的假设，除了他们科学素养外，另一个原因就是他们的哲学信念。这种信念的核心就是：相信世界是和谐的。当然，和谐在这里表现为对称。具体地说就是：光已证明具有波粒二象性，那电子也应该有

[①] 徐纪敏：《科学美学思想史》，湖南人民出版社 1987 年版，第 225—226 页。
[②] ［英］丹皮尔：《科学史》，李珩译，商务印书馆 1987 年版，第 53 页。

波粒二象性。正是循着这样的思路，德布罗意提出了物质波假说。这里还需要提出的一点是：爱因斯坦对德布罗意的物质波假说很感兴趣。他在1924年的一次物理学会议上提出要研究分子束的干涉和衍射现象。后来他在自己写的论文中引用了德布罗意的研究成果。他写给洛伦兹的信中还作出了如下的评论："德布罗意的弟弟……做了一项非常有趣的尝试，他试图解释玻尔—索末菲量子规则。我相信这是投射到我们这个最糟糕的物理之谜的第一道微弱的光线。"① 爱因斯坦为什么有这样一个态度、为什么对德布罗意的研究成果如此欣赏。这里当然有科学的原因，但其更深刻的根源却在哲学信念。从哲学信念上说，爱因斯坦对世界的和谐深信不疑。他的这种哲学信念与德布罗意产生了共鸣，这推动他毫不迟疑地支持德布罗意的研究成果。尽管德布罗意的研究成果还没有得到证实。这是德布罗意的幸运，这是科学发展史上的幸事。

1928年，狄拉克建立了相对论性电子波动方程。"这个工作完全得自于对美妙数学的探索。"② 所谓"美妙数学"，其根据是关于和谐的哲学信念。这种哲学信念深深扎根在狄拉克的头脑中，指导并影响着狄拉克的科学工作。还以他建立的相对论电子波动方程为例。根据这个方程，他给出电子具有半整数自旋和本征磁矩。但这个方程给出四个解，两个正能解描述已观察到的正能态的电子（普通电子）的两个自旋态，还有两个负能解与电子的负能态相应。按照相对论，可能存在正负两种能量值；而按量子论，就会发生正能电子不断落入负能状态（跃迁）的灾难，电子就不会像我们观察到的这样稳定。这在当时被称为"负能困难"。"负能困难"不仅仅是科学问题，它还涉及和谐信念，即它不符合和谐信念。这推动狄拉克提出"空穴理论"。他认为空穴并非真的一无所有，真空是一种负能态被填满而正能态全空着状态。既然它的所有负能光被电子填满了，按照泡利的不相容原理，正能态电子不可能再跃迁到负能态去，电子稳定性问题也就得到了解决。当一个处于负能态的电子得到足够能量跃迁到正能态时，负能态的海洋中就留下一个"空穴"。这就是说，正能态电子和"空穴"同时产生。而当一个处于正能态的电子落入"空穴"时，电子和

---

① 李佩珊等主编：《20世纪科学技术简史》，科学出版社1999年版，第55页。
② 徐纪敏：《科学美学思想史》，湖南人民出版社1987年版，第663页。

"空穴"一道湮没，共同转化为光子。随后产生的问题是：这个"空穴"到底是什么。狄拉克最初认为，"空穴"是质子，在诸多物理学的批评下，他才将"空穴"确定为"反电子"。"反电子"后来被安德逊找到，并把它命名为"正电子"。这样，狄拉克又有意无意地证明了世界的和谐性、证明了世界的对称性。

爱因斯坦的整个科学研究过程，都与和谐思想不可分割。1905 年，他写了关于相对论的第一篇论文《论运动物体的电动力学》。在这篇论文的一开头他就写道："大家知道，麦克斯韦电动力学——像现在通常的人们所理解的那样——应用到运动的物体上时，就要引起一些不对称，而这种不对称似乎不是现象所固有的。"[①] 这里的不对称是指：伽利略的相对性原理在经典力学中是成立的，但在麦克斯韦的电动力学中却不成立。这种现象显然不符合和谐思想。面对这种情况，他有两种选择，一种是：放弃和谐思想；另一种是：通过改变旧的理论，消除不对称现象。但他对和谐思想深信不疑，因此做了第二种选择。他发现，只要把作为古典物理学基础的空间和时间概念加以适当的修改，这种不对称就可以清除。他在一个最平凡、最简单，也似乎是最不成问题的问题上找到了突破口，这就是所谓"同时性"问题。通过对"同时性"的分析，他得出了同时性的相对性的结论。循着这样的思路，他确立了两条公设或原理：相对性原理、光速不变原理。在此基础上，他利用洛伦兹变换，解决了"不对称"的问题。具体地说就是：只适用于静止坐标的麦克斯韦方程，经过洛伦兹变换后，能同样适用于任何运动的惯性系了。这一切的标志就是狭义相对论的建立。狭义相对论不仅解决了"不对称"的问题，而且还实现了电场和磁场的统一、质量和能量的统一、动量和能量的统一。这充分揭示了世界的和谐性，同时也是对世界和谐性的进一步证明。狭义相对论之后，爱因斯坦又建立了广义相对论。他指出："迄今为止，我们只把相对性原理，即认为自然规律同参照系的状态无关这一假设应用于非加速参照系。是否可以设想，相对性运动原理对于相互相对作加速运动的参照系也仍然成立？"[②] 这实际上要求的是更大的和谐。因为在狭义相对论中，保留了

---

① 申先甲：《物理学史简编》，山东教育出版社 1985 年版，第 678 页。
② 李少白主编：《科学技术史》，华中工学院出版社 1984 年版，第 335 页。

一个特殊的坐标系，这就是惯性系。在惯性系中，物理定律保持不变。但出了惯性系呢？马赫早就看到了这个问题，爱因斯坦则试图解决这个问题。所谓"解决"，就是要使物理定律在非惯性系中也保持不变。这样，理论就统一了，理论就和谐了。为了达到这一目的，爱因斯坦提出一个假设："引力场同参照系的相当的加速度在物理上完全等价。"① 这就是等效原理。通过等效原理，爱因斯坦发现：关于引力的本质只能希望从推广相对性原理而得到合理的理论解决。这一切需要数学。1916 年，爱因斯坦建立了广义相对论的引力场方程，这标志着广义相对论的诞生。广义相对论的预言后来都得到了证明，并且至少没有相反的例证。这是和谐思想的胜利。广义相对论的成功，并没有使爱因斯坦止步，他又盯住了另一个问题：引力场和电磁场统一的问题。有的科学家认为存在着两种根本不同的空间结构，即度规—引力结构和电磁结构。在爱因斯坦看来，这有悖于和谐思想。为了解决与和谐思想的矛盾，爱因斯坦开始了统一场论的研究。他提出了这样的观点：引力场与电磁场一定有着某种和谐的关系。或者说，它们都只是另一种场的两个不同的分量。但他的探索却是一波三折，最后以失败告终。这整整耗费了他四十年的时间。有些科学家为此感到惋惜，有些科学家则借此否定和谐思想。我们认为，和谐思想是没有问题的，问题在于统一场论的探索还不具备相应的条件。例如，数学家还没有创立相应的数学工具。这表明爱因斯坦的探索太超前了。在"超前"这个问题上不能责备爱因斯坦，因为只有通过探索才能知道是否超前。在这个方面，爱因斯坦不是"神仙"。后来的科学实践证明，爱因斯坦选择的方向是正确的。在这个方向上，科学家取得了一系列的成果。如格拉肖、温伯格、萨拉姆，在量子规范理论的基础上，提出了把弱相互作用和电磁相互作用统一起来的理论。这个理论后来被证实。然而"战斗正未有穷期"，统一场的很多问题还等待着科学家去探索、去突破。作为先驱者的爱因斯坦，功莫大焉！

通过前面的论述，我们可以得出如下的结论：和谐思想自古希腊产生以后，对科学影响极大、极深、极远。毕达哥拉斯、欧几里得的科学成就，与和谐思想紧密相关。哥白尼、开普勒、牛顿的科学成就，也是在和

---

① 李佩珊等主编：《20 世纪科学技术简史》，科学出版社 1999 年版，第 44 页。

谐思想的推动下取得的。爱因斯坦、德布罗意、狄拉克对和谐思想深信不疑，这成为他们科学研究的强大动力。可以这样说，西方的重要科学家，西方的重大科学成就，都被和谐思想所浸染，都是和谐思想推动的结果。

和谐思想还使西方科学发展形成了第二个方向。科学发展的第一个方向就是生产所需要的方向。这个方向的特点是：由生产需要决定，并由生产需要推动。恩格斯曾论述过这个方向，他指出："首先是天文学——游牧民族和农业民族为了定季节，就已经绝对需要它。天文学只有借助数学才能发展。因此也开始了数学的研究。——后来，在农业发展的某一阶段和在某个地区（埃及的提水灌溉），而特别是随着城市和大建筑物的产生以及手工业的发展，力学也发展起来了。不久，航海和战争都需要它。——它也需要数学的帮助，因而又推动了数学的发展。这样，科学的发生和发展一开始就是由生产决定的。"①

恩格斯还论述过近代科学的发展，他指出："如果说，在中世纪的黑夜之后，科学以意想不到的力量一下子重新兴起，并以神奇的速度发展起来，那么，我们要再次把这个奇迹归于生产。第一，从十字军远征以来，工业有了巨大的发展，并生产了很多力学上的（纺织、钟表制造、磨坊）、化学上的（染色、冶金、酿酒），以及物理上的（眼镜）新事实，这些新事实不但提供了大量可供观察的材料，而且自身也提供了和以往完全不同的实验手段，并使新的工具的制造成为可能。可以说，真正有系统的实验科学，这时候才第一次成为可能。"②

现代科学的发展，同样受到生产需要的推动。当然，这种推动不像古代和近代那样——直接推动是主要的。因为在现代，科学已变得非常抽象，它往往不是从生产需要中寻找问题，而是从科学本身寻找问题。在这种情况下，生产需要对科学的推动就变成间接的了。特别需要指出的是，在间接的形式中，中间环节在不断增加，录入，生产需要→实数→虚数，生产需要→欧氏几何→非欧几何，等等。但不管如何"间接"，完全脱离生产需要是不可能的。

科学的发展除了第一个方向外，还有第二个方向。第二个方向的前提

---

① ［德］恩格斯：《自然辩证法》，人民出版社1971年版，第162页。
② ［德］恩格斯：《自然辩证法》，人民出版社1971年版，第163页。

是：科学理论的形成，特别是科学体系的形成。在科学理论以及科学理论之间，会产生不和谐的问题。不和谐来自两个方面：科学理论违背了某一美学原则；科学理论内部存在逻辑矛盾。这两个方面有时是交织在一起的，有时就是同一个问题。但这两个方面还是有区别的，其最大区别是第一个方面与哲学有关，第二个方面则属于纯粹的科学问题。

有了不和谐，就得解决不和谐。在解决不和谐的过程中，科学向前发展了。例如，哥白尼为了解决托勒密地心说的不和谐问题，建立了日心说，爱因斯坦为了解决牛顿力学和麦克斯韦电磁理论之间的不和谐，建立了狭义相对论和广义相对论。科学在这个方面的发展，是科学的自主发展，是科学的独立发展。所谓独立发展，就是说科学的这种发展不依赖于生产需要。当然，这种独立发展是相对的，因为要完全脱离生产需要是不可能的。

作为科学发展的第二个方向，只有西方比较成熟，只有西方形成了"滚滚洪流"。这有两个原因：一是西方的科学理论形成得比较早，西方的科学理论比较完备。例如，作为第一个公理系统是在西方出现的，这就是欧几里得几何。二是西方的和谐思想的科学特质，以及与科学的结合。这两个原因、这两个原因的结合，使西方科学发展的第二个方向表现得非常突出。

科学发展的第二个方向，使西方科学硕果累累。如果仅限于生产需要，仅限于科学发展的第一个方向，西方科学同中国等国家的科学一样，只能在低水平上徘徊，甚至还不如中国等国家。因为从生产的角度，中国等国家从生产需要获得的推动力，在相当长的一段时间内远远超过了西方。但"侥幸"的是，西方从科学发展的第二个方向获得了强劲的动力，这使西方的科学冲上了更高的水平，并将其他国家远远抛在后面。

需要指出的是，近代以后，西方的生产需要出现了新变化。这种新变化的集中表现是，西方从封建社会的生产需要跃升到资本主义社会的生产需要。除此之外，科学发展的第一个方向和第二个方向开始融于一起。这种融合，使西方科学获得了前所未有的动力，使西方科学发展的速度大大提升。在这种情况下，其他国家的科学发展落后于西方，并且是大大落后于西方。

当然，对和谐思想不能评价太高、更不能神化。这是基于以下几方面的考虑：一是和谐思想并不是万能的，和谐思想对科学的作用有一定的限度。例如，爱因斯坦在和谐思想的推动下，创立了狭义相对论和广义相对论。但他在统一场论的探索中却没有成功，但这不能完全归咎于和谐思想，但至少表明：和谐思想的作用是有条件的，和谐思想不是"万应灵药"。二是和谐思想要发挥作用，必须与科学的时机结合起来。科学的时机是什么？科学的时机就是科学已具备了实现和谐的条件。这里的条件至少包括：科学已产生的不同理论之间的矛盾、已具备相应的数学工具等等。这些条件的集成就构成了科学的时机。有了科学的时机，和谐思想才能发挥它的作用。三是和谐思想要发挥作用，还必须有科学家的机敏。科学家的机敏，主要表现在科学家善于抓科学时机，并在和谐思想的推动下，很快在科学上取得突破。狄拉克在这方面表现得很突出。"他利用对称波函数与反对称波函数，处理全同粒子或全同粒子的多体函数问题，揭示了统计类型与波函数对称性之间的内在联系。他利用真空图像，揭示了粒子与反粒子之间的对称美，正、反粒子的成对产生与成对湮灭，又为这种对称美增添了无限的魅力，并且进一步揭示了物质存在的实物形式和辐射形式之间的相互转换，指出它们之间也有着一种对称性的美。他根据电和磁的绝对对称性，提出了磁单极子的概念"。[①] 四是和谐思想要发挥作用，还依赖科学家艰苦卓绝的劳动。这种劳动既包括体力劳动，也包括脑力劳动。例如，法拉第在和谐思想的推动下，要实现磁向电的转化。这整整耗费了法拉第10年的时间。爱因斯坦从狭义相对论到广义相对论，也耗费了10年的时间。这期间的"甜酸苦辣"，只有身在其中的人才能体会到。五是和谐思想还可能产生某种消极的后果，例如，对和谐思想的过分偏爱，可能扼杀新的理论。这是因为：新理论刚出现时，像是一只"丑小鸭"。这就是说，它存在着种种不和谐的现象。如果这时要求它和谐、甚至完全和谐，那就会使它夭折，至少是阻碍它的发展。因此，新理论提出之初，在和谐问题上不能过分苛刻，相反要有宽容之心。所谓"宽容之心"，就是要允许新理论有某些不和谐的现象。但"宽容"不是无限的，即新理论必须在经过一段时间的努力后，克服自身的不和谐现象。只有这样，新理论才能为人们接受，新理论才能转化为真正的科学理论。

[①] 徐纪敏：《科学美学思想史》，湖南人民出版社1987年版，第673页。

二 和谐思想与中国古代科学的发展

和谐思想在西方科学的发展中起了重大的作用。徐纪敏曾就此指出："毕达哥拉斯提出的'和谐与比例'这一科学美学原则，成为哥白尼与开普勒再次提出新的天文学见解的理论依据与信念所在。……熟悉科学史的人都知道，英国化学家阿斯顿提出的原子数量说、英国物理学家莫斯来提出的原子序数说、德国物理学家普朗克的量子说以及爱因斯坦的广义相对论，都可以在毕达哥拉斯学派的论著中找出他们科学美学思想的源流。毕达哥拉斯学派的科学美学思想对自然科学的发展，产生了极其深刻的影响。现代自然学科的发展实际上正是遵循着毕达哥拉斯的传统，当然从形式上变得更加精巧与深奥了。"[1]

和谐思想不是西方所独有，东方的国家如中国，在很早的时候就提出了和谐思想，并对和谐思想作了多方面的探索和发展。但和谐思想与科学的关系也像西方吗？或者与西方有无根本的不同？下面我们就来探讨这个问题。

（一）中国和谐思想的特征及作用

中国的和谐思想源远流长。在阴阳五行和八卦学说中就包含着和谐思想。老子和孔子，以及他们的继承者，对和谐思想有大量的论述。可以这样说，中国的和谐思想无论在质上还是量上都是极其丰富的。

第一，中国的和谐思想。我们先来讲阴阳学说。阴阳原义只是指日光的背向。向日为阳，背日为阴。后来周人将阴阳这一对范畴，推广到世界

---

[1] 徐纪敏：《科学美学思想史》，湖南人民出版社1987年版，第51—52页。

万事万物，便发展成为阴阳学说。根据阴阳学说，阴阳是推动宇宙万物生长变化的两种基本元气，阴阳变化是事物自身发展的客观规律，就如同满月和弯月一样。凡是合乎自然规律的客观变化称为阴阳有序；而把一切自然现象中出现的反常现象归因于阴阳失调。如西周末年的伯阳父对地震的解释是："阳伏而不能出，阴迫儿不能烝，于是有地震。"① 这就是说，天地间的阴阳两气各有其最完美的处所，如果阴阳两气一旦不能各得其所，阳气隐伏在下面不能透漏，阴气被阳光压住不能蒸发，那么就会发生地震。

关于五行学说，《尚书·洪范》指出："一曰水，二曰火，三曰木，四曰金，五曰土。水曰润下，火曰炎上，木曰曲直，金曰从革，土爰稼穑。润下作咸，炎上作苦，曲直作酸，从革作辛，稼穑作甘。"② 一些学者用五行学说来解释自然界万物的起源和发展。如史伯指出："夫和实生物，同则不继。从他平他谓之和，故能生长而物归之；若以同稗同，尽乃弃矣。故先王以土与金、木、水、火杂以成百物。是以和五味以调口，刚四支以卫体，和六律以聪耳，正七体以役心，平八索以成人，建九纪以立纯德，合十数以训百体。出千品，具万方，计亿事，材兆物，收经入，行姟极。"③

八卦学说中有大量的和谐思想。如《周易·说卦》认为："动万物者莫疾乎雷，桡万物者，莫疾乎风；燥万物者，莫熯乎火；说万物者，莫说乎泽；润万物者，莫润乎水；终万物、始万物者，莫盛乎艮。故水火相逮，雷风不相悖，山泽通气，然后能变化，既成万物也。"④《文言·乾》指出："夫大人者，与天地合其德，与日月合其明，与四时合其序，与鬼神合其吉凶。先天而天弗违，后天而奉天时。天且弗违，而况于人乎！况于鬼神乎？"⑤

《老子》中的和谐思想更是丰富，如《老子》一书指出："道出一，

---

① 冯契：《中国古代哲学的逻辑发展》（上册），上海人民出版社1983年版，第69页。
② 徐纪敏：《科学美学思想史》，湖南人民出版社1987年版，第124页。
③ 徐纪敏：《科学美学思想史》，湖南人民出版社1987年版，第126—127页。
④ 徐纪敏：《科学美学思想史》，湖南人民出版社1987年版，第12页。
⑤ 刘长林：《中国象科学观》，社会科学文献出版社2007年版，第375页。

一生二，二生三，三生万物，万物负阴而抱阳，冲气以为和。"①"天下皆知美之为美，斯恶已，皆知善之为善，斯不善已。故有无之相生，难易之相成，长短之相形，高下之相倾，言声之相和，前后之相随。"②

孔孟多次提到和谐的问题。孔子指出："君子和而不同，小人同而不和。"③ 孟子也指出"天时不如地利，地利不如人和。三里之城，七里之郭，环而攻之而不胜。夫环而攻之，必有得天时者矣；然而不胜者，是天时不如地利也。城非不高也，池非不深也，兵革非不坚利也，米粟非不多也；委而去之，是地利不如人和也。"④

《中庸》和《诗经》也谈过和谐的问题。《中庸》指出："喜怒哀乐之未发，谓之中；发而皆中节，谓之和。中也者，天下之大本也；和也者，天下之达道也。致中和，天地位焉，万物育焉。"⑤《诗经》也指出："妻子好合，如鼓琴瑟，兄弟既翕，和乐且湛。宜尔室家，乐尔妻帑。"⑥

《吕氏春秋》和《黄帝内经》也论述过和谐的问题。《吕氏春秋》指出："天地有始，天微以成，地塞以形，天地合和，生之大经也。以寒以暑，日月昼夜知之，以殊形殊能，异宜说之。夫物合而成，离而生。知合知成，知离知生，则天地平矣。"⑦《黄帝内经》也指出："阳强不能密，阴气乃绝，阴平阳秘，精神乃治，阴阳离决，精气乃绝。"⑧"阴与阳也，异名同类，上下相会，经络之相贯，如环无端。顺阴阳则生，逆之则死。顺之则治，逆之则乱。反顺为逆，是为内格。"⑨

第二，和谐思想在中国古代科学发展中的作用。中国和谐思想主要作用于应用科学。这里的应用科学，包括医学、农学、建筑学等。当然，天文学也受到和谐思想的推动。但这也是就天文学应用方面而言的。在这个问题上，与古希腊有根本的区别。

---

① 徐纪敏：《科学美学思想史》，湖南人民出版社1987年版，第130页。
② 徐纪敏：《科学美学思想史》，湖南人民出版社1987年版，第131页。
③ 李志敏注译：《四书五经》（一），海南出版社2009年版，第94页。
④ 李志敏注译：《四书五经》（一），海南出版社2009年版，第153页。
⑤ 李志敏注译：《四书五经》（一），海南出版社2009年版，第9页。
⑥ 崔钟雷编译：《诗经》，浙江人民出版社2013年版，第115页。
⑦ 徐纪敏：《科学美学思想史》，湖南人民出版社1987年版，第157页。
⑧ 洪万胜主编：《中国人的科学精神》，黄山书社2012年版，第61页。
⑨ 刘长林：《中国象科学观》，社会科学文献出版社2007年版，第957页。

我们首先来看医学,可以这样说,和谐思想为医学提供了理论基础和方法论原则,从而有力地促进了医学的发展。例如,按照阴阳五行理论,宇宙整体和万事万物具有相同结构和统一的运动步调,即一致的时间节律。其相同的结构模式即阴阳五行,其统一的时间节律即宇宙阴阳二气的消长转化和五行生克制化工程所表现出来的五行轮流当令。这种理论被移植到医学中就变成了:人体的生理过程随自然界的运动和自然条件的变更而发生相应的变化,人体和自然界有共同规律。根据这一观点,医家总结出了各种时间节律,如年节律、日节律、月节律、超年节律。其中的月节律是说:人体生理病理与月相变化有密切的关系。《黄帝内经》曾就此指出:"人与天地相参也,与日月相应也。故月满则海水西盛,人血气积,肌肉充,皮肤致,毛发坚,腠理郄(闭),烟垢著。当是之时,虽遇贼风,其入浅不深。至其月郭空,则海水东盛,人气血虚,其卫气去,形独居,肌肉减,皮肤纵,腠理开,毛发残,膲理薄,烟垢落。当是之时,遇贼风则其入深,其病患也卒暴。"①

另外,古代学者还发现了全息现象:由于系统整体的各个构成要素之间有相对稳定的结构联系,各要素通过相互作用而把自己的属性以信息形式传递出去,同时也在相互作用的过程中,接受了别的要素传来的信息,因此系统的每个要素原则上都寓含着其他所有要素以及系统整体的信息。系统的等级越高,局部反映整体的现象就越明显,局部中所包含的关于整体的信息也就越完整、越清晰,换言之,系统的全息性就越强。医家将这种全息现象应用于人体研究,发明并建立了人体全息论。根据这一理论,从人体的某一部位的情况,就可以断定人体是否有病。如鼻子(明堂)的色泽可以反映五脏的健康状况。如果鼻部依四时迭次显示出春青、夏红、长夏黄、秋白、冬黑,则表明五脏无病。

除了医学之外,受和谐思想影响较大的还有农学。这表现在:它为农学提供了指导原则,使农学产生了一个初步的理论形态。例如,宋代陈旉试图用气化和阴阳的理论来说明农作物与天时地宜的关系:"万物因时受气,因气发生。"② "然则顺天时地利之宜,识阴阳消长之理,则百谷之

---

① 刘长林:《中国系统思维》,中国社会科学出版社1990年版,第342页。
② 刘长林:《中国系统思维》,中国社会科学出版社1990年版,第458页。

成，斯可必矣。"① 所谓阴阳消长之理大致是说，天地之间充塞阴阳二气。春夏阳气渐盛，阴气渐衰；秋冬阴气渐盛，阳气转衰。阴阳二气的轮替消长，形成四季的循环往复。陈旉认为，农作物的萌发、生长、开花、结实、死亡这一生命过程，正是受阴阳二气的推动而形成，与阴阳二气的消长有着准确的合于规律的对应关系。明代马一龙认为，正如宇宙万物的生化一样，阴阳平衡也是农作物茁壮生长的基本条件，所以在为作物创造良好生态环境之时，须以阴阳平衡作为努力的目标。比如耕地，他说："启原宜深，启隰宜浅。深以接其生气，浅以就其天阳。"② 地势高的田地（"原"）要耕得深些，这样方能与地下的"生气"接通。地势低的田地（"隰"）要耕得浅些，因为地势低本来就阴多阳少，若再耕得深，就会使阴重于阳而失去平衡。

建筑学也受到和谐思想的影响。这包括两个方面的内容：一是建筑物要与周围的环境和谐。这种和谐是生态上的和谐，即不能破坏生态系统。除此而外，还要充分利用周围的环境，并与周围环境形成一种美的格局。二是建筑物内部的和谐。这种和谐表现在很多方面。例如，"颐和园中布置的许多风景点，处处景色都不相同。这些风景点，用楼、台、亭、阁、斋、堂、轩、馆以及曲槛回廊等建筑物和假山花木等分别不同的地位组合而成。值得注意的是这些风景点之间有明显的分隔，而又有有机的联系。从这个风景点看那个风景点，彼此构成一幅图画。当人们行走在长廊里或是谐趣园的时候，走几步，周围的景色又有变化，这就是古代园林布置中所谓的'景随步转'。"③

在基础科学中，受和谐思想影响最大的要数天文学。但这里的天文学是就它的应用方面而言的。天文学的应用，包括两个方面：一是制定历法。历法与农业有关，即是为农业服务的。二是为占星术服务。占星术"是根据天空各类星象的性质、位置及异常事变来占卜预测地球上的自然灾害及人类社会中政治、军事方面的异常事变的学说和技术"。占星术的哲学基础是天人合一、天人感应。这是和谐思想的具体体现。从这个意义

---

① 刘长林：《中国系统思维》，中国社会科学出版社1990年版，第458页。
② 刘长林：《中国系统思维》，中国社会科学出版社1990年版，第459页。
③ 陈晓中等：《中国古代科技成就》，中国青年出版社1978年版，第591页。

上说，占星术是以和谐思想为基础的。而占星术的运行，需要进行天文观察。例如，日食在占星术中居于重要地位，因此对它的观察特别认真、特别详细。如关于日变色可以分以下几种：日青中黄外，日赤中黄外，日白中黄外，日黑中黄外。关于太阳黑子则有如下提法：日中见斗，日中见沫，日中见昧，日中见星，日中有黑子，日中有黑气，日中有墨云，日中有黑光，日中黑，日光摩荡，日中黑光摩荡。所有这些天文观察，无疑推动了天文学的发展。

（二）中国和谐思想的缺陷分析

中国和谐思想在科学发展中起了一定的推动作用，这是应该承认的。但也应该看到，从整体上说这种作用是比较小的，特别是与西方和谐思想对科学的推动作用相比，就更显得微不足道了。这是什么原因造成的？我们认为，主要是中国和谐思想存在着严重的缺陷。这种缺陷概括起来主要有：

第一，偏重于社会领域。中国和谐思想，虽然也谈到自然领域的问题，但从整体上看，更偏重于社会领域，即更关心社会领域的问题。例如，齐国的大夫晏婴提出了和与同想异的概念。他认为和是集合许多不同的对立因素而成的统一，而同则是简单的同一。他说："和如羹焉，水火醯醢盐梅，以烹鱼肉，燀之以薪，宰夫和之，齐之以味，济其不及，以泄其过。"① 这是说和好像做汤羹，加上各种佐料、鱼、肉以及火力烹调，使各种味道调和，然后做得可口。又以音乐为例，必须有"清浊、大小、短长、疾徐、哀乐、刚柔、迟速、高下、出入、周疏"等声音然后才能相济以组乐曲。简单的同一则不能有这些效果，他说："若以水济水，谁能食之？若琴瑟之专一，谁能听之？"② 这是说水和水潺在一起是做不成美味的汤羹的，而单一的琴瑟调子也成不了音乐。晏婴把这种和与同相异的思想运用到君臣关系上，认为君和臣之间应当是和而不是简单的同，这样对国家政治才有好处。他说："君所为可，而有否焉，臣献其否，以成

---

① 任继愈主编：《中国哲学史》（第1册），人民出版社1979年版，第35页。
② 任继愈主编：《中国哲学史》（第1册），人民出版社1979年版，第35页。

其可；君所谓否，而有可焉，臣献其可，以去其否。是以政平而不干，民无争心。"① 这就使和谐思想进入政治领域，并用来处理君、臣关系。政治是中国的"显学"，君、臣关系更是"显学"中的"显学"。其结果是，和谐思想受到高度的重视，和谐思想得到了很大的发展。但和谐思想与科学的结合却受到冷落，和谐思想在科学中的作用也只是"涓涓细流"。特别是与科学相关的和谐思想，在很长的时间内停滞不前，基本上没有新的发展，也没有新的东西加入。这就形成了一种恶性循环，和谐思想不能依托科学而发展，科学也不能从和谐思想获得足够的动力。由于和谐思想与科学互动的"贫弱"，科学的相对独立发展就难以形成"气候"。这与其他原因一起，最后导致了中国科学的落后。

和谐思想还被用于伦理道德之中，这就是中庸思想。孔子说："中庸之为德也，其至矣乎，民鲜久矣。"② 把"中庸"说成是一种最高的道德。"中庸"也叫"中道""中行"，意为无"过"与"不及"，即对立的"两端"之间的调和、折中。《中庸》指出："执其两端，用其中于民。"③ 这种所谓"执两用中"之说，亦即中庸之道。朱熹说"中庸者，不偏不倚，无过不及而平常之理。"④

中庸思想的核心是和谐。怎样达到和谐，中庸思想指明的路径是不偏不倚。不偏不倚不是"和稀泥"，而是要严格按道德规则行事。如果每个人都按道德规则行事，那整个社会就不会发生矛盾、整个社会就和谐了。这是孔子和儒家的理想。这个理想的问题不在于对和谐的追求，而在于道德规则本身。具体说就是：道德规则本身必须是合理的，否则就难以实现和谐。而我们知道，儒家的道德规则确实存在问题，在某些方面还存在严重的问题。

和谐思想在社会领域应用的最大成果是"三纲五常"的提出。关于"三纲五常"，董仲舒指出："君臣、父子、夫妇之义，皆取诸阴阳之道。君为阳，臣为阴；父为阳，子为阴；夫为阳，妻为阴。"⑤ "夫仁、谊、

---

① 任继愈主编：《中国哲学史》（第1册），人民出版社1979年版，第36页。
② 刘延勃主编：《哲学辞典》，吉林人民出版社1985年版，第99页。
③ 刘延勃主编：《哲学辞典》，吉林人民出版社1985年版，第36页。
④ 刘延勃主编：《哲学辞典》，吉林人民出版社1985年版，第36页。
⑤ 冯契：《中国古代哲学的逻辑发展》（中册），上海人民出版社1984年版，第387页。

礼、知、信五常之道，王者所当修饬也。五者修饬，故受天之佑而享鬼神之灵，德施于方外，延及群生也。"①

"三纲五常"是儒家的伦理道德总纲。这个"总纲"的目的也在于追求社会的和谐。就这个"总纲"本身而言，确实包含着不少合理的成分，但问题也是显而易见的。因为这个"总纲"主张臣绝对服从君、子绝对服从父、妻绝对服从夫。这是一种不平等，这种不平等严重压抑了人性、摧残了人性，以致遭到不少学者的抨击和鞭挞。最重要的是，这个"总纲"也没有达到社会的和谐，相反却使社会陷入僵化、死寂之中。

由于和谐思想在社会领域的应用获得了极大的成功，加之这种应用又是儒家所提倡的，而儒家在中国几千年的封建社会是一种占主导地位的思想，这两个原因的结合，使和谐思想在社会领域产生了巨大的影响，从而引起了人们的关注和重视。但从另一方面来说，和谐思想在自然领域的作用却不是很大。由此导致的后果是：中国科学发展的动力更多地来自生产实际、来自生产实际的问题。作为和谐，对科学发展也有所推动，但却极其微弱。这使中国的科学很少对自然规律的探索，在理论的抽象、理论的体系方面也远远不及西方。

第二，中国和谐思想的基础是气，不可能成为数学、物理学的指导原则。中国和谐思想的基础是气，即阴阳二气。当然，在其中也包含"原子"的观点，如墨子的"端"，但这一观点对中国的和谐思想影响不大。此外，还包含有数的观点，如八卦说。在八卦说中，卦和爻的演变，蕴涵着一种数理之美，用现代数学理论来说，这就是数的排列组合问题。但应该指出的是，八卦说的基本出发点是阴阳二气，因此它还是以气为基础的。

由于中国的和谐思想是以气为基础的，因此不可能成为数学、物理学等的指导原则，特别是不能成为数学的指导原则。因为最初的数学是以数为基础的，它的特点是相对固定的、离散的，这就不能以气作为基础。其结果是，我国古代的数学家尽管取得了很大的成就，如最早使用位值制、最早使用分数、最早使用小数、最早使用负数、最先提出勾股定理、最早发现二项式系数法则等；特别是祖冲之计算的圆周率，其准确度达到小数

---

① 冯契：《中国古代哲学的逻辑发展》（中册），上海人民出版社 1984 年版，第 388 页。

点后七位，直到1000年以后，才有数学家（卡西和维叶特）超越。但应该指出的是，我国古代的数学理论化程度较低，没有出现像欧几里得几何那样的公理系统。这里的原因是多方面的，但没有和谐思想的指导是很重要的一个原因。物理学也一样，以气为基础，物理学的发展就会受到影响，特别是不能前进到近代物理学、现代物理学。在这个方面，西方与我们不同，他们的物理学是以原子论为基础的。这在古代是如此，在近代也是如此。牛顿力学就是建立在原子论基础之上的，到了现代，物理学的基础出现了一些变化，即在量子力学中有波粒二象性的问题。但粒子仍然是物理学的基础之一。

第三，中国和谐思想比较含糊、笼统，缺乏具体的规定或具体的模型。中国的和谐思想比较含糊、笼统，缺乏具体的规定或具体的模型。这种特点决定了中国的和谐思想一旦产生，其内部出现矛盾的可能性较少，即使出现，也可以通过各种修补而得到解决。由此产生的后果是，和谐思想基本上没有大的变化和发展，甚至可以说长期处于停滞状态。例如，阴阳学说，八卦学说，五行学说等，在它们产生之后几千年的时间中，其基本概念、基本观点、基本理论，很少有根本性的、质的变化。和谐思想的这种状况，使它不可能为科学的发展提供强大的、持续的动力，甚至在某些时候还会拖科学发展的后腿。例如，中医的理论基础是阴阳五行学说。在中医产生的几千年的时间中，其诊疗方法有很大的发展，但其基础——阴阳五行学说却基本上没有变化。时至今日，中医的基础仍然是阴阳五行学说。这使中医发展缓慢，有些学者甚至否认中医是科学。这固然有些偏激，然而一个不争的事实是：中医本身特别是中医的基础，确实存在问题。

西方和谐思想则不一样，由于它与科学的结合比较密切，因此表现得比较具体、明确。例如，毕达哥拉斯认为事物的本质是数构成的，并以数为基础，构造了宇宙模型。在这个模型中，一切事物的存在方式取决于数量及其几何形状，都是由点或最小的存在单元按照相应的各种几何形象组合而成的。不仅如此，他还具体论述了这个模型的生成过程。他指出："万物的本源是一。从一产生出二，二是从属于一的不定的质料，一则是原因。从完满的一与不定的二中产出各种数目；从数产生出点，从点产生出线；从线产生出面；从面产生出体；从体产生出感觉所及的一切形体，产生出四种元素：水、火、土、气。这四种元素以各种不同的方式互相转化，于是创造出有生命的、精神的、球形的世界，以地为中心，地也是球形的，在地面上住着人。还有'对地'，在我们这里是下面的，在'对地'上就是上面。"[1]

既然数是事物的基础和本质，那么数是什么呢？在毕达哥拉斯看来，数就是整数或整数之比。用整数之比表达的比称作可公度比，意即相比两量可用公共量单位量尽。这是毕达哥拉斯的信条。但这一信条后来遇到了困难。因为有些数是不可公度的。例如，若设直角三角形的斜边能与一直角边公度，则同一个数将又是奇数又是偶数。证明过程如下：设等腰直角三角形斜边与一直角边之比为 α：β 并设这个比已表达成最小整数之比。于是根据毕达哥拉斯定理得 $α^2 = 2β^2$。由于 $α^2$ 为偶数，α 必然也是偶数，因任一奇数的平方必是奇数。但比是既约的因此 α 必然是奇数。α 既是偶数，故可设 $α = 2γ$。于是 $α^2 = 4γ^2 = 2β^2$。因此 $β = 2γ^2$，这样 $β^2$ 是个偶数。于是 β 也是偶数。但 β 同时又是奇数，这就产生了矛盾。

上面的矛盾，导致了毕达哥拉斯关于数的信条的破产，并进一步导致了毕达哥拉斯以数为基础的宇宙模型的破产。这在当时产生的震动太大了，因此历史上称之为第一次数危机。第一次数学危机，不仅仅是科学层面的事情，它的矛头直指毕达哥拉斯的和谐思想、和谐世界。在这个意义上说，第一次数学危机也是毕达哥拉斯和谐思想、和谐世界的危机。这使毕达哥拉斯学派非常恐慌、并陷入极度的混乱之中，他们甚至杀死了发现矛盾的本学派成员。

为了摆脱危机，当时的学者做了种种努力。在这方面贡献最大的是柏拉图、欧多克斯、欧几里得。柏拉图鉴于以数为基础的宇宙模型的破产，提出以几何为基础来建立宇宙模型的设想。他指出：神永远是按几何规律办事。他认为，有两种原始的几何图形可以作为创世的原初物质：一种是等边三角形，一种是等腰直角三角形。从这两种三角形就可以逻辑地产生四种正多面体，这就形成了组成世界现实万物的四元素。火微粒是正四面体，气微粒是正八面体，水微粒是正二十面体，土微粒是立方体。第五种元素只有天国才有，叫精英，由正五边形形成的正十二面体，它组成天上

---

[1] 《西方哲学原著选读》（上卷），王太庆等编译，商务印书馆1981年版，第20页。

的物质。四大元素按照一定的数量比例组成和谐的现实世界。其比例为：火对气的比例等于气对水的比例和水对土的比例。因此，大千世界都可以用它所含各种元素的比例这一个数量关系来表达。欧多克斯通过给出比例即两个比相等的定义从而巧妙地解决了毕达哥拉斯体系的问题。他所给出的定义与所涉及的量是可公度的还是不可公度的完全无关，其内容可叙述如下：所谓四个量成等比，即第一个量与第二个量之比等于第三个量与第四个量之比，是指：当取第一、第三两个量的任何相同的倍数，并取第二、第四两个量的任何相同的倍数时，前两个量的倍数之间的小于、等于或大于的关系是否成立，取决于后两个量的倍数之间的相应关系是否成立。欧几里得则在柏拉图、欧多克斯工作的基础上，总结了以前的全部几何学知识，建立起第一个几何公理系统。这个公理系统抽象度高、概括性强、逻辑严谨、体系优美，对后世数学及其他学科的发展产生了极为深远的影响。

通过比较我们可以得知，含糊、笼统是中国和谐思想的一大缺陷，这既影响了它自身的发展，也影响了它对科学的促进作用。西方则不同，西方的和谐思想是精确的、具体的、特别是西方的和谐思想与科学紧紧结合在一起。这就使西方的和谐思想很容易产生矛盾、并在解决矛盾中不断得到发展。在这个过程中，与它相关的科学也一次又一次地得到提升。

第四，中国和谐思想的提出者，科学家很少，著名的科学家更少。例如，老子主要是一个哲学家、思想家，他研究的问题主要涉及哲学和社会领域。当然他也提出过几个物理命题，但并没有做进一步的研究，也不能说他是一个科学家。其他如孔子、孟子、晏婴、董仲舒等，也都不是科学家。唯一与科学联系较多的是墨家，他们研究过几何学、物理光学、力学、逻辑学等问题。特别是提出了中国型的原子论，其内容可概述如下：一切事物的起始是"端"，"端"是体之无厚而最前者也。事物被分割到无厚、无间的程度，就达到了它的起始点——"端"。"端"是不能再进一步分割的，因此它是原始物质的最小单元。但墨家在中国历史上所产生的影响很小，在显赫一阵子之后，便很快衰落了，而且再没有复兴。除此而外，墨家所崇尚的是经验，他们所取得的科学成果，主要是对经验的总结，而不是对客观规律的探索。这两方面决定了墨家的和谐思想不会对科学的发展产生重大的影响。

西方则不一样了。西方的和谐思想的提出者几乎都是科学家。例如，毕达哥拉斯、赫拉克利特、柏拉图、欧多克斯、亚里士多德、欧几里得等，都是科学家。他们在进行科学研究的时候，往往把和谐思想作为指导原则，这样和谐思想便成了他们科学研究的动力。这方面比较突出的例子是毕达哥拉斯，他在和谐思想的指导下，对数进行了研究。他发现了亲和数；他把数分为完全数、亏数和过剩数，还把数分为三角形数、正方形数、五边形数、六边形数等；他发现了毕达哥拉斯定理，即勾股定理，还发展了关于比例的理论；等等。这些成果的获得，都与和谐思想密切相关。欧几里得的几何公理则是在和谐思想的推动下建立起来的。这里有两个问题：一是为什么要从数到几何。在古代，几乎所有的国家都把数作为数学的基础。古希腊也一样，它的数学最初也是以数为基础的。然而只有古希腊从数转向几何。推动这种转向的就是和谐思想。具体地说就是：毕达哥拉斯关于数的理论出了问题，这违背了和谐的思想。为了与和谐思想取得一致，古希腊从数转向几何；二是几何内部必须和谐。欧几里得循着这样的思路建立了几何公理系统。在这个系统中，首先是基本概念，然后是公理、公设，最后则是通过公理、公设推出的定理，定理一共有400多条。这样，整个几何知识就不再是零散的了，也不再是互不相关的了，而是构成一个有机的、和谐的系统。因此，欧几里得建立几何公理系统，其动力来自和谐思想。可以这样说，没有和谐思想，就没有欧几里得的几何公理系统。

第五，中国和谐思想始终未成为科学家的坚定信念和追求目标。中国和谐思想对科学是有影响的，对科学家也是有影响的，但这种影响主要表现在：他们是以和谐思想为基础，去解释具体的自然现象（包括人体现象），因此在这里，和谐思想便成了一种手段或工具。作为一种工具或手段，如果运用，就把它拿来；如果运用得比较成功，就推广到有关的领域；如果在运用中受挫，就把它搁置在一边。其结果是，和谐思想始终未成为科学家的坚定信念和追求的目标，当然对科学也就不会产生很大的影响。

西方的和谐思想则不同，它逐渐深入到科学家心中，并成为科学家的坚定信念和追求的目标。例如，毕达哥拉斯对数的和谐深信不疑，并成为他始终追求的目标。欧几里得在追求和谐的过程中，建立了第一个几何的公理系统。这里特别需要提到哥白尼，因为哥白尼对日心说的发现，其动力源泉在于他对和谐思想的坚定信念。这方面的情况可简述如下：哥白尼认为，关于天体的理论应符合毕达哥拉斯的天体运动是匀速圆周运动轨迹的观点。用这一观点来看托勒密的地心说，显然是有问题的。因为为了解释行星的运动，托勒密曾经假设圆心是地球，太阳和行星绕着地球运动。可是为了解释天体的视运动现象，他又必须认为太阳和行星各自绕着一个假想圆的圆心作匀速圆周运动，这个假想圆叫"本轮"，"本轮"的中心在一个大圆上绕地球作等速运动，这个大圆则叫"均轮"。太阳或行星对"本轮"的圆心而言，虽然在作匀速圆周运动，但是这种匀速圆周运动对"均轮"的中心——而言，却变成不均匀的运动了。此外，哥白尼坚信，行星运动应该是一种简单而和谐的天体几何学。用这一原则来衡量托勒密的天文学理论，他的本轮均轮体系就显得太复杂了，因为为了较圆满地解释已知的天文观察事实，他所用的圆多达 80 个左右，超过了亚里士多德的天球层的数目。为了解决这两个问题，即为了使天体理论符合和谐的原则，哥白尼进行了长期的探索，并最终建立了日心说体系。根据日心说体系，地球每天绕自转轴转一周，每年绕太阳转一周。这样把宇宙的中心从地球变为太阳，一下子就把托勒密的 80—90 个圆圈减为 48 个，后来哥白尼又进一步简化为 34 个。在哥白尼这样的安排下，宇宙呈现出一种奇妙的对称，轨道的大小和运动都显示出与太阳大小有着和谐的关系。关于这一情况，哥白尼指出："太阳在万物的中心统驭着；在这座最美的神庙里，另外还有什么更好的地点能安置这个发光体，使它能一下子照亮整个宇宙呢？……事实上，太阳是坐在宝座上率领着它周围的星体家族……地球由于太阳而复杂，并通过太阳每年怀胎、结果。我们就是在这种布局里发现世界有一种美妙的和谐，和运行轨道与轨道大小之间的一种经常的和谐关系，而这是无法用别的方式发现的。"[1]

（三）中国和谐思想的缺陷对中国古代科学发展的影响

我们知道，科学的发展来自两个方面的推动。一是生产实践的推动。

---

[1] 徐纪敏：《科学美学思想史》，湖南人民出版社 1987 年版，第 212 页。

这种推动主要表现在：生产实践中提出种种问题和要求，科学为了解决（满足）这些问题（要求），不断地进行研究、探索，由此就推动了科学的发展。恩格斯曾就此指出："首先是天文学——游牧民族和农业民族为了定季节，就已经绝对需要它。天文学只有借助于数学才能发展。因此也开始了数学的研究。——后来，在农业发展的某一阶段和在某个地区（埃及的提水灌溉），而且特别是随着城市和大建筑物的产生以及手工业的发展，力学也发展起来了。不久，航海和战争也都需要它。——它也需要数学的帮助，因而又推动了数学的发展。这样，科学的发生和发展一开始就是由生产决定的。"[①] 恩格斯讲的主要是古代的情况。我们可以补充说，科学的发生和发展的整个过程，都受到生产实践的推动，并且是主要的动力源泉。对这里的"主要"不能作形而上学的理解，更不能演变为唯一的动力。因为科学还有另一种动力，即来自科学内部的动力，在某些时期这种动力还起主要作用。当然，也不能否认生产实践这个动力。如果否认了生产实践这个动力，那科学就成了无源之水，无本之木。

科学发展的第二个推动力来自科学理论内部，这可称之为内部动力。科学产生以后，逐渐形成了自己的理论形态或理论体系。这种理论形态或理论体系，其内部存在的矛盾会不断地被揭露。为了解决这些矛盾，科学家们不断地寻找新的理论和方法，这样科学也就向前发展了。例如，微积分产生后，其内部存在着严重的逻辑矛盾。这种矛盾被贝克莱所揭露，他指出，如果 x 取得一个增量 i，这里 i 代表某一不为零的量……现在令 i = 0……这时假设突然改变，因为 i 原先是假定不为零的。这简直是"瞪着眼睛说瞎话"。为了解决贝克莱所揭露的矛盾，数学家们进行了不懈的努力和长期的探索。首先是达兰贝尔，他指出：必须用无可指责的可靠的理论来代替当时使用的粗糙的极限理论。但是他本人未能提供这个理论。拉格朗日也进行了探索，他想用泰勒级数展开式来表示函数，但没有成功，因为那时还不知道收敛和发散是必须考虑的事。柯西在此问题上跨出了很大一步，他成功地接受了达兰贝尔的挑战：发展了一种可接受的极限理论，然后用极限概念定义了连续性、微分和定积分。魏尔斯特拉斯则进一步完善了微积分的基础，他提出一个

[①] ［德］恩格斯：《自然辩证法》，人民出版社 1971 年版，第 162 页。

规划，实数系本身先得被逻辑地推导；然后再以此数系去定义极限概念、连续性、可微性、收敛和发散。由此可见，在解决微积分内部矛盾的过程中，推动了微积分的发展。

牛顿力学在19世纪末遇到了空前的危机。危机之一来自黑体辐射。黑体辐射的实验表明，这种实验的光谱（辐射能量的分布形成）只与黑体的温度有关，而同组成空腔黑体的器壁材料、空腔的大小和形状无关。对黑体辐射的研究，产生了维恩位移定律和瑞利—金斯定律。其中的瑞利—金斯定律是从牛顿力学的基本原理推导出来的，且逻辑严密，数学计算确切。但瑞利—金斯定律却出了问题。具体地说，瑞利—金斯公式在长波（如可见光）部分与实验结果吻合，在短波（如紫外线）部分则不仅与实验结果出入甚大，还会导致荒谬的结论——当辐射的波长无限小时可以获得无限大的能量，这种情况在后来被称为"紫外光灾难。"为了解决"紫外光灾难"，普朗克等提出了量子论。量子论是20世纪物理学的重大发现之一，另一重大发现则是相对论。量子论是科学理论内部矛盾运动的结果，它的产生并不依于生产实践。当然，它最后还是要应用于生产实践、并受到生产实践的推动。

生产实践对科学的推动，取决于生产实践的水平，即生产实践的水平越高，对科学的推动作用越大；生产实践的水平越低，对科学的推动作用越小。例如，在古代，中国生产实践的水平是比较高的，这是中国古代科学能长期保持领先于其他国家的原因。到了近代，西方的生产实践已从农业转变到工业，而中国仍停留在农业阶段。这就使中国科学的动力严重不足，这就使中国难以产生近代科学。其结果是，中国的科学在近代开始落后了，领先者则是西方。特别需要指出的是，中国科学落后于西方科学的差距越来越大，速度越来越快。这是后来中国在军事上屡屡失败的根本原因。

科学内部矛盾对科学的推动，则取决于科学本身的理论体系，即如果科学已形成了理论体系，科学内部矛盾对科学的推动作用就大；反之，其推动作用就小。这里的道理很简单，有了科学的理论体系，科学内部的矛盾就更容易被发现和揭露，在解决这些矛盾的过程中，科学也就向前发展了。因此，科学理论体系是关键。而科学理论体系的形成是一个很复杂的过程。在这个过程中，至少包括如下因素：哲学观念、理论思维能力、逻辑工具等等。这些都是必然的因素。除了必然的因素，还有偶然的因素。例如，西方数学发展的方向是几何化，而中国数学发展的方向则是代数化。几何化很容易走向理论体系，代数化则很难走向理论体系。其结果是：西方很早就建立了自己的理论体系，中国则从来就没有自己的理论体系。

西方的科学，在和谐思想的推动下，较早地形成了科学的理论体系，这就是欧几里得的几何公理系统。到了近代，又产生了牛顿力学体系。随后，又有不少的科学理论体系诞生。由于这些科学理论体系的形成和发展，使西方科学受到来自科学内部矛盾的强有力的推动。这种推动，使科学有了一种新的前进方向和路线，也可以说为科学开辟了"新战场"。由此导致的科学发展不依赖于生产实践，也不受生产实践的制约，甚至可以在某种程度上超越生产实践。这样，西方科学的相对独立发展就达到了较高的水平，也产生了累累硕果。特别需要指出的是，西方科学的两种发展到了近代交汇到一起，这就更加速了西方科学的发展。可以这样说，西方近代科学的诞生和发展，得益于、甚至取决于这种交汇。

中国则不同，由于和谐思想本身的缺陷，在古代未能产生科学的理论体系。因此，中国古代科学发展的内部动力就比较弱，不像西方那样强劲。与此相联系，中国古代科学的相对独立发展也比较嫩稚、落后，没有形成大的气候。当然，中国古代的科学还是有一些相对独立发展的。拿数学来说，根据吴文俊的观点，其发展过程是：由天文到高远，再到勾股；由勾股到开平方、开立方、开高次幂，再到高次方程数值解、天元术、四元术，最后到几何代数化、代数学。从这种发展中可以看出，数学已经有了一定的相对独立的发展。但应该承认，中国古代科学的相对独立发展始终是涓涓细流，与西方相比，其水平、速度、成就等都大为逊色。这种情况决定了中国古代科学的发展基本上依赖于生产实践，其结果是科学的发展无法摆脱生产实践的制约，更不能超越生产实践的水平，只能跟在生产实践后面亦步亦趋。于是，科学前进的两条路线基本上变成了一条路线，科学发展因此而受到影响。特别是当西方的科学在两条路线上交汇的时候，中国的科学却交汇不起来，这就使中国未能产生近代科学，也未能实现近代期间科学的加速发展。以此为界，中国的科学与西方的科学相比，越来越落后，其差距也越拉越大。

温故而知新，中国现代科学的发展，也应该着眼于两条路线。我们现在对生产实践这条路线强调的太多了，对科学内部之路线则重视不够。这不利于科学的发展，有时甚至还会阻碍科学的发展。在这个方面必须汲取历史的教训，在这个方面不能再犯错误了。

三 古希腊神话与中国神话对科学作用之比较

古希腊神话与中国神话是两种不同的神话。二者与科学有没有联系，其联系有没有差异，其差异表现在哪些方面？下面我们要探讨这些问题。

（一）"古希腊之谜"破解

几何最早产生于古埃及，这是生产需要推动的结果。具体地说，在埃及，由于尼罗河的上涨，淹没了岸边的土地，使原来的地界不复存在。这就需要对土地重新丈量，以便再次进行分配。正是丈量土地的实践，推动了几何学的诞生。

但是，古埃及的几何仅停留在经验的层面。这表现在两个方面：一是没有从特殊上升到一般；二是没有逻辑证明。例如，勾股定理，古埃及人是知道的。但他们仅停留在勾3、股4、弦5等特例上，没有进一步把它表示成一般的形式，当然更没有去进行逻辑的证明。

古希腊人则不同，他们不仅使几何从经验的层面上升到理论的层面，而且还建立了第一个公理系统——欧几里得几何公理系统。这里的原因是什么？显然不能用生产需要来解释。因为在古代，世界各国的生产需要没有根本区别。因此，要破解"古希腊之谜"，必须从精神领域和文化领域入手。

关于上述问题，克莱因曾指出："我们知道希腊人（人们称之为有哲学思想的几何学家）喜欢搞推理和设想，这从他们对哲学、逻辑和理论科学所作出的巨大贡献可以得到证明。另外，哲学家是关心获得真理的，而归纳、实验以及根据经验作出的一般结论只能给出可能正确的知识，而演绎法在前提正确的条件下则给出绝对肯定的结果。在古希腊社会中，数学是哲学家所追求的真理总体的一部分,因而认为必须是演绎性的"①。"希腊人喜欢演绎法的另一个原因可能是由于古希腊时期享受教育的阶级轻视实际事物"。②

　　克莱因的观点是有一定道理的,但还有一些根源他没有提到,特别是他没有分析更深的根源。例如,从特殊到一般,关键是创立符号的体系。巴比伦人在这个方面是最早的开拓者。纽格鲍尔曾指出:"每一种代数演算都以一个人掌握了某些固定的符号为前提,这些符号既代表数的演算,也代表这些演算所应用其上的那些量。没有这样一种概念的符号体系,就不可能把那些在数上没有被规定和指名的量组合起来,也不可能从它们中推导出新的组合来。但是这样一种符号系统在阿卡德人的书写原文中直觉而必然地呈现了出来。……因此,巴比伦人从一开始就解决了一个代数学发展之最重要的基础——一个适当而充分的符号体系"。③ 巴比伦人为什么能够创造出符合体系?"这种文明是在特殊的环境中发展的。它是两个不同的民族——苏美尔人和阿卡德人之间冲突和交合的产物。这两个民族在血统和语言上是彼此毫无关系的。阿卡德人的语言属于闪族语类型,而苏美尔人的语言则是属于既非闪族语系又非印欧语系的另一种类型。当这两个民族相合而开始分享共同的政治、社会和文化生活时,他们有一些新的问题要解决,为此他们发现必须发展一些新的理智力量。不经过极其艰难而又锲而不舍的精心努力,苏美尔人的原始语言就不可能被阿卡德人所理解,他们的书写文字也不可能被阿卡德人所译解。正是靠着这种努力,巴比伦人首先学会了理解一些抽象的符号系统的意义和用法"。④

　　巴比伦人的符号体系被希腊人继承。不仅如此,希腊人还向前发展了符号体系。符号体系对古希腊科学至关重要。在某种程度上可以说,没有符号体系,就没有古希腊科学。因为符号体系是从特殊上升到一般的基础,也是演绎推理的基础。但符号体系只是一个媒介或工具,在符

---

　　① [美] 克莱因:《古今数学思想》(第一册),张理京译,上海科学技术出版社 1979 年版,第 203 页。
　　② [美] 克莱因:《古今数学思想》(第一册),张理京译,上海科学技术出版社 1979 年版,第 205 页。
　　③ [德] 卡西尔:《人论》,甘阳译,上海译文出版社 2004 年版,第 65—66 页。
　　④ [德] 卡西尔:《人论》,甘阳译,上海译文出版社 2004 年版,第 65 页。

号体系背后还有更深层的原因。下面我们谈谈古希腊神话与科学的关系。

（二）神话及古希腊神话

关于神话，汤因比指出："……神话是一种原始的认识和表现形式——像儿童们听到的童话和已懂事的成年人所作的梦幻似的——在其中的事实和虚构之间并没有清晰的界限"。[①] 卡西尔也指出："神话的最基本特征不在于思维的某种特殊倾向或人类想象的某种特殊倾向。神话是情感的产物，它的情感背景使它的所有的产品都染上了它自己所特有的色彩。原始人绝不缺乏把握事物的经验区别的能力，但是在他关于自然与生命的概念中，所有这些区别都被一种更强烈的情感淹没了，他深深相信，有一种基本的不可磨灭的生命一体化沟通了多种多样形形色色的个别生命形式。"[②]

阿姆斯特朗根据尼安德特墓葬群，揭示了神话的5个重要层面：（1）神话根植于人类的死亡经验和衰亡恐惧之中。（2）从动物骸骨可以看出，在埋葬的同时举行了献祭活动。（3）尼安德特神话可以称之为"墓边神话"，它是在生命濒临极限之际的回光返照。（4）神话并不是一个自圆其说的故事，而是关涉到我们应有的行为举止。（5）所以神话都言及与现存世界并存的另一个维度，这似乎有据可寻。信仰这一不可见但更为有力的真实——我们把它称为神之世界——这是神话的基本母题。这也被称为"永恒哲学"。[③]

古希腊神话具有一般神话的特点，但同时也具有自己的特点。曹乃云就此指出："希腊人在古时候的神的意识其实源于人类蛮荒时期对大自然的朦胧认识。在古希腊人的想象中，曾有一个神创造了世界，创造了人类。这个神统管天空、人间和地狱，主宰过去、现在和未来。"[④] "古希腊的神国实际上是荷马时代人类骑士社会制度的缩影。宙斯处于神国的顶

---

① 王德保：《神话的由来》，中国人民大学出版社2004年版，第3页。
② ［德］卡西尔：《人论》，甘阳译，上海译文出版社2004年版，第114—115页。
③ ［英］阿姆斯特朗：《神话简史》，胡亚豳译，重庆出版社2005年版，第5页。
④ ［德］施瓦布：《希腊古典神话》，曹乃云译，译林出版社2002年版，第1页。

峰。他召集众神举行隆重的会议,俨然如同人间国王召集贵族或文武大臣开会一样。宙斯的个人意志超越一切,可是他也常常遭到旁路诸神尤其是与会诸神的非议甚至反对。因此,宙斯的愿望和意志都受到环境的局限,他必须服从命运的威力。命运的威力规范着世界的一切流程。命运,就是没有被古希腊人认识的社会发展的客观规律"①。"希腊神话的众神几乎来自于全部的自然现象。例如太阳神,月亮神,风神、星神、山神、海神,树神、睡神、梦神等等。而许多神又拥有自己的随从,分别组成了各自的活动范围。如太阳神阿波罗开帐神位时,在其面前按朝廷礼仪仅站立两路神,其中一列为世纪神、年神、月神、日神、小时神,而春神、夏神、秋神、冬神等组成了第二列"②。

根据曾乃云的观点,希腊神话有如下特点:一是希腊神话、希腊神话的众神,都来自自然。这就是说,它们是对自然的反映。当然,在反映的过程中,它们被赋予人的意志。因此,反映不是单向的,反映是一种双向作用。这与后来的科学反映不同。二是希腊神话的众神,其意志和力量都来源于人,但又超越了人。例如,宙斯的个人意志超越了一切。这里的超越不仅表现在量上,也表现在质上。就这一点而言,神不是人,然而神却是以人的基础、并在人的基础上转化而来的。三是不管人的意志和力量有多么强大,他们都摆不脱命运,他们都要受命运的支配。命运就是一种必然性,命运类似于后来的自然规律和社会规律,当然更多的是指自然规律。

(三) 古希腊神话与科学

古希腊科学发展的深层原因,可以追溯到神话那里。具体地说,古希腊神话中的"命定论",是其科学发展的源头,"命定论"实际上就是一种不可改变、不可抗拒的必然性。例如,底比斯国王拉布达科斯是卡德摩斯的后裔。他的儿子拉伊俄斯和伊俄卡斯特结婚后,很长时间未曾生育。他渴望着能够后继有人,于是请教特尔斐的阿波罗神庙,为此得到一则神

---

① [德]施瓦布:《希腊古典神话》,曹乃云译,译林出版社2002年版,第2页。
② [德]施瓦布:《希腊古典神话》,曹乃云译,译林出版社2002年版,第13页。

谕:"拉伊俄斯,拉布达科斯的儿子!你会有一个儿子,可是你要知道,你命中注定,将丧命于你的亲生儿子手上。这是克洛诺斯族人宙斯的命令。他听信了珀罗普斯的诅咒,那是因为你抢夺了他的儿子"。① 拉伊俄斯对神谕深信不疑,所以长期以来,跟妻子分开住宿。可是深厚的爱情又让他们难以抵挡,于是两个不顾命运的警告又同床合被住在一起。伊俄卡斯特终于给丈夫生下一个儿子。孩子出世的时候,父母亲想起了神谕的内容。为了阻止预言的实现,他们在孩子生下后三天,就命人用钉子将婴儿双脚刺穿,然后用索子捆绑起来,仍在喀泰戎荒山下。但是,他们的孩子,即俄狄甫斯,还是活下来,并杀死他的父亲,娶了他的母亲。

古希腊神话中所宣扬的"命定论",并不是古希腊人纯粹幻想的产物,而是起源于现实生活。在现实生活中,古希腊人看到:自然受必然性支配。例如,太阳东升西落,月亮盈亏转化,季节有序更迭,等等,都是必然的。人也受必然性的支配。例如,不管什么人——男人、女人、富人、穷人,都逃不脱死亡的命运。这种情况反映在古希腊人的头脑中,就形成了"命定论"的观点。神话只是提炼了这种观点,并使这种观点固定下来。当然,这种观点又以神话为载体,深深扎根于人们的头脑之中,成为整个古希腊社会的思维定式或思维方式。

"命定论"作为一种思维方式,对古希腊的科学产生了深刻的影响。这表现在,古希腊人把必然性作为科学追求的目标。柏拉图曾指出:"真正热爱知识的人,总是追求本质,这是他的本性;他不会只停留在表面的个体多样化,而是会继续前进——利刃不会变钝,欲望的力量也不会变弱,除非他已经通过灵魂中的同情,相类属的力量获得了每一事物的本质和真正属性,而且通过这力量牵近,融合,与事物混合,并由此产生了智慧和真理。②"亚里士多德也指出:"如果从严格意义上,而不是引申的类似意义上讲科学是什么,其意义是明显的。我们全都认为,科学地认识的东西是不可改变的,而可改变的东西既处于考察之外,那也就无法知道它们是在存在还是不存在。凡是出于必然的东西,当然能被科学地认识,当然是永恒的东西。而凡是出于必然而存在,当然完全无条件是永恒的。而

---

① [德]施瓦布:《希腊古典神话》,曹乃云译,译林出版社2002年版,第260页。
② [古希腊]柏拉图:《理想国》,刘勉等译,华龄出版社1996年版,第226页。

永恒的东西既不生成也不灭亡。① "科学是对普遍者和那出于必然的事物的把握。凡是证明的知识,以及全部科学都有开始之点(因为科学总伴随着理性)。然而科学的起点却不是科学、技术或明智。那些偶然存在着的认识方式以改变旧东西为对象,而智慧并不以开始之点为对象,智慧的人以那些可证明的知识为对象。如若我们用什么对那可变的和不可变的东西获得真理,而不犯错误,那就只能是科学、明智、智慧和理智,在这里有三个其中任何一个都不能做到这一点的(我说的这三个就是明智、科学和智慧),所剩下的只能是把握开始之点的理智"。②

追求必然性肯定就要追求一般。因为特殊不可能有必然性,只有一般才有必然性。正是在这个意义上,亚里士多德特别看重一般。他认为,历史比诗更少有价值,因为历史描述某个已发生的事件,诗则描述一类可能发生的事件。历史的更少价值还在于它涉及的是个别事件的偶然过程;而诗通过修饰人物和事件,可以使人们获得象征性表达。这是一种对人类生存状况的永久洞见。在这个过程中,也使他们上升到一般。然而,诗比哲学是更少价值的,因为哲学的一般是更科学、更抽象的,即具有更高水平。他进一步以为,真正的知识在本质上是一般的。如果你指着一个特殊的事物,并问它是什么?回答取决于它是哪类事物。类这个术语是一般的,因为从原则上来说类在时间和空间上是无限的。更进一步类包含着对事物本质的把握,即是对质的一种综合,并给质一种形式。没有这种形式,事物将不是它自身。③

亚里士多德的观点,代表了古希腊社会的价值取向,也是古希腊科学的价值取向。在这种价值取向的影响下,古希腊人把许多科学定理从特殊推向一般。例如,毕达哥拉斯定理、欧几里得几何、杠杆原理、浮力定律等。当然,在这种一般化的运动中,从巴比伦人那里继承的符号体系起了很大的作用。但符号体系只是一种工具。工具是需要的,然而动力更加重

---

① [古希腊]亚里士多德:《尼各马科伦理学》,苗力田译,中国人民大学出版社2003年版,第121页。

② [美]克莱因:《古今数学思想》(第一册),张理京译,上海科学技术出版社1979年版,第124页。

③ R. Bums, H. Rayment‑Pickard, Philosophies of Hisfory, Blackwell Publisers ltd, Oxford, 2000, p.4.

要，而动力来自古希腊神话的"命定论"。

"命定论"对古希腊科学的另一个影响是：古希腊人在科学研究中特别重视演绎推理。这里的原因是，实验、归纳、直觉等，只能得出或然性的东西，而得不出必然性的东西。亚里士多德曾就归纳法指出：完全的枚举法只是一种就事论事的方法。它所获得知识只是局限于有限的经验范围之内的经验知识，而不是普遍性知识或理论，它们不可能为科学提供预见，因而不是科学方法。后两种归纳法（简单枚举法和直观归纳法）虽属科学方法，但是它们不能保证其普遍结论的必然正确。演绎法就不同了，演绎得出的是必然性的东西。正是基于此，古希腊人特别重视演绎法。可以这样说，演绎法在古希腊方法中的地位是最高的。这就吸引了诸多著名学者来研究演绎法。在这方面贡献最大的是亚里士多德。他提出思维三大基本定律，即同一律、矛盾律、排中律，确定了概念、判断、推理等逻辑形式，对三段论法进行了深入的研究。

演绎法特别是亚里士多德的演绎法对古希腊科学产生了重大的影响。例如，欧里几得根据演绎法建立了数学的第一个公理系统——欧几里得几何公理系统。在这个系统中，欧里几得首先定义了点、线、面等几何的基本概念，然后又列出了公理、公设，最后是各类命题及其证明过程。阿波罗尼乌斯用演绎法研究了圆锥曲线，他指出，所有的圆锥曲线都可以看作一个圆锥剖面，他还创立了抛物线、椭圆、双曲线等名称。他把双曲线的两段看作一条曲线，这样就说明了三种剖面的相似之处，他利用圆锥法来解普遍的二次方程式，并且测定了任何圆锥曲线的渐屈线。

阿基米德的科学研究工作也深受演绎法的影响。例如，阿基米德的浮力定律，是他在沐浴时凭灵感获得的。但他后来又运用数学方法，从他对于液体的基本概念中，把这个定律推演出来。这个基本观念就是，液体是一种在任何剪力——哪怕是最小的剪力——面前都要退让的物质，所谓剪力就是使物质的一层与另一层错落滑动的力量。杠杆定律也一样，阿基米德首先提出两个公理和命题：①同重的物体放在和支点距离相等的地方，就保持平衡；②同重的物体放在和支点距离不等的地方，就不相平衡，其离支点较远的一段必定下坠。在公理和命题的基础上，他得出了杠杆定律。

由此可见，演绎法在古希腊备受推崇，是所有科学方法中最重要的方法。当然，这不是说古希腊人抛弃了其他科学方法。事实上，实验、归纳、直觉等科学方法，在古希腊人的科学研究中仍发挥着作用。例如，阿基米德浮力定律，最早就得益于直觉。但古希腊人有一个习惯，所有他们认为正确的东西或真理性的东西，都必须能够通过演绎法推演出来。这样，演绎法就成为真理的象征，其他方法则是附属于演绎法的、是为演绎法服务的。因此，在古希腊，演绎法是科学方法的中心，是获得真理的根本途径。

这样，古希腊科学发展的脉络就清楚了，古希腊神话中的命定论——古希腊科学中对必然性的追求——古希腊科学的一般化、古希腊演绎法的发展及其在科学中的大量应用。这条脉络只能包含古希腊科学发展的主要因素，也只能反映古希腊科学发展的大致情况。但应该说，这条脉络抓住了古希腊科学发展的关键线路。特别是古希腊神话与古希腊科学的联系，过去是被遮蔽的，我们则去掉了这种遮蔽，从而揭示了两者的联系。这一点很重要。因为古希腊科学的发展，仅从科学自身去解释是不够的。这就是说，必须考虑科学的文化背景。这就必然要涉及神话。按照一些学者的观点，科学与神话是势不两立的，神话不能在科学发展中起积极作用，有时还会起消极作用。我们的论证表明，古希腊神话对古希腊科学的发展起了积极作用。这种积极作用是源头性的、也是规范性的。这是古希腊科学之所以不同于其他文明古国科学的根本原因。

可以这样说，以神话为源头，再加上其他一些因素，使古希腊科学从具体和特殊上升到抽象和一般。这一点非常重要。因为与具体和特殊纠缠在一起的东西，严格地说不能称为科学。例如，勾3股4弦5这类东西能称之为科学吗？显然把它归为经验的范围更合适些。另外，在经验范围的东西有很大的局限性，它们不仅没有抓住事物的本质，而且也只适用于特殊事物，更重要的是它们的错误概率很高、预测能力很低。但经过抽象和一般化以后的科学就不同了，这时不仅抓住了事物的本质，而且对所有个别事物都具有普遍的指导意义。正是基于此，我们可以说古希腊科学在古代是真正意义上的科学，这是古希腊人对科学的贡献，也是古希腊人对人类的贡献。

当然，对演绎法的重视，以及由此而来的演绎法的发展、演绎法的广泛应用，也推动了古希腊的科学的发展。这突出地表现在以下几个方面：

一是演绎法使古希腊人能够建立科学的体系。欧几里得几何就是这样一个体系。欧几里得几何出现后，便成为科学的范本，各个领域的科学无不"步其后尘"。而科学的体系就是一个纲领，围绕这个纲领开展科学研究，可以快出成果，多出成果。这无疑加速了科学的发展。二是演绎法是一种科学的叙述方法。这种方法不仅能够把科学的各个部分很好地联系起来，使其条理清晰、逻辑分明，而且也有利于对科学的学习和培训。例如，欧几里得几何，直到今天，仍是一个好的教本。通过它，不知培养了多少数学家。三是演绎法为真理的追求提供了有力的手段。通过演绎法是无法获得真理的。获得真理的方法是实验、归纳、直觉。但演绎法却可以从真理中剔除谬误、保证真理为真理。它所采纳的方法是，确定几条自明的公理，然后从自明的公理中推导出相关的命题，相关的命题也就成了定理。在这里，公理是不需要证明的，因为它是自明的。例如，欧几里得的几何有一条公理是：整体大于部分。这条公理就是自明的。另外，公理被限定在一定数量内，并且数量越少越好。这样就能更好地保证公理的真理性。而定理是从公理中推导出来的，它的真理性是由公理的真理性来保证的。这样，演绎法同其他科学方法相比，更能保证真理为真理。

概而言之，古希腊科学源自古希腊神话。古希腊神话不仅为古希腊科学提供了动力，而且还规定了古希腊科学的方向。古希腊科学之所以能达到如此高的水平，之所以能够取得如此大的成就，都与古希腊神话有关。古希腊神话就如基因和种子。这种基因和种子引发了古希腊科学，使古希腊科学发展成为"参天大树"。这一联系是我们过去所忽略的。但只有通过这一联系，才能解释古希腊科学的特点，才能说明古希腊科学的走向，才能发现古希腊科学超越其他文明古国科学的真正原因。

（四）古代中国的神话及特点

中国的神话源远流长。例如，在公元前 800 年至公元前 200 年期间，中国产生过很多神话：女娲补天、嫦娥奔月、盘古开天等。与神话相联系，又有许多神，如天雨神伏羲、大水神女娲、日神帝俊、火神祝融、风神飞廉、医药女神西王母、大神盘古等。

这里简单谈谈嫦娥奔月和盘古开天。关于嫦娥奔月，《全上古文》是这样描述的,"嫦娥,羿妻也,窃王母不死药服之,奔月。将往,枚占于有黄。有黄占之:曰:'吉,翩翩归妹,独将西行,逢天晦芒,毋惊毋恐,后且大昌。'嫦娥遂托身于月,是为蟾蜍。"① 而关于盘古开天,《三五历纪》作了如下描述:"天气蒙鸿,萌芽兹始,遂分天地,肇立乾坤,启阴感阳,分布元气,乃孕中和,是为人也。首生盘古,垂死化身;气成风云,声为雷霆,左眼为日,右眼为月,四肢五体为四极五岳,血液为江河,筋脉为地里,肌肉为田土,发髭为星辰,皮肤为草木,齿骨为金石,精髓为珠玉,汗流为雨泽,身之诸虫,因风所感,化为黎甿。"②

中国神话在以后的发展中,更多地依存于佛教和道教。佛教中有很多神话和神。佛本身就是神。汉代牟融曾这样描述佛:"佛者,谥号也。犹名三皇神、五帝圣也。佛乃道德之元祖。神明之宗绪。佛之言言觉也。恍惚变化,分身散体,或存或亡,能小能大,能圆能方,能老能少,能隐能彰,蹈火不烧,履刃不伤,在污不染,在祸无殃,欲行则飞,坐则扬光,故号为佛也"③ 佛、菩萨、阿罗汉有五种神通或六种神通:神足通、天眼通、天耳通、他心通、宿命通、漏尽通。神足通指身体能飞天入地,出入三界,变化自在。天眼通则能见六道众生的生死苦乐和一切世界形形色色。……漏尽通层次最高,可断尽一切烦恼惑业,永脱生死轮回。如果获得"漏尽通"就可得无上正果、成佛。

道教也有诸多的神话和神。例如,关于"真人",《淮南子·精神训》有这样的描述:"所谓真人者,性合于道也。故有而若无,实而若虚……无为复朴,体本抱神,以游于天地之樊,芒然彷徉于尘垢之外……大泽焚而不能热,河汉涸而不能寒也,大雷毁山而不能惊也,大风晦日而不能伤也……休息于无委曲之隅,而游敖于无形埒之野,居而无容,处而无所,其动无形,其静无体,存而若亡,生而若死,出入无间,役使鬼神。"④

道教的神包括:玉清元始天尊、上清灵宝天尊、太清道德天尊、玉皇大帝、东王公、西王母、上元天官、中元地官、下元水官、真武文昌、星君、灵官、寿星、太岁、雷神、电母、关帝、妈祖、碧霞、城隍、张果

---

① 朱大可:《华夏上古神系》(下卷),东方出版社2014年版,第496页。
② 朱大可:《华夏上古神系》(下卷),东方出版社2014年版,第520页。
③ 吕大吉主编:《宗教学通论》,中国社会科学出版社1989年版,第205页。
④ 吕大吉主编:《宗教学通论》,中国社会科学出版社1989年版,第203—204页。

老、韩湘子、蓝采和、何仙姑、李铁拐、汉钟离、吕洞宾、曹国舅等。

中国的神话与神有什么特点呢？概括地讲主要有：一是中国的神话与神，来自自然，是对自然的反映。但又不同于自然。因为他们在反映自然的过程中将自然人格化了。这是一种自然与人的结合，这种结合既超越了自然，也超越了人。从这个意义上说，他们已不同于自然与人。当然，他们仍保留着自然与人的成分。二是中国的神话和神，是违背自然规律和社会规律的，也是违背常识的。例如，在西游记中，孙悟空有七十二变，猪八戒有三十六变。在八仙中，张果老可以齿落更生、白发变黑，又可以喝苦荁汁酒而不死。何仙姑幼遇异人与桃食之，遂不饥渴。李铁拐一日修炼思老君真形，遂出神与老君同游，留其魂让其弟子守护，后来其魂被焚，神无所依，乃附饿殍之尸而起，遂跛足依杖而行。三是神都有法力，但各位神的法力是不同的。例如，孙悟空的法力就不如二郎神，如来的法力则最大，可谓法力无边。在如来的面前，孙悟空的法力就显得微不足道，因此他被如来压在五指山下，从此再不能作孽生事。这就是俗语中所说的"一物降一物"。四是中国的神已不受自然和社会的限制。例如，作为自然的人，他是不会飞的，但神却会飞；作为自然的人，他需要食物，但神却不需要食物；作为自然的人，他是要死的，但神却长生不死。从这个角度看，神是自由的，神已摆脱"命运"的束缚。五是中国有两个世界，即神的世界和人的世界。神的世界和人的世界是相通的。事实上，很多神都是由人转化而来的。例如，太清道德天尊，是由老子转化而来的；关帝是由关羽转化而来的；八仙，其中的每一个都是由人转化而来的。如韩湘子是唐代文学家韩愈的侄孙；吕洞宾本是唐宋五代的隐者，后来则被神话，变成了神仙。六是从人的世界到神的世界有一个通道，这就是修炼。修炼实际上就是要摆脱自然和社会对人的束缚，使人获得真正的自由。例如，通过修炼摆脱生死、不再受生死的束缚。这时的人就是永生的，这时的人就成为神。

这里简单谈谈道教的修炼。道教的修炼可分为内丹和外丹。"内丹，内指身体内部，丹指小而圆的精神意识的产物。道教内丹术把人身体比作'炉鼎'，把人体内循环运行的经络比作内丹修炼的通道，在人为的精神意识的严格控制下，利用体内元气的推动力，把人体分泌的精液（女子指卵分泌的精液、男子指生殖精液）经过周身循环的修炼，使精、气、神凝为'圣胎',或称'丹药',这种功法,就称为内丹术。"[1]

内丹术可分四个步骤:一是筑基,即保养身体打好丹鼎的基础。二是炼精化气,又名"初关""小周天""百日关"等。三是炼气化神,又名"中关""十月关""大周天功"。四是炼精还虚,又名"上关""九年关"。通过这四个步骤,丹药便可炼成。丹药炼成后,可以从脑户出入,化为身外之身,永世长存。

(五)古代中国神话与科学

中国神话的最大特点是对命运的反抗。反抗的目的是挣脱命运、获得自由。这种自由是不受自然和社会约束的自由。在自由的状态下,人可以去饥饿、去寒冷、去疾病、去生死,等等。这样的人就是神、就是神仙。神仙不同于人,但神仙又是人转化来的。神仙与人的最大区别是:神是永存的,神是不朽的。当然,神仙还有其他一些不同于人的特点,譬如大泽焚而不能热,河汉洹而不能寒,等等。

中国神话重在反抗命运,而且一旦成功就不再受命运的束缚了。因此,中国神话的焦点不在命运、而在摆脱命运的途径和方法。就命运而言,它对所有的人都是一样的。例如,生老病死,是任何一个人都难以挣脱的。要免却生老病死,不是要相信命运,而是要努力去改变命运。改变命运对人才是有价值的。这是一种实用主义的观点。这种观点注重的是方法和手段。只要能够成功,任何方法和手段都可以采用。

中国科学无疑受到了中国神话的影响。影响之一是:中国科学很少对自然规律进行探讨。自然规律在某种程度上说就是命运。中国神话的焦点不在命运,这影响中国科学的焦点也不在自然规律。结果是中国科学对自然规律缺乏热情、探讨得也较少。例如,中国是最早发现彗星的国家,关于哈雷彗星一共记载29次。但是中国从未探讨过哈雷彗星运行的规律,当然也就不会获得这种规律。获得哈雷彗星运行规律的是哈雷。他根据牛顿力学,准确地推算出哈雷彗星运行的周期是72年。这一推算后来被实践所证明。

---

[1] 王卡主编:《中国道教基础知识》,宗教文化出版社2009年版,第204页。

中国为什么没有获得哈雷彗星的规律，这是因为中国人不够聪明吗？显然不是。这与中国的文化（神话）有关。中国文化是一种讲求实用的文化，中国文化的焦点不在自然规律上面。就哈雷彗星而言，中国要记载它，是因为它属于灾星，它的出现会给人们带来灾难。因此，记载哈雷彗星，是为了躲避现实、战胜灾难。至于它的运行规律，那不是人们关注的焦点，对人们也没有什么价值。在这样的认识下，为什么要探讨它们运行规律呢？！

这就决定了中国科学很少去探讨自然规律。与此相联系，中国的形式逻辑也没有发展起来。当然，中国是有形式逻辑的，但其发展水平根本无法与古希腊相比拟。古希腊的亚里士多德对形式逻辑进行了多方面的探索，并建立了形式逻辑的体系。形式逻辑推动了科学的证明，这在古希腊取得了辉煌的成就。而中国呢，有的学者认为中国科学没有逻辑证明。后来又有学者通过考证认为中国科学有逻辑证明。然而有一点是可以肯定的，中国科学的逻辑证明水平较低、且不很普遍。

如果说中国科学有逻辑证明，那还有迹可循、有证可举。下一个问题就不是这样了。下一个问题就是中国没有建立科学体系。关于科学体系，古希腊是有的，其代表是欧几里得几何。欧几里得几何是一个公理系统，它有10条公理（公设），并在此基础上推出了400多条定理。中国没有这样的科学体系，中国的科学是零散的，中国的科学是围绕实用展开的。这是中国科学的一个很大缺陷。

中国科学受中国神话的第二个影响是：把科学当作方法和手段，只追求科学的实用。中国有一句俗话，叫作"临时抱佛脚"。为什么要"抱佛脚"？因为有用。这种观念从中国神话开始一直到中国文化正式形成，总是处于不断地加强之中，并积淀为中国的一种传统，深深地扎根于人们的头脑之中。人们分析问题、处理问题，其标准就是是否有用。即使是真理，如果它没用，也会被人们抛弃在一边。

在上述观点的影响下，科学只能向实用化的方向发展。这样，中国最早发展起来的是天文学。因为天文学有用。这里的有用，不仅是对农业有用，还对占星术有用。中国的很多天文学观察和记载，是奔着占星术而来的，是为占星术服务的。而占星术这种伪科学之所以能够存在，是因为它对人有用。当然，它的有用不是真用而是假用。即使是假用，人们也乐此不疲。特别需要指出的是，科学还得为它服务。这是一种奇特的现象。这种现象在世界上很普遍，几乎每个国家都存在。

天文学有用，而天文学的发展需要数学。这样，数学也发展起来了。当然，数学还有其他一些用途。但中国的数学主要动力在天文学。例如，祖冲之为什么在计算圆周率（π）方面能领先世界一千多年，就是因为计算圆周率对天文学有用。数学中的内插法及其发展也是天文学推动的结果。内插法可分为一次内插法、二次内插法。一次内插法是由刘洪提出的，他用这种方法来确定合朔的时刻。二次内插法是由刘焯提出的，他在皇极历中创立了一个推算日、月、五星运行度数的等间距二次内插公式。这里特别需要指出的是：郭守敬等的授时历在计算日、月、五星视行度数中考虑了日、月、五星运行的不等速运动情况，认为距离是时间的三次函数。不过授时历没有求出三次内插公式，而是用差分表来解决这个问题，把这个方法叫作"招差术"。

除了天文学和数学外，中国的科学还有医学和农学比较发达。这里的原因也在于它们的实用性。具体地说，医学的功用是使人保持健康或恢复健康。这对个人的生存是必要的、对家庭的维系是必要的、对国家的发展也是必要的。"三个必要"使医学不仅得到国家的支持，也得到民间的支持。这种支持使医学发展得比较完备，而且从来没有间断过。即使到了现代，在西医的猛烈冲击下，中医仍能固守自己的阵地，并不时地活跃一番。在中国的科学中，这是唯一的，因为其他科学已完全西化了。农学在中国也较发达。据统计，中国的农书，包括现存和已经丧失的，总数共有376种。其中比较重要的有：《氾胜之书》《齐民要术》《陈旉农书》《王祯农书》《农政全书》。农学发展的动力来自社会的需要。这种需要包括：养活人口、保持国家稳定。养活人口是最基本的、对中国来说也是最重要的。因为中国是一个大国，人口达几千万，在清朝更是突破了四万万。在这种情况下，养活人口是国家的第一要务，而养活人口依赖于农业，这就推动了农学的发展。

中国科学受中国文化的第三个影响是：为了达到神话的虚幻目的，由此却产生一系列的科学成果。这主要是指道教。道教的目的是成仙，成仙后就可以长生不老。这个目的是虚幻的，因为它根本实现不了。不仅如此，它还诱惑、欺骗了诸多的人，这些人中也包括皇帝在内。特别是皇帝，他们居于"九五"之尊、享受了人间的所有荣华富贵。为了保持他们的地位和荣华富贵，他们最迫切的需要就是长生不老。为了长生不老，它们往往求助于道教。但道教实现不了他们的目的，不仅如此，他们还因道教而命丧黄泉。这种悲剧在历史上曾一再上演。

道教的目的是虚幻的，但在追求这种虚幻目的的过程中，却产生了一系列的科学成果。例如，道教在炼丹的过程中，对汞及其作用有所认识。魏伯阳曾指出："卒得金华，转而相亲，化为白液、凝而至坚。"[1] 这里说的就是汞的作用。宋人曾利用金贡齐制造金粉：先制成金贡齐，再加入食盐，然后蒸发掉水银，溶掉食盐，留下来的就是粉末状的黄金。道教的炼丹还涉及铅及其化合物。《抱朴子·黄白篇》曾指出："铅性白也，而赤之以为丹，丹性赤也，而白（脱色）之为铅"。[2] 唐代的炼丹家孙思邈则有"伏硫黄法"：硫黄，硝石各二两，研成粉末放在锅中，用皂角（含碳素）三个引火，使硫和硝起火燃烧，火熄后再用生熟木炭三斤来拌炒，到炭消三分之一为止。炼丹家其他成就还有：黄金的熔解，丹砂的熔解，硫黄的熔解，等等。在这些过程中，他们还发现了水溶液中的金属置换作用。如葛洪指出："以曾青涂铁，铁赤色如铜……外变而内不化也。"[3] 陶弘景则发现鸡屎矾（碱式碳酸铜或碱式硫酸铜）的性质和曾青相似，可以用来"合"（制造）"熟铜"。

上述这些研究成果属化学成果。中国古代的化学成果，或者包含在炼丹术中，或者包含在化工的实践之中。可以这样说，中国古代没有严格意义上的化学、也没有严格意义上的物理学。这里的原因在于：中国古人太看重实用而忽略了对规律的探索。因此，中国古代不可能出现阿基米德，更不可能出现伽利略、开普勒、牛顿。这些大科学家投身于科学，并不是为了实用，而是为了发现自然规律。但如果从有用出发，那就不会去探讨自然规律，也不会发现自然规律。例如开普勒，他对天体运行规律的探讨持续了很多年。在此期间，他得靠占星术来维持生计。如果用中国人的观点来看，他干得是一件无用的事情。但就是这件"无用"的事情，使他

---

[1] 陈晓中等：《中国古代科技成就》，中国青年出版社1978年版，第235页。
[2] 陈晓中等：《中国古代科技成就》，中国青年出版社1978年版，第236页。
[3] 陈晓中等：《中国古代科技成就》，中国青年出版社1978年版，第240—241页。

发现了行星运动的三定律。

开普勒的事例告诉我们：科学不能从有用出发，科学的目的是求真，是发现自然规律。中国古人把有用当作科学的目的，这在一定程度上推动了科学的发展，但却使中国科学忽略了对自然规律的探讨，使中国科学不能完全脱离感性的认识，使中国科学不能建立完备的体系。这些缺陷最后导致了中国科学的落后。可见，有用不能作为科学的目的，有用只是科学的副产品。当然，"副产品"的作用是很大的，西方的经济、社会发展就依赖于这种"副产品"，就是这种"副产品"推动的结果。

（六）古希腊神话与中国神话对科学作用之比较

古希腊神话中命定论讲的是一种必然的趋势，这种趋势是不可改变的，即使是神也没有这种能力。命定论后来演变为自然规律，演变为逻各斯。不管是自然规律，还是逻各斯，都是确定性的东西。确定性的东西就是真理，至少是达到真理的一个阶段。这样，古希腊科学就实现了一次转型。这种转型的实质是：从实用型转向求真型。这在古代世界是唯一的一次转型。通过这次转型，使古希腊科学摆脱了实用的束缚，使古希腊科学把求真、把探讨自然规律作为自己的目标。

古希腊科学的这次转型，极大地推动了古希腊科学的发展，使古希腊科学成果迭出、特别是大的科学成果迭出。例如，德谟克利特提出了原子论。根据原子论，原子不但在大小和形状上彼此相异，而且在重量上各不一样，猜测到原子有量的特征。阿利斯塔克基于日、月、地的体积和相对距离的观测、推算，做出了日心说的猜测，即小天体（地球）应围绕大天体（太阳）旋转。阿波洛尼乌斯写了《圆锥曲线》一书，书中包含487个命题。阿基米德写有《论浮体》《论平板的平衡》《论杠杆》《论重心》等书。他在书中提出并论证了杠杆原理，浮力定律。他还写有《论球和圆柱》《论劈锥曲面体与球体》《抛物线求积》《论螺线》等书。他在书中论证了用穷竭法计算 π 和不规则形体的近似计算法。欧几里得系统地整理了以往的几何学的成就，写出了十三卷《几何原本》，由10个公理出发按严格的逻辑证明推出467个命题。

古罗马的科学，实际上是古希腊科学的延续。古罗马科学比较大的成就有两个：一是盖仑的医学。盖仑把希腊的医学知识和解剖知识系统化，并进行过人体解剖，考察了心脏和脊髓的作用。二是希腊人托勒密的地心说。托勒密利用前人积累的和他自己长期观测所得的大量天文观测资料，通过浩繁的计算，写出了八卷本的《大综合论》。在这部书中，他详细论述了太阳系和宇宙以地球为中心的学说。在这个学说的基础上，他正确地说明了月球绕地球的运动，相当准确地确定了月球同地球的距离；他还能根据当时的观测水平准确地预见行星在任何时候的运动位置。

古希腊科学到了中世纪时期开始停滞了，这一停滞就是1000多年。会停滞的根本原因是西方不再坚持古希腊的科学目标。具体地说，他们将科学目标从求真转向求用。这种转向从古罗马就开始了，到了中世纪则成为社会的主导观念。当然，古希腊科学在中世纪并没有消失，它还是被保留下来了。它之所以被保留下来，是因为它有用，即对宗教有用。

到了近代，通过文艺复兴，古希腊科学又从"冬眠"中"醒"了过来。当然，"醒"来的不仅是古希腊科学，还有古希腊科学精神。古希腊科学精神就是求真。求真包括对自然规律的追求、对确定性的追求。有了这种科学精神，再加上古希腊科学留下的种子，西方科学走出了中世纪，西方科学开始了它复兴的历程。"复兴"来的是很迅猛的，"复兴"带来了一系列的突破：哥白尼用日心说代替了托勒密的地心说；伽利略提出了地上力学；开普勒提出了天上力学；牛顿在综合伽利略地上力学和开普勒天上力学的基础上，建立了经典力学体系。牛顿力学揭示了机械运动的规律，并用这种规律来解释其他的运动。牛顿力学获得了一个又一个的成功。这使科学的地位越来越高，科学的力量越来越大。这是古希腊科学无法比拟的。因为古希腊科学只是少数人的事业，而西方近代科学则走向了社会、走向了公众。

这样我们就可以说，古希腊神话对科学的影响是深远的。具体地说，它影响了古希腊科学，影响了西方近代科学。当然，这种影响是隐晦的、曲折的，但它却是科学之根。对这个"根"，我们过去是注意不够的。不仅如此，我们还把神话与科学对立起来，并把这种对立看成是绝对的。这就走向了形而上学。因为神话与科学还有相融的一面，还有互相促进的一面。这一面不是指神话的具体内容，而是指神话所包含的精神。当然，神话往往发展成一种文化。科学是在一定的文化氛围中成长起来的。文化既有共性、又有个性。分析古代世界各国的科学发展，必须注意文化的个性。否则就难以说明有的国家科学水平高、有的国家科学水平低；有的国家科学发展快、有的国家科学发展慢。像古希腊科学，它在当时的世界上是水平最高的，这只能归功于它的文化个性、只能从它的文化个性来说明。

中国神话也有命运，但中国神话要反抗命运、摆脱命运。为什么要摆脱命运，当然是为了人的利益。例如，死是人的命运。为了摆脱死，人便努力修炼，修炼的目的是成仙，成仙后就可以长生不老。这不是人的最大利益吗？因此，中国神话的焦点不在命运，而在对命运的摆脱。这样，中国神话就转向了实用的目的。同时人们拜神，也不是因为它的崇高，也不是真正信它，而是为了祈福免灾。这是一种实用化的倾向，这是中国神话的最大特色。

受中国神话的影响，中国科学很少对自然规律的探讨、也很少理论上的成就。中国科学的主要目的是解决实际问题。例如，天文学的研究是要解决历法的问题、占星术的问题。数学的研究主要是解决天文学的问题、也解决其他一些实际问题。医学更是围绕实际问题展开的，其实际问题包括防病、治病。

由于仅局限于实际问题，中国科学的抽象性、理论性、体系性较差。其结果是：中国科学始终跟着实际问题亦步亦趋，没有自己的相对独立的发展。所谓相对独立的发展，就是科学建立理论体系后，依赖揭露理论体系的矛盾而发展。这种发展在科学产生之初只是"涓涓细流"，到了后来则变成"滔滔洪水"。中国没有这种"滔滔洪水"，西方则使这种"洪水"一浪高过一浪。特别是到了近代，西方把科学的两种发展结合在一起，这就使西方的科学"如虎添翼"，进入一个快速发展时期。反观中国，仍像"老牛拉破车"一样前进，这怎能不越来越落后！

当然，中国科学也不是一点自然规律的探讨也没有，但这种探讨从来就隶属于实用的目的。这就是说，探讨自然规律是为了实用的目的，在实用的需求下才探讨自然规律。这就使自然规律在很多情况下包含在实用之中，有时则包含在实物之中。即使自然规律有独立的存在，其一般性、普遍性也较差，并且往往包含着很多感性的成分。这与古希腊科学是没有办法相比的，这与西方近代科学更是没有办法相比的。西方近代，牛顿对机械运动的规律进行了概括。这种概括是高度抽象的、又是简洁明了的。特别是它所达到的普遍性,超越了以往任何时代的科学。这在中国是不可想象的,这不是中国人不聪明,这主要是中国人的思维方式出了问题。

这样问题就比较清楚了:中国神话讲求实用,这影响了中国科学,中国科学也讲求实用。当然,中国科学的实用性还来自其他方面,即还有其他方面的原因。实用性是一把双刃剑,它曾推动了中国科学的发展,它还使中国科学在一段时间内处于世界领先地位。但实用性也使中国科学遭遇"滑铁卢"。这突出地表现在近代。近代的西方,继承了古希腊的"科学种子",并以探讨自然规律作为自己的使命,结果是牛顿力学的产生。牛顿力学带动了西方的所有科学,使西方的科学实现了"跳跃式"的发展。不仅如此,西方科学在实用方面也获得了巨大进展。在这种情况下,中国科学远远落后了。这种落后不是"皮毛",而是"骨子里"的。以至于在最后,中国除了中医外,其他科学完全西化了。这就是说,中国只有古代科学,中国的近现代科学是从西方引进的、是西方科学的一个部分。

中国科学的实用化倾向一直延续到现代。这既是思维的惯性,也与现代科学的新特点有关。现代科学已不同于古希腊科学,也不同于近代科学,它一旦取得成果,便会很快应用于生产过程,并且应用的时间越来越短。因此现代科学的实用性越来越受到重视。在这种情况下,科学又多了一个目标,这就是实用的目标。当然,这是就西方而言的;在中国,科学一开始的目标就是实用。

四 文化在中西技术发展中作用之比较

技术发展的根本动力是社会需要。但社会上层建筑，包括文化在内，对技术发展也起着一定的作用。当然，这种作用具有二重性，即既有积极作用，又有消极作用。文化在中西技术发展中作用如何，有什么差异，下面就来谈谈这个问题。

（一）中国传统文化与技术发展

中国传统文化，主要是儒学和道学，墨学虽显赫一时，但很快就衰落了。中国传统文化对技术的作用具有二重性。这种二重性的特点是：从整体上说，中国传统文化不利于技术的发展，但在某些方面，却促进了技术的发展。

我们首先来看看儒学。在几千年的封建社会中，儒学基本上占统治地位。儒学对技术的态度，在某种程度上也可以说是中国传统文化对技术的态度。

儒学的创始人孔夫子对技术持一种鄙视的态度。例如，《论语》中说，樊迟请学稼，子曰："吾不如老农。"请学为圃，曰："吾不如老圃。"樊迟出，子曰："小人哉！樊须也！上好礼，则民莫敢不敬。上好义，则民莫敢不服。上好信，则民莫敢不同情。夫如是，则四方之民襁负其子而至矣，焉用稼？"[1] 最后一段话的意思是：真成一个在野小人了，樊迟呀！君子在上位，只要能好礼，民众便不敢不敬。只要能好义，民众便不敢不服。只要能好信，民众便不敢不用他们的真心和实情来对上。政治能做到

---

[1] 《四书五经》（一），李志敏注译，海南出版社2009年版，第90页。

这种地步，四方民众都会背负了他们的孩子来请入籍，（那就耕户日增、耕地日辟）何必自己学稼穑之事呀！

儒学的亚圣孟子，在技术问题上，也同孔子持一样的态度。他说："有大人之事，有小人之事。故曰：或劳心，或劳力。劳心者治人，劳力者治于人；治于人者食人，治人者食于人；天下之通义也。"①

特别需要指出的是，儒家经典《礼记》上，甚至提出凡是以"奇技奇器以疑众，杀！"②的主张。

儒学对技术的态度，是不利于技术发展的。因为：①儒学对技术的鄙视，影响了许多学者，使他们不愿从事技术工作。这里除了从内心瞧不起技术工作外，还怕遭人耻笑或招来杀身之祸；②儒学对礼仪的重视，使大多数学者把精力集中在治理国家、治理社会的问题上，这就在某种程度上冷落了技术，导致技术很少有人问津；③儒学追求的是较高的社会地位，而这只有通过科举考试、最后做官才能实现。搞技术工作，即使很有成就，也不会有较高的社会地位；④儒学要求学者全面发展，而技术会导致专业的专门化。因此儒学提出"君子不器"这个原则，其含义是：君子是目的本身，而不只是作为某一特殊有用之目的的手段；⑤儒学具有一种保守的观念，而技术往往带来革新。这种革新可以推动生产力的发展，并引起生产关系和上层建筑的变化。这是儒学所不愿看到的，因此才有《礼记》中的凡是以"奇技奇器以疑众，杀！"的主张。

当然，上面的情况只是就整体而言的。实际上在整个历史的长河中，还是有一些儒学的学者进行过技术的研究，并且很有作为。但这些学者一般都是在科举考试失败或官场失意之后才进入技术研究领域。例如，大医药家李时珍，14岁考取秀才，但三赴乡试均未过关。他摒弃科举，转而行医著述，历时30年，完成了具有世界影响的不朽巨著《本草纲目》。宋应星29岁中举，此后他五次北上会试，均未考中，于是他把主要精力转向科学技术，写出了《天工开物》。这部著作共18卷，内容十分丰富，包括粮食和油料作物、甘蔗、棉、麻、桑、豆的种植，蚕和蜂的饲养，矿石、煤炭、珍珠、玉石的采集，以及缫丝、纺织、染整、粮食加工、毛皮

---

① 冯契：《中国古代哲学的逻辑发展》（上册），上海人民出版社1983年版，第174页。
② 金观涛等：《科学传统与文化》，陕西科学技术出版社1983年版，第96页。

处理、颜料制作、榨油、制糖、产盐、制油、造纸、陶瓷、冶炼、铸造、锤锻、车船和兵器制造等工艺过程。

一些学者从事技术研究，还有一个原因是为了生存。因为他们科举失败，已没有做官的机会，要生存下去，就不得不选择技术这个行业。当然，有些家境富裕的学者，不需要为生存的问题发愁，他们选择技术，纯粹是出于一种爱好或消遣。这后一种情况，更有利于技术发明。因为在这种情况下，从事技术研究的学者，可以无拘无束，可以任自己的想象自由驰骋。这是技术发明所需要的。但这种技术发明可能远离生产实践，这是它的缺陷。

就儒学对技术的最大推动而言，还在于一些儒学的学者当官后，所从事的工作与技术有关。为了搞好技术工作，他们在不断地学习技术、钻研技术。在这个过程中，他们也有一些技术发明。例如，潘季驯作为明代的官吏，四次出任总理河道，主持治理黄河、淮河、运河、历史27年。他通过总结治河的经验教训，系统地提出了"束水攻沙"和"蓄清刷黄"的治河理论及具体的工程措施。明代的另一官吏茅元仪，属军事将领，他曾著《武备志》共240卷。书中记载的火器主要分为火炮、火箭、火铳、喷火筒、火器战车、水雷和地雷等，每种火器都有详细的描述，给出了构造、材料、尺寸等信息，并附有火器总图和部件详图。这代表了当时火器技术的最高水平。

其次，我们谈谈老庄的观点。老子是反对技术的，他指出："民多利器，国家滋昏"，"人多技巧，奇物滋起"。① 庄子也反对技术，他讲了一个汉阴丈人羞子贡的"故事"："子贡南游于楚……过汉阴，见一丈人，方将为圃畦，凿隧而入井，抱瓮而出灌，搰搰然，用力甚多，而见功寡。子贡曰：……木为机，后重前轻，挈水若抽，数若泆汤，其名为槔。为圃者愤然作色而笑曰：吾闻之吾师，有机械者，必有机事，有机事者，必有机心；机心存于胸中，则纯白不备……道之所不载也。吾非不知，羞而不为也。子贡瞒然惭。"② 这个老圃的话，正是庄周自己的观点。

老庄的观点概括起来就是：①技术的发展，尤其是民间技术的发展，

---

① 金观涛等：《科学传统与文化》，陕西科学技术出版社1983年版，第96页。
② 金观涛等：《科学传统与文化》，陕西科学技术出版社1983年版，第97页。

不利于国家的稳定；②技术的发展会改变社会的现状，这与老庄的社会理想是背离的；③老庄注重心性的修养，而技术破坏了这种修养，至少是不利于这种修养。这也是老庄反对技术的原因；④庄子崇尚"真人"，"何谓真人，古之真人不逆寡，不雄成，不谟士。入水不濡，入火不热。是知之能登假于道者也若此。"① 这样的"真人"还需要技术吗！

但应该指出的是，附会引申老庄学说而形成的道教，却有促进技术发展的一面。我们知道，道教以长生成仙为根本目的。在这一目的的推动下出现了炼丹术。丹有内丹、外丹。以人身为炉体，按照阴阳的变化，64卦的运行，修养精气，结而成丹，是谓内丹。以药石炼制成丹，是谓外丹。外丹炼制大致包括以下几个方面：①用各种无机物，包括金属和矿物，经过化学处理制作"长生药"的研究；②为了研制"药用"的人造黄金或白银而进行的药用植物研究。

炼丹术的目的是荒唐的，但炼丹术的实践却促进了技术的发展。例如，火药的发明就出自炼丹家之手。炼丹家对于硫黄、砒霜等具有"猛毒"的金石药，在使用之前要先用烧灼的方法"伏"（驯伏）一下，使它们失去或减轻原有的毒性，这种手续称为"伏火"。唐初孙思邈有"伏硫黄法"：硫黄、硝石各二两，研成粉末放在锅中，用皂角（含碳素）三个引火，使硫和硝起火燃烧，火熄后再用生熟木炭三斤来拌炒，到炭消三分之一为止。唐宪宗的时候消虚子有"伏火矾法"，所用药物是硝石、硫黄各二两，马兜铃（含碳素）三钱半，和孙思邈"伏硫黄法"用药几乎完全相同。由于给药物伏火过程中，经常引起丹房失火的事故，这使唐代炼丹家取得一项重要经验，就是硫、硝、炭三种物质可以构成一种"火药"。在这个基础上，发明了火药。

炼丹家还发现了蒸馏器。《金华冲碧丹经要旨》所载的简单的一种，分两部分，上部形似圆底烧瓶，叫作"石榴罐"，下部作桶形，叫作"甘埚子"。用的时候加热，使罐中生成的水银蒸气在甘埚子的冷水中成为液体水银。南宋吴悮《丹房须知》有另一种比较复杂的蒸馏器的图。从图上可以清楚地看出，下部是加热的炉，上部是盛朱砂等药物的密闭容器，旁边通一根管子，使容器里所生的水银蒸气可以流入放在旁边的冷凝

---

① 《老子、庄子》，中国纺织出版社2012年版，第137页。

罐里。

炼丹家在医学上的发明就更多了。南朝的陶弘景，著有《神农本草经集注》一书。书中除整理和校订《神农本草经》的365味药外，又增加365味，合730种。葛洪，著有《肘后卒救方》一书。书中的内容包括急性传染病、各脏腑慢性病、外科、儿科、眼科和六畜病的治疗法，对各种疾病的起源、病状均有叙述，特别是对传染病已有较清楚的认识。孙思邈，著有《千金要方》和《千金翼方》二书。《千金要方》包括中医基础理论和临床各科的诊断、治疗、针灸、食治、预防、卫生等，并把妇科病和小儿护理放在重要的地位。《千金翼方》作为对《千金要方》的补充，内容以本草、伤寒、中风、杂病、疮痈等记述最为突出。

道教在技术上确有诸多成就。因此，道教是中国技术的一个很重要的源头。但道教属民间性质，它很少参与到国家大型工程之中。在这一点上它不如儒学。因为儒学的一些学者是国家大型工程的组织者，这使他们能够作出重大的技术发明，至少是推动他人作出重大技术发明。从这个角度看，道教不如儒学。然而这并不能否认道教对技术的作用。

还有一个问题是：技术的发明、技术的成果，只是道教的一种副产品。作为副产品，它们并不被道教看重，有时还会被搁置在一边。另外，它们与生产、生活关系不大，只有很少的一部分进入生产、生活之中。这使它们的发展动力严重不足。这一切都表明，道教对技术的推动是有限的。

第三，中国古代技术成就主要归功于工匠。在中国古代技术发展过程中，文人学者起了不小的作用，但由于受中国传统文化影响，文人学者没有起到他们应有的作用。因此，从整体上看，工匠是中国古代技术发展的主力军，他们在技术上的成就占主导地位。

关于工匠在技术上的成就，比较重要的有造纸、印刷术等。纸是由工匠发明的，后由太监蔡伦进行了革新。他在原料上，除采用破布、旧渔网等废旧麻类材料外，同时还采用了树皮，从而开拓了一个崭新的原料领域。技术工艺上，也较前完备和精细。除淘洗、碎切、泡沤原料之外还可能已经开始用石灰进行碱液烹煮。这是一项重要的工艺革新，它既加快了纤维的离解速度，又使植物纤维分解得更细更散。大大提高了生产效率和纸张的质量，为纸的推广和普及开辟了广阔的道路。

印刷术也是由工匠发明的。特别是活字印刷术是由平民毕昇发明的。毕昇活字印刷术的基本原理，与近现代盛行的铅字排印方法完全相同。他用胶泥制成泥活字，一粒胶泥刻一字，经过火烧变硬。更事先准备好一块铁板，将松香、蜡以及纸灰等混合在一起放在铁板上。铁板上再放一铁框，在铁框里排满泥活字，排满一框后即放在火上加热，松香、蜡、纸灰遇热融化，冷却后便将一板泥活字都粘在一起。更用一块平板将泥活字压平。一版印完，将铁板放在火上加热，松香和蜡融化后即可取下泥活字，以备再用。为了提高效率，将两块铁板交替使用，一板印刷，另一板排字。第一板印完，第二板已排好，印刷速度相当快。

这里还需要指出的是：纺织技术的革新者和推广者黄道婆，是一位农家妇女。她总结出一套融合黎族先进棉纺织方法和内地纺织工艺于一体的完整的新技术，其最重要的就是捍、弹、纺、织四项。这里简单谈谈"捍"是指轧棉去籽。黄道婆以黎族的踏车为基础，创造出一种缆车，取代了过去用手剖剥棉籽的笨拙方法。缆车的主要结构为一对辗轴，将棉花喂入二轴之间，利用这两根直径、速度不等、回转方向相反的辗轴相互辗轧，使棉籽和棉纤维分离。这种方法不仅省力，而且大大提高了效率。[①]

工匠为什么要搞技术，主要是生产和生活的需要。因此，工匠的技术是围绕生产和生活展开的，工匠的技术不会脱离生产和生活，这样，生产和生活的需要就推动了工匠的技术发明。与此同时，工匠也能获得相应的收入，并维持他们以及他们家人的生存。有些技术精湛的工匠还能发财致富，甚至富甲一方。这就是中国古代技术的发展机制。

工匠的一个缺陷是他们没有文化，这就决定了他们的技术和他们发明无法记载下来。因此他们的技术传承主要是靠带徒弟，而带徒弟的方式是口传手授。这很容易造成技术的失传。事实上，在中国历史上很多技术失传了，有些技术不是失传一次而是失传多次。这影响了技术的发展，这浪费了许多人力、物力。这其中的原因有些是自然的，有些是人为的。不管是什么原因，都使技术长期停滞不前，都使技术无法向更高水平迈进。

尽管工匠有上述缺陷，但在中国几千年的历史中，他们始终是技术发

[①] 汪前进主编：《中国古代 100 位科学家故事》，人民教育出版社、学习出版社 2006 年版，第 276 页。

展的主力军。许多技术发明都出自他们之手,有些文人学者完成的技术发明,其胚胎也来自他们。他们是生产力发展的主要推动者,他们为社会发展作出了巨大贡献。然而由于种种原因,他们中的大多数过着贫困的生活,他们由于劳累过度,往往疾病缠身,在痛苦中死去。这是一种历史的不公,从这个意义上说,他们更值得我们怀念。

(二) 西方传统文化与技术发展

西方传统文化与中国传统文化一样,也不利于技术发展。在古希腊存在着一种轻视技术的倾向。例如,柏拉图学派的哲学家认为,探究物质的东西要比追求精神的东西来得卑微。手工工作,即使是为了科学的目的,仍被视为有损于哲学家的尊严。亚里士多德对手工劳动也抱轻视的态度,在他的理想国中,自由手工艺者仅仅被安置在这样一个位置上,他们做奴隶所做的工作,但却没有那种恰如其分的驯服态度,以至事实上他们的地位比奴隶还要低下。西塞罗也持同样的态度,他指出,一切手工艺者所干的都是粗鄙卑贱的工作,一个技工作坊"所容纳的一切与生来自由的人毫不相宜"。

古希腊人还从理性上堵住了通往技术之路。他们认为,大自然所运用的技艺是一种无法感知和无法模仿的自我复制,它系于大自然的房屋的内在形式;企图支配大自然是不可能的,因为即使是神,也必须遵奉必然性的法则;任何与自然相竞争以制造其自然产品的努力都是一种渎神或至少是一种狂妄的行为。

上面这些观点,不仅阻碍了古希腊技术的发展,也在某种程度上阻碍了西方技术的发展。这集中地表现在:①文人学者只关心科学问题,不关心技术和实际问题。克莱因曾就此指出:"……至于数的实际应用,我们以前就说过,那个时期的知识分子只限于搞哲学和科学工作,不去搞商业和贸易;有教养的人不关心实际问题,他们可以在几何学里考察所有的矩形而不去关心哪怕是一个矩形的实际大小。"[1] ②文人学者不愿意从事技

---

[1] [美] 克莱因:《古今数学思想》(第一册),张理京等译,上海科学技术出版社1979年版,第57页。

术的研究和探讨,因为他们感到这是一种无效的劳动,不会产生任何结果。这就使古希腊在技术上所获成就甚少,比不上它之后的古罗马和中世纪;③古希腊之后的西方,在技术上虽有一些进展,但进展不大,并且远远落后于中国。这里的根本原因是,技术的进展主要依赖于工匠,学者们很少问津技术,他们醉心于经院哲学,在一些毫无意义的问题上,如"天堂里的玫瑰花有没有刺""天使要不要睡眠""万能的上帝能不能创造一块连他自己也举不起来的石头"等,进行无休止争论,不仅耗费了大量的时间,而且没有取得任何实质性的成效。

这里需要指出的是:古希腊的文化不利于技术的发展,但却有利于科学的发展。这是因为,古希腊文化特别强调规律、强调逻各斯、强调对真理的探求。这就使古希腊的科学可以摆脱"实用的窠臼"、可以上升到理论的层面、可以通过逻辑推导使相应的知识构成一个系统。这是其他国家没有的,这是古希腊对人类的独特贡献。古希腊的科学还影响了以后的科学。可以这样说,没有古希腊的科学,就没有西方的近代科学,就没有西方的现代科学。

(三) 中国古代技术领先的原因

中国传统文化不利于技术的发展,西方传统文化也不利于技术的发展。但比较来看,中国古代的技术远远领先于西方古代的技术。例如,四大发明是中国的独创。四大发明传到西方后,对西方的经济、政治、文化产生了较大的影响。除了四大发明外,在很多技术上中国都处于领先地位。如胆水炼铜,以中国为最早。在西汉成书的《淮南万毕术》里,就有"曾青得铁则化为铜"的记载。东汉时的著作《神农本草经》也有"石胆……能化铁为铜"。这里的铜指硫酸铜。南北朝时期的陶弘景所作的实验,又扩充了以前的范围,即由硫酸铜扩充到可熔性的铜盐。西方的水法炼铜出现得较晚。15世纪50年代,人们把铁片浸入硫酸铜溶液,偶然看见铜出现于铁表面。但要应用这个原理来炼铜,还得经过一个过程。在船尾舵的制造上,中国领先西方约4个世纪。早在汉代,中国就出现了船尾舵。以后逐步发展,又出现了正舵、副舵、三副舵。此外,还制造了各种形式的舵:升降舵、平衡舵、开孔舵。平衡舵和开孔舵都可以降低转舵力矩,达到省力的目的。

中国古代技术领先于西方古代技术的原因主要是:①中国古代的农业、手工业比较发达,这就为技术的发展提供了稳定的基础和强劲的动力;②中国古代自秦以后实行中央集权统治,这种统治是强有力的,在某些时期用于发展生产和技术,其成效是显著的;③中国古代的一部分文人学者,主要是道教徒和道教的信仰者,参与了技术的研究,并作出了重大的贡献。韦伯曾就此指出:"……作为一种上层建筑的巫术性的'理性'科学,诸如时测法、时占术、地卜术、占候术、编年史、伦理学、医学以及在占卜术制约下的古典的国家学说,囊括了早期简单的经验技术,并且正如各种'发明'所证明的那样,在技术上具有可观的才能。这种经验技能的残余至今仍到处可见。如果说作为异端的巫术师在民间的地位以及他们的营业收入往往举足轻重的话,那么士人阶层在使经验技能理性化方面则起了决定性的作用。"①

但到了近代,中国的技术与西方的技术相比,却变得落后,并且差距越来越大。这里的原因是什么呢?我们认为,到了近代,推动中国技术前进的动力基本上没有什么变化,因此中国的技术仍按低级的方式向前发展。但西方技术发展的动力却发生了骤变,这种骤变导致了西方技术的加速发展。特别是蒸汽机出现以后,各方面的因素互相作用,产生了前所未有的合力,使西方技术的发展跃上了一个新的台阶。在这种情况下,中国的技术变得落后了。因此,分析近代中国技术落后的原因,就必须弄清近代西方技术加速发展的原因。

(四) 近代西方技术加速发展的原因

近代西方技术加速发展的原因是多方面的,但概括地讲,主要是以下两个方面:

首先是商品生产的发展。早在 14 世纪,意大利和英国的一些城市已经出现了较大的作坊,拥有几十名、甚至更多的帮工。过了约两个世纪,产生了手工工场。佛罗伦萨的手工工场,仅毛织业就拥有 3 万名左右的工

---

① [德] 韦伯:《儒教与道教》,洪天富译,江苏人民出版社 1995 年版,第 225 页。

人。英国的手工工场以毛纺织业最为兴盛，16世纪时，呢绒的出口每年达12万匹，17世纪上半叶每年增至25万匹。

特别是哥伦布等开辟新航路以后，欧洲商人的贸易范围迅速空前地扩大了，世界市场开始形成。欧洲和亚洲、非洲之间建立了直接的商业往来。欧洲市场上有世界各地的商品，如烟草、茶叶、甘蔗、咖啡、可可以及白糖等。各地对欧洲商品的需要也相应地急剧增加。这就刺激了商品生产的发展。

商品生产的发展，有力地推动了技术的发展。例如，在商品生产的推动下，出现了纺织品的激烈竞争，这种竞争使棉纺织业成为最迫切革新技术的行业。正是在这种需要的推动下，产生了一系列的技术发明。1733年，兰开夏的钟表匠开伊发明了飞梭，用飞梭的自动往返代替了手工投递，提高织布效率一倍，并使布面加宽。飞梭使用之后，造成纺与织之间的严重不平衡，长期发生"纱荒"。1764年，织工兼工匠哈格利夫斯发展了手摇纺纱机（即珍妮机），它是一架同时带动几十根纱锭的手摇纺车，是由手工工具变为机器的典型。珍妮机的产生消除了纺纱和织布的劳动生产率之间的不协调状况。由于珍妮机带来的纱锭日益增多，使人力作为动力越来越难以胜任。1769年，理发师阿克莱特剽窃了木匠赫斯的发明而制成了水力纺纱机。水力纺纱机产生后，导致了水力纺纱厂的出现，这又进一步推动了纺纱技术的革新。1779年，英国童工出身的发明家克隆普敦，兼采珍妮机和水力纺纱机的优点，制造了一种"骡机"（即混合机之意）。纺纱机有了一系列发明和改进以后，织布业相对地落后了，又出现了新的不协调情形。于是又要求发明优良的织布机，来利用多余的棉纱。1785年，牧师卡特赖特发明了用水力推动的织布机，劳动生产率比手工劳动高10倍。

纺织业的发展需要新的稳定的动力。同样，矿井排水也需要新的动力。这就使人们的眼光又转向动力、转向动力机。结果是蒸汽机的发明和不断改进。在这个方面，贡献最大的要属瓦特。瓦特研制成功了同汽缸分离的单独的冷凝器，以及具有连杆、飞轮和离心调速器的双向蒸汽机。瓦特的蒸汽机很快进入生产领域，并得到广泛应用。据统计，在1800年，英国使用的蒸汽机仅321台，共5210马力，到1825年就上升到15000台，共375000马力，猛增了几十倍。19世纪40年代，整个欧洲国家和英国都普遍推广使用了蒸汽机，在工厂、矿山都建造了安置锅炉和蒸汽机的厂房，只要是需要动力的地方，就有蒸汽机的出现。①

这样，西方的技术就从古代跨入近代。这是一次质的飞跃。通过这个飞跃，西方技术进入一个新的阶段，这就是近代技术阶段。反观中国的技术，仍然"蹒跚"地行进在古代技术之中，仍然停留在手工技术阶段，仍然不能有突破性的进展。这就决定了中国的技术必然落后，这种落后不是量的落后而是质的落后，即中国的技术落后西方整整一个形态。

其次是观念的变革。近代西方的观念变革是多方面的，涉及社会的各个领域。下面仅谈谈与技术有关的一些观念的变革。

人类可以支配自然。这一观念起源于《圣经》。《圣经》认为，自然是上帝的艺术，上帝的这种艺术暗示在人的记忆之中，恰如上帝的绝对自由意志暗示在人类的相对自由意志之中一样。此外，上帝已将其某种神圣的控制力量赋予其最高级的创造物，即人类，也即人类被授予支配上帝的其他造物的权力。

《圣经》的观点通过弗兰西斯·培根等的提倡和发扬，在社会上得到了广泛的传播，并产生了巨大的影响，彻底改变了古希腊人不能支配自然的观点。这里重点谈谈培根的见解。首先，培根认为，人类可以支配自然，并制成与自然的事物相同的事物。他指出：人类对于事物的支配完全有赖于技艺和科学；人类再也不应该因循亚里士多德的观点，认为凭借技术的力量与自然竞争毫无希望。他还强烈反对亚里士多德的下述观点，即认为技艺只能是大自然的婢女，只能帮助大自然完成其早已开始的工作；与此相反，他认为技艺以自然为基础，能够制成与自然在没有任何帮助的情况下所能产生的同样事物。其次，培根明确指出，人类对自然的支配必须遵循自然的根本法则。他一方面强调人类对自然的支配；另一方面又坚持人类应该驯服地仿效自然。这两方面并不存在真正的矛盾，其原因在于"只有服从自然，才能驾驭自然"。他提出的理由是，人不可能超越自然的潜力，但如听任自然，那么其潜力就会远远大于人们所能期望的。然而为了获得成功，人类对自然的干预就必须遵循自然的根本法则，而这必须建立在对自然的可靠认识之上。再次，培根坚决主张，自然运动（自然

---

① 陈昌曙等主编：《自然科学发展简史》，辽宁科学出版社1984年版，第163页。

产品）与人工运动之间不存在任何根本的差异。他认为，在机械学自然运动与人工运动之间不存在任何根本的差异，在化学方面的自然产品与人造产品之间（或者在繁殖与制造之间）也不存在任何根本的差异。最后，培根大声疾呼，科学要为人类服务。他指出：学究们的旧"科学"不结果实，它没有减轻生活的重担，因为它使技艺与自然相分离，把形式置于人类能力所及范围之外。这种停留于言词而不产生功效的自然哲学，如同没有功效的信念一样是没有生命力的。他认为对于"哲学体系和各种科学的增长与进步"来说，"应当依相同的规则要以果实来评判学说体系；而假如这体系是不出产果实的，我们应当宣告它毫无价值，特别是当它不仅不产生橄榄等果实反倒带有争执、辩论之荆棘和蒺藜时，我们就更应当作这样的宣告。"

对手工劳动的肯定。这也源于《圣经》，在《圣经》中，上帝把所有的劳动都看作是神圣的，而不管这些劳动是否由奴隶完成和自由民完成。物质的东西并不比非物质的东西低一等，它们同为上帝的创造物，从事物质性的职业不应被看作是不名誉的。例如，《圣经》为诚实的生活所作出的规定就是圣训中的有关律令："天日要劳碌作你一切的工。"因而，手工艺在上帝的创导下受到了尊崇，上帝给予了人类以运用手工艺的天赋；上帝"用他的圣灵""充满"教堂的建造者们，使他们"有智慧，有聪明，有知识，能作各种各样的工"，上帝并且"创造了铁匠"。犹太教拉比必须修习一门手艺。耶稣是一名木匠，是木匠之子，而保罗则要求贴撒罗尼迦人用手进行工作，一如他亲身示范的那样："他的职业本身是造帐篷"。

《圣经》对手工劳动的肯定，促进了一种新的劳动道德观念的形成。霍伊卡指出："……一旦机械师的劳动被承认是一种体面的劳动，那么实验工作就会受到尊重。手工阶层的社会解放，尤其在诸如纽伦堡、安特卫普、伦敦和阿姆斯特丹等一些典型的自由民社会中，是与宗教解放同步进行的。宗教的解放促进了这样一种劳动道德观念的形成，即：不仅神职人员，其他各行各业的劳动都被看成是'神圣的'。"[①]

---

① ［荷兰］霍伊卡：《宗教与现代科学的兴起》，钱福庭等译，四川人民出版社1991年版，第109页。

新的劳动道德观念的形成，一方面提升了工匠的地位，使工匠的劳动变得体面，使工匠的劳动不再低人一等。这无疑改变了工匠的社会处境，这无疑激发了工匠的积极性。另一方面使不少人文学者加入了工匠的队伍，这改变了工匠队伍的成分、提高了工匠队伍的素质。因为工匠是没有文化的，文人学者则不同，他们的文化水平较高。作为有文化的工匠，他们可以把他们的技术成果记录下来，特别是他们可以把科学与技术结合起来。这两个方面无疑有利于技术的发展、无疑推动了技术的进步。

　　工匠传统和学者传统的结合。这种结合是在许多学者的提倡和推动下实现的。例如，罗吉尔·培根指出：真正的学者应当靠"实验来弄懂自然科学、医学、炼金术和天上地下的一切事物，而且如果一个平常人或者老太婆或者村夫对于土壤有所了解，而他自己反而不懂得，就应当感到羞愧。"① 培根根据哈金的著作做过光学实验。他研究过平凸镜片的放大效果，并且建议可以用这些镜片制成望远镜。培根通过实验进行科学研究之后，认为人应当能够造出自动舟船和车辆，也可以造出潜水艇和飞机等类东西。马里古特写了一本描述他所作的磁力实验的小书。他在书中写道：研究磁学的人必须"勤于动手"，以改正理智的错误。他把磁石做成一个圆球，用短铁丝研究它的磁性，从而发现磁子午圈，这些他都用粉笔线标了出来。他懂得异性磁极相吸，同性磁极相拒，也懂得一根磁针断为两半时，每一半又都变成一根磁针。维夫斯也指出："那些人从最有经验的人那里收集了有关的每一种工艺的各种题材，并写成文字，他们给人类带来多少智慧财富啊……通过对生活各个方面的这类观察，实践的真知几乎增长到令人不能置信的程度。"②

　　弗兰西斯·培根在这个问题上也提出许多卓越的见解。他写道："虽然致力于机械技术的早期的人们工作粗糙、笨拙不灵，但不久他们就获得了新力量和新才能。古代哲学生气勃勃，但后来就一蹶不振。对这种相反境遇的最好解释是，机械技术往往是许多人共同努力而产生的单一结果，而哲学上往往是一个人才毁掉许多人才，许多人屈服于一个人的领导……从而不能作出什么新的贡献。因为哲学一旦和使它发育成长起来的经验隔

---

① ［英］梅森：《自然科学史》，周煦良等译，上海译文出版社1984年版，第105页。
② ［英］梅森：《自然科学史》，周煦良等译，上海译文出版社1984年版，第113页。

离开来,哲学就变成死的东西了。"① 在培根看来,当时的学术传统是贫乏的,因为它和经验失去接触,同时工匠传统在科学上也没有充分发挥它的力量,因为它的许多东西都没有记载下来。因此,他说:"一旦有经验的人学会读书写字,就可希望有更好的东西出现。"② 这些"更好的东西"就是新的科学原理和新的技术发明。培根认为,对自然的科学理解和对自然的技术控制相辅相成,两者都是运用科学方法的结果。培根对印刷、火药和罗盘磁针的发明非常重视。他注意到以上的发明都是根据新的原理获得的。印刷绝不仅是快速的写字方法,枪炮也不仅是把陈旧的抛石机改进一下,而是体现了一些原理,同以前运用在这些技术上的原理性质上完全不同。不但如此,正如从罗盘磁针发展起来的马里古特、诺曼和吉尔伯特的工作所表明的那样,这种原理总是具有相当重大的科学意义的。培根论证说,因此促进科学和技术发展的新科学方法,首先要求的就是去寻找新的原理、新的操作程序和新的事实。这类原理和事实,可以在技术知识中找到,也可在实验科学中找到。当我们理解了这些原理和知识以后,它们就会导致技术上和科学上的新应用。他认为,有很多原理蕴藏在工匠的日常操作中,所有这些操作方法是知识的可贵源泉。

上面的这些观点推动了工匠传统和学者传统之间的结合。梅森指出:"存在于工匠和学者传统之间的障碍,一直把机械技术和人文科学隔离开来,这种障碍到 16 世纪就开始崩溃了。行会的秘密消失了,工匠把他们的传统记录下来并吸收了学者们的一些知识,有些学者还开始注意到匠人的经验和方法。"③ 例如,意大利的一个冶金工人毕林古邱于 1504 年出版了《论火法》一书,他后来当了教皇属下开矿和军事工程的总管。1556 年在日耳曼哈尔茨山矿区的一个学者和医生鲍尔也写了一本类似的著作,还加上一些关于开矿方法的描述。

把工匠传统和学者传统结合起来的典范是吉尔伯特。他的著作《磁石论》发表于 1600 年。吉尔伯特接受并发展了诺曼和 13 世纪作者马里古特的实验工作。他按照马里古特的办法,制成球状磁石,取名为"小地

---

① [英]梅森:《自然科学史》,周煦良等译,上海译文出版社 1984 年版,第 131—132 页。
② [英]梅森:《自然科学史》,周煦良等译,上海译文出版社 1984 年版,第 132 页。
③ [英]梅森:《自然科学史》,周煦良等译,上海译文出版社 1984 年版,第 128 页。

球",在球面上用罗盘针和粉笔画出了磁子午线。他证明诺曼所发现的下倾现象也在这种球状磁石上表现出来,在球面上罗盘磁针也会下倾。他还证明表面不规则的磁石球,其子午线也是不规则的。由此设想罗盘针在地球上和正北方的偏离是由大块陆地所致。他发现两极装上铁帽的磁石,磁力大大增加,他还研究了某一给定的铁块同磁石的大小和它的吸引力的关系,发现这是一种正比关系。他根据他所知道的磁力现象,建立了一个相当重要的理论体系。根据他的磁石球实验,他设想整个地球是一块巨大的磁石,只是浮面上为一层水、岩石和泥土遮盖着。他认为磁石的磁力正如身体中的灵魂一样,产生运动和变化。所以对马里古特的磁石会自转的理论,他也很向往,但他加上一句话,"至今我还没有看见过这种现象。"他相信地球在自己轴上作周日运转;他说,地球这个巨大的磁石"由于磁力亦即其主要的特性而有自身的运转"。他认为地球的磁力一直伸到天上并使宇宙合为一体。

伽利略的工作也表现了工匠传统和学者传统的结合。他制造了第一个温度表来测量温度,而且用摆来测量时间,后来又把它制成一种普通形式的摆,留给后代人来制造第一座完全用摆行走的钟。伽利略还发展了望远镜,并广泛地使用望远镜进行天文观测。例如,他发现天体一点不像传统的亚里士多德见解所暗示的那样比地球完善而且优越。太阳表面上就有黑子,而月亮望上去非常之像地球,上面有许多火山。他发现银河是由许许多多的恒星组成,并且和别人一起观测了在仙女星座的星云。他还发现金星的面很像月亮,从新月形逐渐变为满月,而木星则有四个月亮。

牛顿更是集学者与工匠于一身。作为学者,他建立了经典力学体系,他主张光的微粒说、并对很多光学问题提出了自己的观点;他发明了微积分,使数学发展到一个新的阶段;等等。但牛顿同时也是一位工匠,他做了很多科学实验。不仅如此,他还十分痴迷于炼金术。他的族人和助手汉弗莱·牛顿指出:"他很少在两三点钟以前睡觉,有时一直到五六点钟才睡觉……特别是在春天或落叶时节,他常常六个星期一直留在实验室里,不分昼夜,炉火总是不熄,他通夜不睡,守过一夜,我继续守第二夜,直到他完成了他的化学实验才罢休。"①

  人类可以支配自然等三个新的观念，为技术的存在和发展提供了基础和动力。具体地说，第一个观念，是技术存在和发展的基础。因为如果人类不能支配自然，发展技术还有什么意义呢？在这种情况下，技术便失去了目标，变成一种无效的活动，当然也就不会有所发展。第二个观念是以第一个观念为基础的，因为只有承认了第一个观念，手工劳动才是有意义的。但第二个观念也包含着新意，即它是对技术活动本身的社会承认。多少年以来，技术活动的主体是工匠，他们的社会地位低下，他们的成果得不到承认。由此产生的后果是：尽管他们在辛辛苦苦地工作，他们的生活条件却十分恶劣；他们受到社会统治阶级的鄙视，在贡献完自己的全部力量后默默无闻地、悲惨地离开人世。对于手工劳动的肯定，就是对技术活动的肯定，这就提高了技术的社会地位，使技术变成了一种光荣的事业。这既调动了工匠的积极性，又可吸引更多的人从事技术工作，其结果是有力推动了技术的发展。

  第三个观念是以第一个和第二个观念为基础的，但与第二个观念有更直接的关系。因为对手工劳动的肯定，促使更多的学者开始从事技术活动。在这种活动中，学者和工匠有了大量而广泛的接触，这也促使工匠向学者学习，学习他们掌握的科学知识。其结果是推动了学者传统和工匠传统的结合。这种结合又推动了科学和技术的结合，而科学和技术的结合，极大地推动了技术的发展。

  我们知道，在很长的时间内，科学和技术是沿着两条独立的路线向前发展的。虽然也有一些交合，但时间甚短并属偶然现象。这既制约了科学的发展，也制约了技术的发展。拿技术来说，由于没有科学的指导，其活动变得非常盲目，其发明在反复尝试以后才能完成。这既浪费了大量的人力物力，又延缓了技术的发展，使技术在漫长的时间中收获甚少，只有零零星星的一些发明，并且质量较差，水平较低。科学和技术结合以后就不一样了。因为这种结合形成了一种新的机制，产生了一种新的力量。具体地说，科学为技术的发展指明了方向，并且为技术的发展提供了基础和源泉，使技术以前所未有的速度向前猛冲。

---

① ［英］丹皮尔：《科学史》，李珩译，商务印书馆1987年版，第241页。

大量的事实也表明，科学和技术结合所产生的成效是显著的。例如，瓦特之所以能够完成蒸汽机的重大革新任务，最根本的原因就在于他把科学知识应用于技术的实践当中。瓦特是格拉斯哥大学的仪器修理工。他在修理蒸汽机的过程中发现，纽可门蒸汽机的汽缸对热能浪费较大，同时由于真空度不好，使效能很低。找到这一原因后，他很想作进一步的改进，但由于当时他的理论水平有限，不太容易取得进展。后来，他听了该校布莱克教授的课，特别是听了关于"潜热""比热"的理论，受到很大的启发。他感到蒸汽机中有很大一部分热量并没有用于做功，而是用在加热汽缸使其提高温度上去了。蒸汽进入汽缸时，温度上升到100℃，然后为了得到真空，又迅速使其冷却到20℃，正是这一冷一热，损失蒸汽五分之四，造成了蒸汽机效率的大减。在布莱克教授的帮助下，瓦特还发现，大的蒸汽机比小的蒸汽机效率高，他想这可能是小蒸汽机单位容积的汽缸面积比大蒸汽机大，因此在冷凝之后加热汽缸所消耗的热量比例就大，最后形成了"要保持汽缸热"这一重要概念。在此基础上，他设计了新的蒸汽机，并获得了成功。

电力技术的发明，也体现了科学和技术的结合。例如，麦克斯韦创立的电磁理论，预言了电磁波的存在。赫兹用实验证实了麦克斯韦的预言。赫兹的发现立即吸引了许多科学家去探索实现无线电报的可能性。这些科学家是：卢瑟福、洛吉、马可尼和波波夫。马可尼和波波夫使无线电通讯进入实用阶段。此外，发电机、电动机、电话、电报等的发明，都是科学和技术结合的成果。

进入20世纪以后，科学和技术的结合已成为一种基本的趋势。可以这样说，技术是以科学为基础的，技术越来越离不开科学，科学则以技术为工具，科学越来越依赖于技术。例如，在爱因斯坦相对论的基础上，才有核能及其应用。在爱因斯坦激光理论的基础上，才有激光器的产生及其应用。在数理逻辑与量子力学的基础上，才有电子计算机的发明及其应用。在分子生物学的基础上，才有生物工程及其应用。在超导理论的基础上，才有超导技术的产生及其应用。在纳米理论的基础上，才有纳米技术的产生及其应用。这一切都说明，科学和技术的结合越来越密切了，以至于有的学者称之为科学和技术的一体化。这是20世纪科学的特点，也是20世纪技术的特点。

（五）中国近代技术落后的原因

中国传统文化，从整体上来说是不利于技术发展的。但与西方传统文化相比，中国的传统文化更有利于技术的发展。然而到了近代，中国的技术则落后了。这里的原因主要是，中国的商品生产虽有萌芽，但是却没有发展起来，即没有发展到西方那样的程度。由此决定，中国的技术缺乏像西方那样的由商品经济带来的动力。这就使中国的技术无法前进到近代技术。近代技术是以蒸汽机的发明和应用为标志的。中国自己没有发明蒸汽机，中国的技术只是在手工阶段转圈圈。这就导致了中国技术的落后。

另一个是文化的原因。中国传统文化形成以后，在各个时期有一些变化，甚至是较大的变化。例如，在宋明时期，出现了理学。理学是在融合儒、道、佛三种学说的基础上形成的，是以"理"为最高范畴的学说。"理"按照程颢、程颐的说法，有如下几个特点：①理是天下万物都要遵循的普遍原则，所以说"万物皆是一个天理"；② 理不仅是自然界的最高原则，也是社会的最高原则；③ 理是先于事物存在着，人和物"都自这里出去，只是物不能推，人则能推之"；④"一物须有一理"。但这并不是说每一物各有自己的理，而是说每一物都由理产生，每一物都体现了完全的理。理学主张"存天理，灭人欲"。如朱熹指出："天理人欲，不容并立"，"天理存则人欲亡，人欲胜则天理灭"[1]。要恢复天理，就要"窒欲"。

但需要指出的是，中国传统文化的变化，与西方传统文化在近代所发生的变化相比，无论是广度还是深度都相差甚远。促使西方传统文化在近代发生变化的原因是多方面的，有经济的、政治的和文化的。从文化方面来说，主要是东、西方文化的交融，即古希腊文化与基督教文化的交融。这两种文化，由于其差异较大，产生了激烈的碰撞，并导致了一系列新的观念的出现。例如，古希腊是一种贵族文化，它有利于科学的发展，古希伯来文化是一种平民文化，它有利于技术的发展。这两种文化最初的接触发生了猛烈的碰撞，甚至表现得水火不容。但在后来的时日中，它们逐渐融合，并各司其职。如希伯来文化管信仰、古希腊文化管知识。当然

---

[1] 任继愈主编：《中国哲学史简编》，人民出版社1973年版，第364页。

"越界"的事会不断发生，即古希伯来文化进入知识领域，而古希腊文化则进入信仰领域。这造成了某种混乱，甚至冲突。但这种现象很快被控制，并且其影响越来越小。这样，两种文化分裂的因素就不复存在了，两种文化真正融合在一起了。这种融合的后果是：西方文化既有利于科学的发展、也有利于技术的发展、特别是有利于科学与技术的结合。在这种文化氛围下，西方的技术才发展起来、才实现了从古代到近代的跨越。

中国文化则不像西方文化。中国文化始终是一种贵族文化，它的目的是读书做官、治国平天下；它轻视体力劳动、瞧不起做体力劳动的人；它把技术称为"雕虫小技""九九贱术"。宋明以后，虽有"三教合一"，这即宋明理学，但宋明理学不是离技术近了而是离技术远了。因为宋明理学更重视自我修养、更重视人与人的关系。如王阳明在他的《传习录》中，特别强调所谓"省察克治"的功夫。他说："省察克治之功则无时而可间，如去盗贼，须有个扫除廓清之意。无事时将好色好货好名等私逐一追究搜索出来，定要拔去病根，永不复起，方始为快。常如猫之捕鼠，一眼看着，一耳听着，才有一意萌动，即与克去，斩钉截铁，不可姑容，与他方便，不可窝藏，不可放他出路，方是真实用功，方能扫除廓清"，[①]"克己必须要扫除廓清，一毫不存，方是，有一毫在，则众恶相引而来。"[②] 这种自我修养，主要涉及的是人自身的问题，即伦理道德问题。由于对人自身问题的偏爱，人与自然关系的问题也就受到冷落，甚至被撇在一边。其结果是：人类可以支配自然的观念，虽然在古代就已萌芽（荀子说："大天而思之，孰与物畜而制之；从天而颂之，孰与制天命而用之。"[③]），但始终未成为社会的主流。随之而来的是手工劳动得不到社会的肯定，工匠传统和学者传统也就长期处于分离状态。这样，与技术发展有关的三个重要观念在中国始终没有确立起来，而在西方却被发扬光大，成为技术发展的强大动力。这就是中国近代技术落后于西方的文化原因。

最后在分析和评价文化与技术的关系时需注意如下问题：一是不同的文化类型与技术的关系是错综复杂的，不能用简单的是与非来评价。例

---

① 王阳明：《传习录》，邓艾民译注，花城出版社1998年版，第73页。
② 王阳明：《传习录》，邓艾民译注，花城出版社1998年版，第88页。
③ 冯契：《中国古代哲学的逻辑发展》（上册），上海人民出版社1983年版，第269页。

如，中国传统文化既有阻碍技术发展的一面，也有促进技术发展的一面。古希腊文化，有利于科学的发展，但却不利于技术的发展，但科学的发展却为日后的技术发展提供了基础；二是不同的文化类型在不同的发展阶段对技术的作用是不同的。例如，西方文化，在古希腊时期是不利于技术发展的，但由于后来融合了古希伯来文化，并形成一种新的文化形态，这又有利于技术的发展。因此，看西方文化，不能仅盯着古希腊文化，要看到西方文化的新的发展。这种新的发展就是古希腊文化与古希伯来文化的融合。正是这种融合，推动了近代技术的产生，推动了近代技术的发展；三是不同的文化类型与技术的关系不能孤立地确定，必须放到世界范围内进行分析。例如，中国传统文化与技术的关系封闭起来是很难确定的，即使确定也毫无价值。因为不管确定是有利还是不利，都无法解释如下的问题：中国传统文化对技术的发展有利，为什么中国近代技术却远远落后于西方；中国传统文化对技术的发展不利，为什么中国古代技术远远领先于西方。要解释清楚这些问题，必须把中国传统文化与技术的关系放到世界范围内来分析、研究。总之，文化与技术的关系是立体的、复杂的、动态的，只有从辩证的观点出发，才能得出正确的结论。

五　古希腊神话与中国神话对技术作用之比较

技术发展不仅受到生产需要的影响，也受到文化的影响。文化包括神话、宗教、教育等。神话作为文化的一个组成部分，它产生的最早、流行的也很广。神话的基本观念影响了技术。当然，由于世界各国的神话在观念上有很大的差别，因此它们对技术影响也不同。下面我们对古希腊神话和中国神话在技术上的影响作一比较。

（一）古希腊神话对技术的影响

在中国也有类似的情况。例如，《论语》中说，樊迟请学稼，子曰："吾不如老农"。请学为圃，曰："吾不如老圃"。樊迟出，子曰："小人哉！樊须也！上好礼，则民莫敢不敬。上好义，则民莫敢不服。上好信，则民莫敢不用情。夫如是，则四方之民襁负其子而至矣，焉用稼？"[1] 孟子也持同样的态度。他说："有大人之事，有小人之事。……故曰：或劳心，或劳力。劳心者治人，劳力者治于人；治于人者食人，治人者食于人；天下之通义也"。[2] 特别需要指出的是，儒家经典《礼记》中，甚至提出凡是以"奇技奇器以疑众，杀！"的主张。

同其他文明古国一样，古希腊也轻视技术。但古希腊在这个方面却更胜一筹。因为其他文明古国只从"功用"上轻视技术；而古希腊却从"理论"上发现了技术的问题，并把技术放在一个很低的位置。这里的根

---

[1] 金观涛等：《科学传统与文化》，陕西科学技术出版社1983年版，第96页。
[2] 冯契：《中国古代哲学的逻辑发展》（上册），上海人民出版社1983年版，第174页。

据就是"命定论"。"命定论"认为,自然是必然的,任何改变它的意图都是徒劳的,而技术就是这样一种意图。因此,在古希腊,至少在知识者阶层,认为技术是一种徒劳的、无效的活动。不仅如此,还认为技术是一种渎神或至少是一种狂妄的行为。

技术之所以被轻视,还在于它是一种巧遇。亚里士多德曾指出:"一切技术都和生成有关,而进行技术的思考就是去审视某种可能生成的东西怎样生存。它可能存在,也可能不存在。这些事情的开始之点是在创制者中,而不在被创制物中。凡是由于必然而存在的东西都不是生成的并与技术无关,那些顺乎自然的东西也是这样,它们在自身内存着生成的始点。既然创制与实践不同,那么技术是创制的而不是实践的。所以在某种意义上说,技术就是巧遇,正如阿伽松所说:'技术依恋着巧遇,巧遇依恋着技术'。"①

技术作为一种巧遇,与古希腊知识分子追求的目标是不一致的。杜威曾指出:"……在这两个领域内,有两种不同的知识。其中只有一种才是真正的知识,即科学。这种知识具有一种理性的、必然的和不变的形式。它是确定的。另一种知识是关于变化的知识,它就是信仰或意见;它是经验和特殊的;偶然的、盖然的而不是确定的。"②古希腊知识分子追求的事第一种知识,并且他们特别推崇这种知识。因为在他们看来,"这种知识乃是自创自行的活动的一种最后的、自足的、自包的形式。它是理想的和永恒的,独立于变迁之外,因而也独立于人们生活的世界,独立于我们感知经验和实际经验的世界之外的。"③

这样,技术就被贬到社会的"底层",变成不能"登大雅之堂"的东西。但社会是离不开技术的。离开技术,人类便无法生存。在这种情况下,总得有人去搞技术。然而,知识者阶层是耻于搞技术的,他们只关心科学问题。克莱因曾就此指出:"……至于数的实际应用,我们以前说过,那个时期的知识分子只限于搞哲学和科学工作,不去搞商业和贸易;有教养的人不关心实际问题,他们可以在几何学里考察所有的矩形而不去

---

① [古希腊]亚里士多德:《尼各马科伦理学》,苗力田译,中国人民大学出版社2006年版,第122页。

② [美]杜威:《确定性的寻求》,傅统先译,上海人民出版社2004年版,第18页。

③ [美]杜威:《确定性的寻求》,傅统先译,上海人民出版社2004年版,第15页。

关心哪怕是一个矩形的实际大小。"①

　　知识分子不去搞技术，搞技术的只能是手工艺者。手工艺者在古希腊的地位是很低的。例如，在亚里士多德的理想王国中，自由手工艺者仅仅被安置在这样一个位置上，他们做奴隶所做的工作，但却没有那种恰如其分的驯服的态度，以至事实上他们的地位比奴隶还要低下。西塞罗也持同样的态度，他指出，一切手工艺者所干的事都是粗鄙卑贱的工作，一个技工作坊"所容纳的一切与生来自由的人毫不相宜"。

　　由于手工艺者地位低下，其职业的吸引力就不大。这样。加入手工艺者队伍的人就很少，其中有才智者更少，这种情况对技术发展肯定是不利的。另外，手工艺者生活在社会的底层，他们收入待遇不可能很高，而且他们的职业处于流动之中，经常出现断档甚至失业。因此，从保障性这个角度来说，他们还不如农民。这就使他们经常处于贫困之中。贫困再加上过度劳累，损害了他们的躯体，使他们过早地夭折。不仅如此，这也损害了他们的后代，使他们后继乏人。这一切，都影响了技术的发展。

　　还有一个问题需要提出的是：手工艺者一般都没有文化。这里的原因很清楚：知识分子不愿加入手工艺者队伍，而手工艺者由于家庭贫困又无法接受教育，结果是手工艺者成了没有文化的人。这对技术的发展来说是很不利的，因为：一是使手工艺者的技术实践仅限于经验的层面，无法上升到理论的高度；二是手工艺者由于没有文化，因此无法从知识分子那里获得科学知识，这就使他的技术实践得不到科学知识的指导，只能通过经验来反复摸索。这样不仅会付出更大的代价，而且还延迟了发明的时间，甚至有可能使一些技术发明无法诞生；三是手工艺者没有能力记载他们的技术发明，这就使技术发明极易失传。失传的途径很多。例如，某一主体就是技术发明的载体。如果他没有把他的技术传给他人，一旦他逝去，或因意外而死亡，他的技术发明就失传了。另外，有许多技术发明属物质实体。由于战争或其他灾害，这些技术发明遭毁坏，而后人又无法再现它们，这样它们就失传了。实际上，技术发明失传的途径是很多的。就是有文字记载的也可能失传。当然，没有文字记载的比有文字记载的更容易

---

① ［美］克莱因：《古今数学思想》（第一册），张理京等译，上海科学技术出版社1979年版，第57页。

失传。

由此可见，古希腊神话中所宣扬的"命定论"，对古希腊技术的发展产生了消极的影响。这种影响是古希腊技术落后的原因之一，甚至可以说是根本原因。当然，根本原因不等于唯一原因。这就是说，古希腊技术落后还有其他原因。例如，古希腊人认为，有森林、泉水等风景优美的地方是仙人的幽居，凡人不能打扰。如果筑路，就未免要破坏自然环境而触犯仙人。受这种观念影响，古希腊人筑路很少，而且筑路的技术也很落后。

在各方面原因的共同作用下，古希腊技术处于落后状态。这表现在：古希腊技术既不如古罗马技术发达，也不如欧洲中世纪技术发达。例如，在筑路技术方面，罗马人在全国各地修公路，从哈德里安墙到波斯湾，从阿特拉斯山脉到高加索山脉，共修了5万英里长的公路。这是古希腊人根本无法比拟的。欧洲中世纪在技术上有更大的长进。梅森曾指出："从罗马陷落时起，到教皇西尔威斯特二世西方第一次学术复兴，这一段时间称之为欧洲的'黑暗时代'，传统上都认为是欧洲文明史上比较贫乏的时期。这在自然领域内确是如此，但是在几个世纪里都出现了若干根本性的工艺革新，为多数人的生活方式提供了一个优于古代希腊、罗马时期的物质基础。条顿蛮族侵入四分五裂的罗马帝国之后，带来了许许多多的我们今天还熟悉的事物：诸如裤子代替了古罗马式的长袍，牛油代替了橄榄油，毛毯的制造方法改进了，以及雪橇和木桶、木盆的制造。更重要的是这些蛮族传来的裸麦、燕麦、小麦和蛇麻草的种植，骑马用的脚蹬，尤其是为发展农业三圃制提供了条件的重轮犁，奠定了中世纪地主庄园生活的基础。①"

当然，古希腊和中世纪在技术上有许多不可比的因素。例如，时代不同了，社会需要也发生了变化。单从文化的角度来分析，中世纪的文化比古希腊的文化更有利于技术的发展。因为中世纪的文化是基督教的文化，而基督教的文化肯定、尊崇手工劳动。例如，《圣经》为诚实的生活所作出的规定就是圣训中有关的律令："天日要劳碌作你一切的工。"上帝"用他的圣灵""充满教堂的建造者们，使他们有智慧，有聪明，有知识，能做各种各样的工"，上帝并且"创造了铁匠"。犹太教拉比必须修习一

---

① ［英］梅森：《自然科学史》，周煦良等译，上海译文出版社1984年版，第94页。

门手艺。耶稣是一名木匠，是木匠之子，而保罗则要求贴撒罗尼迦人用手进行工作，一如他亲身示范的那样："他的职业本身是造帐篷。"基督教的这种观念，无疑有利于技术的发展。这是中世纪技术超过古希腊技术的一个很重要的原因。

概括地说，古希腊神话中的命定论，以及由此而形成的一些观念，不利于技术的发展。这就导致了古希腊技术的落后。但古希腊的科学却是很发达的。本来，科学的发达应该带动技术的发展。这个一般规律没有出现在古希腊。这里的根本原因是：古希腊的科学、技术基本上是隔绝的，即二者分别沿着自己的道路前进，很少交叉或基本没有交叉。造成这种局面的深层原因是：手工艺者没有文化，因而没有能力掌握知识分子创造的科学。而知识分子瞧不起手工劳动，他们不愿意、也不屑于把自己的科学成果应用于生产实际。这样，就在科学与技术之间形成了一条鸿沟。由于这条鸿沟，古希腊的科学、技术之间，没有出现良性互动。结果是，古希腊的技术处于相对落后的状态。古希腊的科学虽然很发达，但经过一段时间后也开始衰落。因为它无法从技术那里获得足够的动力。

这表明古希腊科学、技术发展的模式存在着严重的问题。这种问题古希腊人是解决不了。只有在古希腊文化和希伯来文化融合以后、特别是资本主义制度产生以后，才能出现科学、技术的良性互动。马克思曾指出："自然因素的应用——在一定程度上自然因素被引入资本的组成部分——是同科学作为生产过程的独立因素的发展相一致的。生产过程成了科学的应用，而科学反过来成了新的发明或生产方式的新的改进的基础。只有资本主义生产方式才第一次使自然科学为直接的生产过程服务，同时，生产的发展反过来又为从理论上征服自然提供了手段。科学获得的使命是：成为生产财富的手段，成为致富的手段"。[①] "只有在这种生产方式下，才第一次产生了只有用科学方法才能解决的实际问题。只有现在，实验和观察——以及生产过程本身的迫切需要——第一次达到使科学的应用成为可能的那样一种规模。现在，科学，人类理论的进步，得到了利用。资本不创造科学，但是它为了生产过程的需要，利用科学，占有科学"。[②]

[①] 《马克思、恩格斯、列宁、斯大林论科学技术》，人民出版社1979年版，第33页。
[②] 《马克思、恩格斯、列宁、斯大林论科学技术》，人民出版社1979年版，第44—45页。

通过上面的分析，我们基本上弄清了古希腊神话与技术的关系。这种关系是我们过去所忽略的。因为我们过去对技术发展的分析，往往只注意生产需要。例如，马克思和恩格斯曾指出："当马车和火车在交通工具方面已经不能满足日益发展的要求，当大工业所造成的生产集中（其他情况除外）要求新的交通工具来迅速而大量地运输它的全部产品的时候，人们就发明了火车头，从而才能利用铁路来进行远程运输"[①]。但技术的发展除了与生产需要有关外，还与文化有关。事实上，许多技术问题，离开文化是无法解释的。例如，在古代，世界各国生产力发展的程度没有本质的区别，因此生产需要也基本上是相同的。然而在这种情况下，有的国家技术发达，有的国家则技术落后。对这样的问题，只能从文化的角度来分析。文化不是抽象的，在古代它主要体现在神话、宗教、哲学中。因此，分析神话、宗教、哲学与技术的关系，就可以打开技术发展史上的许多"黑洞"，我们所做的就是这样一种尝试，但愿我们能够成功。

（二）中国神话与技术

中国神话不同于古希腊神话。中国神话也承认命运，但它并不屈从于命运，相反它要反抗命运、挣脱命运。这一点在道教中表现得很明显。道教是中国土生土长的宗教，它的目的是成仙。怎样才能成仙，就是要挣脱死亡的命运。死亡对人来说是必然的、对每个人来说也是必然的。必然就是一种命运。道教却要反抗这种命运、挣脱这种命运。为此，道教设定了它的方法和手段，这就是修炼。修炼包括内丹和外丹。通过修炼，道教认为就可以成仙、就可以长生不老。

道教所设定的目的是虚幻的，是根本无法实现的。但道教所包含的观念却有利于技术的发展。因为道教要反抗命运、挣脱命运，必须依赖于一定的方法和手段，这种方法和手段就属于技术。这样，技术就成为焦点，技术就派上了用场。不仅如此，技术还发生了"异化"，即它的"光芒"掩盖了它所要达到的目的，它甚至代替目的成为第一位的东西。

神话对技术的影响是很大的。这里先谈谈道教的情况。道教对技术的

---

① 《马克思、恩格斯、列宁、斯大林论科学技术》，人民出版社1979年版，第15页。

影响表现在三个方面：一是道教推动了中医的发展。中医既是科学也是技术，而且技术占的比例更大。这里的中医主要指其中的技术部分。在道教看来，成仙首先要使人健康。如果一个人连健康都没有，那就会早夭，那怎么成仙。要保持健康，就要防病、治病。防病的方法很多，但最根本的是健身。只要身体健康，疾病就无法入侵。即使入侵，也会很快痊愈。道教的内丹就可以达到健身的目的。内丹后来发展为气功。气功种类繁多，历久不衰，因为它确实有益于健康。直到现在，气功仍在发挥着健身的作用。当然，这里必须把伪气功排除在外，因为它同伪科学一样是骗人的。除了健身外，道教还发展出很多治疗疾病的方法。实际上，很多医生都是道教徒，像葛洪、孙思邈等。这里简单谈谈道教的外丹。外丹就是通过一定的方法获得丹药。丹药确实使很多人丧命，但它却是一种制药的实践。在这种实践中，也制出一些可以治病的药。这样，中国的医药学就发展起来了。可以这样说，道教的外丹对中国的医药学作出了巨大的贡献。这种贡献中最重要的是它在几千年的时间中救治了很多生命。它作为一种"宝库"，还等待着现代人去发掘。

二是道教推动了很多技术发明。这里简单谈谈火药的发明。关于火药的发明，詹姆斯等指出："火药在中国好像是无意之中发现的——说来是个讽刺，发现者竟是寻求长生不老药的炼金术士。在他们调制的许多混合物中，有一种由硝石、硫黄和木炭组成。约在公元850年编写的一部炼丹书告诫人们不要用这种混合物进行实验：'有些则因硫黄、雄黄与硝石同蜂蜜一起烧，生烟起焰，就会烧着手和脸，甚至将他们工作的整个房屋都烧毁'。"[①] 这段话告诉我们：火药是由炼金术士发明的，炼金术士就是炼丹术士，他们属道教。而火药属中国的四大发明，它在中国发挥了巨大的作用。不仅如此，它还传到国外、传到西方，对西方的社会也产生了巨大的作用。

三是道教外丹需要一定的工具和设备。工具和设备本身就是一种技术发明，工具和设备的研制更属于技术发明。据炼丹文献记载，炼丹的工具和设备共有10多种，即丹炉、丹鼎、水海、石榴罐、甘埚子、抽汞器、华池、研磨器、绢筛、马尾罗等。这里简单谈谈蒸馏器。据南宋吴悮

---

① ［英］詹姆斯等：《世界古代发明》，颜可维译，世界知识出版社1999年版，第252页。

《丹房须知》，蒸馏器下部是加热的炉，上部是盛朱砂等药物的密闭容器，旁边通一根管子，使容器里所生的水银蒸汽可以流入放在旁边的冷凝罐里。蒸馏器是一种很重要的技术，它不仅可以用于炼丹，还可以用于日常生活的很多方面。

这就是道教对技术的影响。当然，道教对技术的影响主要还在于它的观念，即它认为可以反抗命运、挣脱命运。这使技术有了合法性。这一点是很重要的。因为合法就意味着有根据、就意味着可以大胆地去搞。这就使一些知识分子也加入技术的队伍。知识分子不同于工匠，他们是讲合法性的。由于知识分子的加入，使中国的技术有了一支高素质的队伍，这极大地推动了技术的发展。就中国的四大发明而言，在它们发明的过程中都或多或少有知识分子的"踪影"。当然，这里的知识分子不是儒学意义上的知识分子，他们仅是有文化的人或有文化的工匠。

在谈论神话对技术的影响时，必须提到儒学。儒学是不涉及鬼神的，至少是敬鬼神而远之。但儒学是讲命运的。例如，孔子在叙述他的为学过程时指出："吾十有五而志于学，三十而立，四十而不惑，五十而知天命，六十而耳顺，七十而从心所欲不逾矩。"[①] 这里提到天命的问题。什么叫天命，孔子指出："天何言哉？四时行焉，百物生焉，天何言哉！"[②] 这里的天命相当于自然规律。当然，孔子的天命并不局限于自然规律，它还涉及历史和人生，是历史和人生中带规律性的东西。在孔子看来，天命是不可抗拒的。他指出："君子有三畏：畏天命、畏大人、畏圣人之言。小人不知天命而不畏也，狎大人，侮圣人之言。"[③]

孔子的畏天命还是留有缝隙的。这首先是小人不畏天命。小人为什么不畏天命，是因为他不知天命。君子应当是知天命的，但君子并不是任何时候都知天命。就拿孔子来说，他50岁才知天命。50岁以前呢，孔子不知天命也不可能畏天命。这样，君子有一段时间也是不畏天命的。当然，小人的不畏天命与君子的不畏天命是有差别的，然而其结果却是一样的。不畏天命也不是完全消极的，这有利于充分发挥人的主观能动性。孔子有

[①] 冯契：《中国古代哲学的逻辑发展》（上册），上海人民出版社1983年版，第93页。
[②] 冯契：《中国古代哲学的逻辑发展》（上册），上海人民出版社1983年版，第94页。
[③] 冯契：《中国古代哲学的逻辑发展》（上册），上海人民出版社1983年版，第95页。

时也强调这种主观能动性,他的前提是不能违抗天命。

孟子在天命问题上继承了孔子的观点,他指出:"莫之为而为者天也,莫之致而至者命也。"① 但孟子又在一定程度上突破于孔子的观点,他指出:"口之于味也,目之于色也,耳之于声也,鼻之于臭也,四肢之于安佚也,性也,有命焉,君子不谓性也"。② "仁之于父子也,义之于君臣也,礼之于宾主也,智之于贤者也,圣人之于天道也,命也,有性焉,君子不谓命也。"③ 在这里,孟子对命和性做了区分,他认为有时谓命、有时谓性。对感官和声色,要谓命;对理性和仁义,则要谓性。这样,命就不是一切,因为有时可以谓性,即性不受命的支配。孟子还进一步指出:"命也,有性焉,君子不谓命也。"这就在命的问题上打开了一条缺口,从而突破了孔子的观点。

荀子比孟子更进一步,他指出:"大天而思之,孰与物畜而制之?从天而颂之,孰与制天命而用之?望时而待之,孰与应时而使之?因物而多之,孰与骋能而化之?思物而物之,孰与理物而勿失之也?愿于物之所以生,孰与有物之所以成?故错人而思天,则失万物之情。"④ 这就是荀子"制天命而用之"的思想。当然,"制天命"不是要违背天命,而是要利用天命来为人类谋福利。荀子指出:"所志于天者,已其见象之可以期者矣。所志于地者,已其见宜之可以息者矣。所志于四时者,已其见数之可以事者矣。所志于阴阳者,已其见和之可以治者矣。"⑤ 这就是说,要种植农作物,要获得好收成,要让人民丰衣足食,就要因时制宜,就要因地制宜,就要遵循阴阳规律。如果违背天命,即违背自然规律,人们就得不到预想的结果,相反会以失败而告终。韩非曾指出:"明君之所以立功成名者四:一曰天时,二曰人心,……非天时,虽十尧不能冬生一穗;逆人心,虽贲、育不能尽人力。"⑥ 这里的"非天时",就是违背自然规律。在这种情况下,即使十个圣人也不能使庄稼在冬天长出穗来。这表明,天命

---

① 冯契:《中国古代哲学的逻辑发展》(上册),上海人民出版社 1983 年版,第 181 页。
② 冯契:《中国古代哲学的逻辑发展》(上册),上海人民出版社 1983 年版,第 181 页。
③ 冯契:《中国古代哲学的逻辑发展》(上册),上海人民出版社 1983 年版,第 181 页。
④ 冯契:《中国古代哲学的逻辑发展》(上册),上海人民出版社 1983 年版,第 269—270 页。
⑤ 冯契:《中国古代哲学的逻辑发展》(上册),上海人民出版社 1983 年版,第 269 页。
⑥ 冯契:《中国古代哲学的逻辑发展》(上册),上海人民出版社 1983 年版,第 328 页。

不能违，即使是圣人，也必须顺天命、遵循天命。只有遵循天命，才能立功成名，才能达到天下大治。

　　从孔子等人的天命观来看，与道教的天命观有很大的差别。因为孔子等人的天命观有一个"由严到松"的过程。孔子的天命观最严，孟子的天命观较松，荀子的天命观更松。在荀子那里，可以"制天命而用之。"这与道教有些类似。但二者的最大差别是，荀子"制天命"的前提是认识天命、按天命来行事。这一点也是韩非所坚持的。道教则是要违抗天命、挣脱天命。例如，人有生老病死，这是天命。道教非要挣脱这种天命，去寻求长生不老。因此，道教是一种虚幻的东西。当然，在虚幻的东西中也结出了一些实实在在的果实。然而这些果实仅是一种副产品，并不是道教有意追求的结果。

　　接下来的问题是孔子等人，说得再概括一点儒学与技术的关系是什么。从整体来说，儒学不利于技术的发展。因为儒学是一种君子文化，君子不器，这是儒学的信条。更进一步说，儒学认为搞技术的是小人。孔子就持这样的观点，他不是把樊迟骂为小人吗！小人在儒学眼中是卑贱的人、甚至是没有道德的人。因此，儒士羞于与小人为伍，这就决定了儒士不会去从事技术工作、至少不会把技术作为自己的职业。这无疑阻碍了技术的发展。

　　尽管儒学对技术的观点阻碍了技术的发展，但它在天命观上留的口子，却使技术有了立足之地。这一点很清楚，如果天命是不能违抗的，天命只能服从，那搞技术就是没有意义的，技术的合法性就成了问题。由于儒学在天命观上的松动，使技术有一定的合法性。这样，尽管搞技术的是小人，但他们干的事情却有一定的根据。再加上技术的实用价值，使搞技术的人有了一定的社会地位。这种地位比君子低，然而在小人中却处于较高的地位。

　　除了天命观外，儒学是讲实用的，儒学后来提出经世致用的口号。当然，儒学的用有大用、小用。大用就是修身、齐家、治国、平天下。儒学特别重视治国、平天下。而要做到这一点，就要当官。怎样当官，通过科举考试，这就需要读书。读什么书，读儒学的书，读四书五经。这就是在中国盛行上千年的读书做官论。当然，儒学所讲的做官，其本心是为国为民，后来由于官场腐败却偏离了这一方向。

儒学重视大用，但小用毕竟也是用。这就是说，小用也在儒学的视野之中。特别是当小用涉及国计民生的时候，儒学也会另眼看待。不仅如此，儒士还会积极地参与其中。例如，明朝的潘季驯，他30岁中进士，先后在江西、河南、山东等地做地方官。他在嘉靖、隆庆、万历三朝中，四次出任总理河道，主持治理黄河、淮河、运河，历时27年。他改变了前专事分流的方法，提出并实行了"束水攻沙"的系列主张和措施。经过他的治理，黄河发生了根本转变，摆动不定的黄河主河道逐渐固定下来，形成了相对稳定行水达300年之久的明清河道。

这表明，儒学与技术的关系是复杂的，即它既有阻碍技术发展的一面，又有推动技术发展的一面。特别需要指出的是：儒学的这两个方面往往交织在一起、难分难解。因此，决不能简单地断定儒学是有利于技术的发展还是不利于技术的发展。当然，不管是哪一个方面，其作用都是很大的。这里的原因在于，儒学是中国文化主流，它的影响远远超过其他学派或学说。例如，道教的影响与它的影响相比，就逊色多了。就是在同一儒学中，孔孟的影响也比荀子大。因此，要阐明中国的技术发展，必须首先弄清楚儒学与技术的关系。

（三）古希腊神话与中国神话对技术作用之比较

古希腊神话中包含着"命定论"，命定论最后演变为逻各斯、自然规律。这成为希腊文化的一种重要观念。这种观点认为，技术是一种无效的劳动，因为它是违背自然规律的。例如，不管任何人都是要死的，这是一种自然规律。医学是违背这种自然规律的，因此医学是无效的，它不能把人从死亡中挽救出来，人最终还是要死亡的。其他技术也一样，它们不能改变自然、不能改变自然规律。它们的命运是被自然规律所"淹没"，这有点像"吴刚砍桂树"。技术不仅是无效的，技术还是一种渎神的活动。正是基于此，古希腊的知识分子是不去搞技术的，他们关注的是科学，他们探求的是自然规律。这就严重地影响了古希腊技术的发展。

当然，古希腊还是有人去搞技术的，这是因为技术是生产之需要、技术是人之需要。但搞技术的是工匠。工匠与奴隶属同一阶层。但在古希腊人看来，工匠远不如奴隶，因为工匠比奴隶有心机。这就需要时刻提防着工匠，以防他们捣乱，以防他们破坏社会秩序。在这种社会的氛围中，工匠是社会的"另类"，他们地位卑贱，他们受到人们的歧视，尤其是受到知识分子的歧视。这制约了工匠的积极性，并使工匠队伍很少有吸引力。

工匠还存在一个问题是：他们没有文化。这样，他们就无法从知识分子那里获得科学的知识。这只是一个方面。另一个方面是：知识分子也不愿意把科学知识传授给他们，知识分子更不愿意在科学知识的指导下去从事技术活动。其结果是，在古希腊，科学与技术是隔绝的，科学与技术之间没有交流。这对技术的发展是很不利的，这后来也影响了科学的发展。

由于上面的原因，古希腊的技术是落后的，古希腊的技术没有发展起来。可以这样说，古希腊的技术既不如古罗马的技术，也不如西方中世纪的技术。中世纪是一个很奇特的时期，它在科学上几乎没有什么建树，但在技术上却有很大的进步。因此，说中世纪黑暗，只是一半黑暗，另一半却是光明的，为什么会出现这种现象，其根本原因是：西方的文化实现了转向，即由古希腊文化转向基督教文化。基督教文化不利于科学的发展，但却有利于技术的发展。正是在基督教文化的推动下，中世纪的技术获得了较大的进步。

古希腊的技术与中国的技术相比，也不如中国的技术。这里的原因在于，中国的神话以及后来的文化更有利于技术的发展。具体地说，道教也讲命运，但它要突破命运、挣脱命运。例如，死是人的命运，道教却要通过修炼达到长生不老，长生不老之人就是神、就是神仙。道教的这种观点有利于技术的发展、推动了技术的发展。这在上面已有所论述。

道教有利于技术发展还表现在另一个方面，即在道教中有很多知识分子，这就是中国古代所说的士。士是有文化的，他们的文化有利于科学的发现，也有利于技术的发明。这一点是古希腊无法比拟的。因为古希腊的知识分子瞧不起工匠，也耻于从事技术活动。中国就不同了，中国的很多道士在从事技术活动，他们比工匠有文化，他们在技术方面的能力和成果都超过了工匠。这是中国技术领先于古希腊技术的重要原因。

道教对中国的影响是深远的，但它毕竟不是主流文化。主流文化是儒学。儒学的"君子不器"不利于技术的发展。但儒学的天命观可不像古希腊的命定论那样严格、那样僵硬。特别是从孟子开始，儒学的天命观开始松动，出现了一条又一条的缝隙。荀子、韩非等，则超越了孔孟，提出遵循自然规律、利用自然规律的问题。这就为技术大开方便之门。不仅如此，还使技术有了一定的合法性。

技术的合法性可不是一件小事，因为它为知识分子进入技术领域、从事技术活动提供了根据。而知识分子不同于工匠，他们有文化、有知识，这使他们的技术活动可以达到更高的水平、可以产出更多的成果。事实上，中国的很多技术成果、特别是国家级的技术成果，都是在知识分子的主持下获得的。在这一点上，中国超越了古希腊。古希腊的知识分子由于受当时观念的束缚，他们很少从事技术活动、也很少获得技术成果。这与他们在科学上的成就形成了明显的对比。

技术的合法性也为工匠从事技术活动提供了根据。这就是说，他们的技术活动得到了文化的认同。这与古希腊不同，因为古希腊文化对技术是不认同的。古希腊文化认为，技术是在对抗自然规律，技术是一种无效的劳动。在这样的文化氛围下，工匠的技术活动是毫无价值的。中国文化对工匠的技术活动也设置了一些障碍，如君子不器，工匠是小人，等等。但与古希腊文化相比，中国文化还是为技术提供了一些通道，这使中国技术的发展远超古希腊。

还有一个问题需要提出的是，在儒学看来，工匠是小人。这是与社会上层阶层相比而言的。就整个社会来看，工匠比一般人的地位高，这是因为他们有技术。另外，工匠的收入待遇也比一般人高。因此工匠比一般人富，少数工匠还能上升到社会的富裕阶层。这就使工匠的职业具有一定的吸引力，这就使很多人愿意加入工匠队伍。这有利于工匠队伍的维持和发展。而工匠队伍是技术的主体，这无疑有利于技术的发展。

这样我们就可以说，与古希腊相比，中国的文化更适宜技术的发展。这种"适宜"不是理论上的，它有力地推动了中国技术的发展。其结果是，中国的技术领先于古希腊，在近代以前，中国的技术也领先于西方。这种领先根源于中国文化。当然，技术一旦发展起来，它还有它自身的规律。文化不能违背这种规律，文化要通过这种规律来发挥作用。概括地讲就是：文化是社会的事，规律则是工匠的事，只有把二者结合起来，技术才能顺利发展。

但是到了近代，中国的技术却落在西方的后面。这里也有文化的原因。具体地说，西方到了中世纪，基督教文化占主导地位。基督教文化不同于古希腊文化。因为基督教文化认为人可以支配自然万物，这是上帝赋予他的职责。基督教还认为工匠的工作是高尚的、体力劳动是高尚的。这就使技术变成合法的，这就肯定了技术的价值。在这种文化的氛围下，技术很快发展起来。因此，中世纪的技术超过了古希腊、也超过了古罗马。就文化本身来说，基督教文化比中国文化更适宜技术的发展。但在中世纪，西方的技术并没有超过中国，相反中国的技术却仍然领先于西方。这是技术本身的原因所造成的。

而在近代就不同了。近代的西方又实现了一次文化的转型。这次转型实质上是古希腊文化与基督教文化的融合。这种新的文化既有利于科学的发展、也有利于技术的发展、特别是有利于把科学与技术结合起来。其结果是，西方产生了近代科学。在近代科学的指导下，西方的技术迅速地发展起来。当然，这种发展还有另一个条件，这就是资本主义产生方式的出现。资本主义生产方式产生了诸多的需要，这种需要也成为技术发展的强大动力。

这样，中国的技术与西方的技术不可同日而语了，中国技术与西方技术的差距也越拉越大。在这种情况下，中国的技术不能再按原来的逻辑发展了；在这种情况下，中国不得不引进西方的技术。引进的结果是：中国原有的一些技术被摧毁了，取而代之的是西方的技术。当然，技术不同于科学，科学已完全西化了，技术中的一些由于其中国的特点、中国人的需要仍被保留下来，但他们的地盘却越来越小。像中医，它既是科学、也属技术，它仍在中国流行，然而它在西医的挤压下日渐衰落。

技术不能完全靠引进，技术必须在引进的基础上进行创新。技术的创新也不同于科学的创新，科学的创新必须是冠军，技术的创新可以是冠军，也可以是亚军、季军。正是由于技术、技术创新的这些特点，中国的技术在20世纪以后，特别是新中国建立以后，有一个较大的发展。新中国在技术上最突出的成就无疑是"两弹一星"。"两弹一星"不是中国的原创，但只要独立地掌握了它，就标志着中国的进步，就推动了中国技术的发展。技术尽管有这种特点，然而原创还是最好的，例如，袁隆平的杂交水稻就属于原创。中国要成为技术强国，必须在原创上下功夫，必须在原创上有大的突破。

下篇　案例研究

　　文化对科学技术的作用,是通过一个一个的科学家来实现的。科学家既是一般文化的承载者,又是科学文化的承载者。科学文化依托一般文化,但科学文化又不同于一般文化,因为科学文化融入了科学的特点。科学文化还有一个特点,这就是它的易变性。在这个方面它也不同于一般文化。最后还要指出的是,科学文化在科学家身上的体现不同。可以这样说,越是大的科学家,越是具有开创性的科学家,他们身上的科学文化也就表现得越深厚、越明显,他们中的某些人就是新的科学文化的创立者。

一 哥白尼日心说与古希腊科学传统

丘成桐指出:"其实西方文艺复兴的一个重要反思就是复古,重新接受希腊文化真与美不可分割的观点。"① 哥白尼是文艺复兴中科学的代表,他具有很强的"复古"倾向,并且在"复古"倾向的推动下,提出了日心说。从这个意义上说,哥白尼不像是一位近代的科学家。但就是这样一位"复古"的科学家,却成了近代科学的"开拓者",特别是把近代科学从神学中解放出来。

(一) 古希腊科学传统

科学传统就是科学的形而上学,它包括:科学的基本信仰、基本理念、基本倾向,科学的方法论原则、一般方法、核心方法,等等。科学传统是各种要素的综合体。当然,在这个综合体中,有基础的部分,也有辅助的部分。科学传统是一种精神的存在,它以精神的形式影响科学家,影响科学家的科学探索。科学传统是无形的,但它无处不在,每时每刻都在发挥着作用。科学传统不像科学那样,它一旦形成就能在较长的时间内发挥作用,而且它还会不断焕发新的生命力。

古希腊科学传统也有它们的基本信仰和方法论原则,概括起来主要包括:求真是最高信仰,求真与求美的不可分割,逻辑居于各种方法之上。这里的逻辑是指演绎逻辑,因为只有通过演绎逻辑,才能得出必然的真理。当然,古希腊科学传统中包含很多不同学派。例如,毕达哥拉斯学派、柏拉图学派,亚里士多德学派,等等。在这些学派之间存在着差异,

---

① 丘成桐:《研学之乐》,《新华文摘》2011年第7期,第138页。

甚至重大的差异。

（二）哥白尼对古希腊科学传统的继承和回归

哥白尼所处的时代是文艺复兴的时代。文艺复兴"是借助并在'复兴古典文化'的旗号下活动的。一些先进的知识分子广泛搜集湮没已久的希腊、罗马著作，进行整理和研究。一时所出现的古典文化'再生、复兴'的局面，被资产阶级称为'文艺复兴'。"① 文艺复兴最早发生于意大利。除了经济和政治的条件外，"还因为古典的文化传统在中世纪里更多地保存在意大利，意大利的一些学者很早就在本土上对古代的手稿、古迹、遗物作过某些研究，意大利各城市长期同拜占庭、阿拉伯的联系，使他们熟悉了更多的古希腊的文稿和艺术古迹。拜占庭灭亡前后，该国许多学者纷纷流亡到开明的意大利的城市，也促进了意大利学者对古典文化了解。"②

哥白尼生于波兰，后来去了意大利，先后在博洛尼亚、帕多瓦和费拉拉三所大学里学习。他的学习持续了十年。在此期间，他知悉并接受了古希腊的科学传统，特别是毕拉哥拉斯的传统。在古希腊科学传统中，"和谐"观念对他影响最大，亚里士多德阐述的三个物理宇宙论原理则推动他创立了日心说。

第一，哥白尼继承了古希腊关于"和谐"的观念。"和谐"作为一种观念，是古希腊科学传统的核心观念。这个观念是由毕达哥拉斯提出的，在毕达哥拉斯看来，数是和谐的。在此基础上，毕达哥拉斯把"和谐"推向音乐、建筑、雕刻。特别须要指出的是，毕达哥拉斯还把"和谐"推向"整个的天"，他认为"整个的天是一个和谐、一个数目。"

哥白尼从毕达哥拉斯那里接受了"和谐"的观念，并把这种观念作为他进行天文学研究的指导原则。他指出："天文学的研究对象是最纯洁、最美好、最有意义的问题。无论是研究宇宙的旋转、天体的运行，还是研究天体的大小、天体相互之间的距离变化，都可以使人得到一种美的

---

① 刘明翰：《世界简史》，山东教育出版社1985年版，第249页。
② 刘明翰：《世界简史》，山东教育出版社1985年版，第249页。

享受。天文学研究的目的，就是为了寻求宇宙是如何遵循数和数的关系和谐地运行的。"①

第二，哥白尼向古希腊三个物理宇宙论原理的回归。古希腊的"和谐"观点，在"天"的领域表现为三个原理。这三个原理是由亚里士多德阐述的，其具体内容是：1. 地球的中心性静止性原理；2. 宇宙的两界性原理，说的是包括地球和它的大气的月下区在物理本性上不同于由宇宙的其余部分组成的月上区；3. 天体运动的圆周性和均匀性原理，说的是天体以均匀的线性速度沿着圆周或圆周组合的轨道运动。②

在上述三个原理中，哥白尼特别坚持第三个原理。他认为，行星运动理所当然地应当是匀速圆周运动。因为速度的改变根据亚里士多德的神圣原则，是由原动力的变化造成的，而天体运动的原动力是上帝，这个引起天体运动的根源又是亘古不变的，所以按匀速圆周运动是毫无疑问的。

根据上面的观念和原理，哥白尼对托勒密的地心说进行了分析、批判。他指出：托勒密像是这样一位艺术家，他要画一幅人像，从不同的模特那里临摹了他们的最美部分——手、头或其他部分，然后不成比例地凑合在一起，组成一幅人体肖像。尽管每一部分都画得极好，都是很美的，可是各个部分很不协调，这样画出来的就不是一幅人体肖像，而是一个怪物。③

哥白尼还批判了托勒密的"等轴点"学说。他指出："由托勒密和其他大多数人广泛提出的关于这个问题的理论，尽管数学上符合（视运动），但似乎同样是相当可疑的，因为这些理论是不适当的，除非它们也设想某种等轴圆周，由于这些等轴圆周，看起来似乎行星无论是在它的传送球中还是相对它本身的中心从不做匀速运动。因此，这类理论似乎既不足够完美也不充分符合理性。"④ "因此，当我注意到这些困难时，我经常想，是否可以找到一个更合理的由圆周组成的模型，每一个表现的规划都可以从这个模型得出，而模型中的每个对象都做均匀运动，正像完美运动

---

① 徐纪敏：《科学美学思想史》，湖南人民出版社1987年版，第213页。
② ［英］麦卡里斯特：《美与科学革命》，李为译，吉林人民出版社2000年版，第204页。
③ 徐纪敏：《科学美学思想史》，湖南人民出版社1987年版，第209页。
④ ［英］麦卡里斯特：《美与科学革命》，李为译，吉林人民出版社2000年版，第206—207页。

原理要求的那样。"①

（三）在古希腊科学传统的推动下哥白尼创立了日心说

根据古希腊科学传统，哥白尼发现了托勒密地心说的问题，怎样解决托勒密地心说的问题，必须有新的思路，必须建立新的天体运行模型。因为托勒密地心说的问题，不是枝节问题，而是全局问题。解决全局问题，就不能"头疼医头、脚疼医脚"。这样的方法不仅解决不了问题，还会带来更多的问题。正是基于这样的认识，哥白尼开始了他在天文学领域的探索。在这种探索中，他又把眼光投向古希腊的"先贤们"。他发现，在古希腊，与托勒密地心说不同的日心说早已出现。例如，毕达哥拉斯派信奉太阳中心说，阿利斯塔克和其他古代天文学家认为地球是运动的。特别是阿利斯塔克，已预见到完整的日心说的大致轮廓。据阿基米德记载，阿利斯塔克认为地球每天在自己的轴上自转，每年沿圆周轨道绕日一周，太阳和恒星都是不动的，而行星以太阳为中心沿圆周运转。

在吸收古希腊已有科学成果的基础上，哥白尼建立了自己的天体运行模型。在这个模型中，哥白尼把太阳放在宇宙的中心。就当时的情况而言，这在天文学领域引发了一场革命，因为它彻底颠覆了托勒密的地心说。以此为前提，哥白尼阐述了他的基本观点：①地球不仅是运动的，而且包含三种不同的运动形式：一种是地球绕地轴由西向东每昼夜自转一周；另一种是绕太阳的周年运动；还有一种是用以解释岁差的地轴本身的回转运动。②月亮绕地球运行，它是地球的卫星。③土星、木星、火星、金星和水星等行星都以不同的速度，在各自的轨道上绕太阳转动。它们绕行一周的时间分别为30年、12年、2年、9个月和80天。

哥白尼认为，他建立的天体运行模型，与古希腊的"和谐"观念更加融合，更加一致。他指出："……经过长久的多次的观察之后，我最后发现，如果除了地球的自转之外把其他行星的运动也考虑在内，并计算出其他行星的公转和地球的公转，我们就不但可以就此推出其他行星的现象，而且还可以把所有的行星、天球以及天本身的次序与大小联系起来，

---

① ［英］麦卡里斯特：《美与科学革命》，李为译，吉林人民出版社2000年版，第207页。

以至在任何一个部分里，改变一件东西，就必然要在其他部分及整个宇宙中造成混乱。"① "……事实上，太阳是坐在宝座上率领着它周围的星体家族……地球由于太阳而复杂，并通过太阳每年怀胎、结果。我们就是在这种布局里发现一种美妙的和谐，和运行轨道与轨道大小之间的一种经常的和谐关系，而这是无法用别的方式发现的。"②

由此可见，哥白尼之所以建立新的天体运行模型——日心说，是为了维护古希腊以来的"和谐"观念。这种"和谐"观念具体体现就是：天体以圆周轨道均匀运动。托勒密的地心说违背了"和谐"的观念，因为他的"等轴点"学说使天体运行的速度变得不均匀了。"不均匀"是一个严重的问题。为了解决这个问题，哥白尼建立了日心说。这表明，促使哥白尼去建立日心说的强大的动因，始终是古希腊的"和谐"观念。

当然，哥白尼在建立日心说的过程中，并没有完全否定托勒密的地心说。可以这样说，托勒密所用的几何方法，哥白尼基本上继承了。例如，在托勒密的地心说中，大量使用了本轮、均轮的概念。这种概念被哥白尼继承下来。但由于宇宙的中心从地球变为太阳，哥白尼所用的圆就少多了。他最初把托勒密的80个左右的圆减为48个，后来又减为34个。这种减少在哥白尼看来更符合"和谐"观念。

（四）哥白尼日心说的命运

哥白尼是从古希腊科学传统出发，提出日心说的。日心说与地心说相对立，而地心说受到宗教的支持。因此，日心说一出现，就遭到宗教的反对。在哥白尼那个时代，宗教是占统治地位的意识形态。这就使日心说步履艰难、厄运不断。具体地说，哥白尼的《天体运行论》被列为禁书，坚持和宣传哥白尼日心说的伽利略和布鲁诺，一个被软禁，一个被活活烧死。

哥白尼日心说与宗教的斗争，我们过去一般定位为真理和谬误的斗争。实际上，这种定位是有问题的。因为就当时的情况而言，哥白尼日心

---

① ［英］丹皮尔：《科学史》，李珩译，商务印书馆1987年版，第172页。
② 徐纪敏：《科学美学思想史》，湖南人民出版社1987年版，第212页。

说并不是一种真理，而是一种教条，这种教条并没有通过观察的检验。因此，哥白尼日心说与宗教的斗争，是一种教条对教条的斗争。这种斗争很难分辨谁是真理、谁是谬误。而且就真理的定义而言，宗教可能更符合真理。这里的根据是：宗教所坚持的地心说，有更多的观察材料，与观察更加符合。当然，宗教之所以反对哥白尼的日心说，并不是为了真理，而是为了信仰、为了利益。

尽管宗教对哥白尼的日心说百般阻挠、残酷镇压，但哥白尼的日心说还是存活下来了。这归功于一批天文学家，归功于这些天文学家对美（和谐）的追求。但仅有美是不够的。美可以支撑科学理论一段时间，有时是较长的时间，然而从最终的角度来看，对科学理论起决定作用的是观察和实验。这源自科学理论的本性。科学理论的本性就是它的真理性。作为真理，最根本的是要符合客观实际。怎样才能判断符合客观实际，通过观察和实验。因此，对科学理论而言，最终起决定作用的是观察和实验。只有通过观察和实验，才能使科学理论成为真正的科学理论。这是唯一的一条道路，舍此没有别的道路。

（五） 哥白尼日心说的最后胜利

哥白尼日心说的最后胜利依赖于观察、依赖于观察的证明。实际上，哥白尼本人也很重视观察。天文观察包括两个方面：一是前人和他人的观察；二是哥白尼自己的观察。为了获得观察材料，哥白尼在所供职教堂城垣的楼上，建立了一个小的观测台，并亲自制作了一些观察仪器，以便进行天文观察。他观察的内容包括日食、月食、火星冲日、木星冲日、土星冲日、黄赤交角等。他还根据他自己获得的 20 多项新的观察事实以及大量复杂的数学计算结果，对他最初提出的日心说做了修正和补充。

但须要指出的是，哥白尼对观察材料的处理是不慎重的。例如，在解释岁差的过程中，他使用了传统的数据。然而他对这种传统的数据始终采取完全不加批判的态度，并且不考虑严重的观察误差、欺骗或原文讹误等可能性。他还根据《天体运行论》中提出的理论编制了星表。这些星表的目的是帮助天文学家较易计算出太阳、地球和行星在任何给定时刻的位置。但由于这些星表所根据的只是最低量的粗略而又往往不可靠的观察，所以它们的精确度很低。

除了"不谨慎"以外，哥白尼在观察事实与"和谐"观念之间，更倾向于"和谐"观念。这就是说，当观察事实与"和谐"观念发生矛盾时，哥白尼的选择肯定是"和谐"观念。在这个问题上，哥白尼明显异于托勒密。托勒密为什么要设定等轴点，为什么要不断增加本轮、均轮？就是为了使地心说符合观察事实。在托勒密看来，与观察事实符合是最重要的。为此，他不惜违背古希腊的"和谐"观念，不惜使他的理论变得复杂。

由于主、客观方面的种种原因，哥白尼不可能建立起日心说的观察基础、不可能使日心说取得最后的胜利。在这个方面作出重大贡献的是三个人：伽利略、开普勒、牛顿。伽利略是哥白尼日心说的坚定支持者，他通过大量的观察证实了日心说。他的观察发现主要包括：木星周围有四颗卫星围绕它转动；像月球一样，金星也有位相；太阳是自转的，土星有光环，等等。

伽利略还对哥白尼日心说的一些问题进行了分析。反对哥白尼日心说的证据之一是：如果地球转动，那么一个垂直上抛的物体不应当落回到原先把它抛出的地方，而是稍微偏西，因为在这物体升降所有的时间里，地球一定以朝东转过一点；然而，事实是这样往上抛的物体通常都回到原来位置。伽利略用惯性定律驳斥了这一证据。他指出：从一座高塔上坠落的一块石头将落在塔的脚下，因为石头本身与塔用同样速度一起向东运动。从一艘静止或者航行的船只的桅杆顶上跌落的一块石头，在这两种情况下都落在桅杆脚下。

开普勒为哥白尼的日心说提供了更坚实的观察基础。这可以从两个方面来说：一是他将行星的轨道由正圆变为椭圆。推动他这样做的原因是：对火星观察出现的误差。椭圆轨道确立后，观察的误差就在允许的范围内了。也就是说，哥白尼日心说与观察吻合了。如果说伽利略的观察是对哥白尼日心说的证实，那只是在类比的意义上。对哥白尼日心说的真正证实者是开普勒。开普勒不仅通过观察，而且也通过观察和理论的相互作用，为哥白尼的日心说构建了一个坚实的基础。二是他还编写了《鲁道尔夫星行表》。这个《星表》除了预测行星位置用的星表和规则之外，还载有第谷的包括1000多个恒星位置的星表以及折射表。天文学家很快发现，这个《星表》中提出的预言与观察到的行星位置充分吻合——甚至包括水星的观察位置，而这颗行星到此时为止一直是不受天文模型约束的。这样，开普勒就为哥白尼的日心说提供了一个更为坚实的基础。

牛顿则走完了最关键的一步。牛顿综合了伽利略地上的力学和开普勒天上的力学，建立了经典力学体系。牛顿的工作，为哥白尼的日心说奠定了力学基础。这一点很重要。因为托勒密地心说的力学基础是亚里士多德力学。哥白尼日心说建立后，还缺乏自己的力学基础。因此，哥白尼日心说遭到许多学者的质疑。这些质疑可能动机不纯，但它们确实是存在的。哥白尼日心说要想站稳脚跟、使学界接受，必须消解所有的质疑。这是一个很长的过程。到了牛顿的时候，哥白尼日心说的力学基础才建立起来。有了这个基础，过去的所有质疑都烟消云散了。

牛顿在建立经典力学的过程中，还创立了微积分。微积分是数学新的发展，也可以说是数学新的飞跃。牛顿利用微积分来建立他的理论，利用微积分来解决实际问题，取得了很大的成功。这种成功表现在：可以精确地解释很多现象。例如，根据牛顿的引力理论，不仅行星与太阳之间由于万有引力的作用使行星按椭圆轨道运动，而且在行星之间也有万有引力使行星要偏离其椭圆轨道，只是因为太阳质量比其他行星的质量都要大得多，行星间引力所导致的不规则偏离是很小的，这种微小的不规则偏离称为行星的摄动。[①] 这种解释显然比开普勒的解释要精确多了，也深刻多了。

牛顿的成功还表现在：根据牛顿力学所作的一些预测先后被证实。例如，在1843—1845年间，英国数学家亚当斯和法国天文学家勒维勒，分别运用万有引力定律对天文学的摄动现象进行复杂的数学运算，他们发现，只用当时已知的其他行星对天王星的吸引不足以解释天王星运行轨道的偏离，必然还要有其他未知行星吸引力才能解释，并对这颗未知行星的质量和它与天王星之间的距离进行了推算。亚当斯在1845年把他的计算结果告知格林尼治天文台并请求搜索这颗行星，因为他是"小人物"未被采纳。勒维烈在1846年把他的计算结果写信告知柏林天文台的加勒，加勒在勒维列用笔算出的位置上（仅差52°）看到了这颗新星——海

[①] 陈昌曙等：《自然科学发展简史》，辽宁科学技术出版社1984年版，第112页。

王星。

上述成功是对哥白尼日心说的最有力的证明。通过这种证明,哥白尼日心说从假说变成了科学理论。最重要的是,哥白尼日心说在与宗教的斗争中取得了最后的胜利。胜利来之不易,因为宗教的势力太大了,哥白尼日心说代表的科学则显得太弱了。然而哥白尼日心说由于其不断证明的真理性,最后还是战胜了宗教。当然,这里的"战胜"不是对宗教的否定,而是对宗教的限制。所谓"限制"实际上就是划界,即宗教只能在价值领域活动,而不能超越价值领域进入事实领域。事实领域是科学研究的对象,在事实领域,科学是主宰,科学是圭臬。从这个意义上说,哥白尼日心说的胜利,还开辟了科学与宗教关系的新时代。正是这个"新时代"使科学与宗教的冲突减少了,这对科学和宗教都是有利的,对整个社会的发展也是有利的。

(六) 结语

哥白尼的事例告诉我们,在科学理论创立的过程中,科学家可以撇开观察,甚至背离观察。这时的科学家固守某一信念,并在这一信念的指导下开展科学工作。例如,哥白尼就是在"和谐"信念的指导下,开始日心说的创立工作的。哥白尼取得了很大的成功。这种成功在科学史上不乏其例。这表明,就科学理论的创立而言,可以有多种信念,有时偏见也是有益的。一句话,这时应该是多元而不是一元。为什么是多元,因为科学面对的是未知世界,要打开未知世界的大门,多种思路比一种思路好,多种方法比一种方法好。这就是坚持多元的根据。从科学史的角度来看,坚持多元更有利于科学的产出、更有利于科学的发展。

然而科学理论一旦建立,它要被人们接受,它要成为科学的组成部分,就非有观察(实验)不可,就必须通过观察(实验)的检验。否则科学理论就会被否定、被抛弃。哥白尼的日心说是这样,其他科学理论也是这样。在这个方面只有一条道,这相对多元可以说是一元。当然,用观察(实验)检验科学的理论是一个复杂的过程。在这个过程中,有时也不能完全以观察(实验)为圭臬。因为观察(实验)也可能出现问题。但从最终的意义上说,还得依赖观察(实验)。这是一条规律,这条规律是任何人都不能违背的。

为了进一步说明上述的问题,我们在这里引用麦卡里斯特的一段话:"我给出的科学革命模型预言,一个革命理论的接受过程可以分为三个阶段:在第一个阶段,该理论遭到反对,因为它的新的审美性质与共同体的规范的冲突;在第二阶段,尽管有反对,但该理论表现出比竞争对手更大的经验成功;在第三阶段,该新理论积累的经验成功明确充分,使得共同体更大部分成员——包括先前以审美理由反对新理论的成员——开始接纳该新理论。到这个时候该共同体的成员就不再强调原已确立的审美偏好,因此这些审美偏好就不再妨碍接受该新理论。"[1]

麦卡里斯特的总结是符合实际的。他的总结概括起来就是:在科学理论产生的过程中,允许各种理念、各种偏好存在。这些理念和偏好属形而上学。但正是这种形而上学催生了科学理论,因此在某种意义上可以说它是"催生婆"。然而科学理论一旦产出,它就必须接受观察(实验)的检验。这是一道"关口",过了这道"关口",科学理论才能成为真正的科学理论。

---

[1] [英]麦卡里斯特:《美与科学革命》,李为译,吉林人民出版社2000年版,第219—220页。

二 伽利略与近代科学传统

科学传统不同于科学理论，科学传统实际上就是科学中的形而上学。作为形而上学，其内容包括：科学信仰、科学信念、科学方法论，对科学方法的侧重。正因为是形而上学，就不能用经验来检验，也不能用逻辑来论证。

任一科学家都在某一科学传统之中，当然科学传统可以继承，也可以创造。科学传统具有一些共同的特点，但科学传统与科学家个人联系起来的时候，就把科学家个人的很多特点也包含在内。例如：爱因斯坦曾指出："相信世界在本质上是有秩序的和可认识这一信念，是一切科学工作的基础。这种信念是建筑在宗教感情上的。我的宗教感情就是对我们的软弱的理性所能达到的不大一部分实在中占优势的那种秩序怀着尊敬的赞赏心情。"① 这就是爱因斯坦的科学信仰或信念，这种科学信仰或信念打上了爱因斯坦个人的烙印。

伽利略是近代科学创立者之一，在他身上存在着科学传统的交叉现象，即在他身上既有古希腊的科学传统，也有近代的科学传统。当然这两种传统在伽利略涉及的不同科学领域其表现是不同的，在伽利略的不同时期也是不同的。

（一）在天文学领域中科学传统的表现

伽利略在天文学上拥护哥白尼的日心说。哥白尼的日心说根源于古希腊的科学传统。具体地说，根源于古希腊的"和谐"观念。伽利略

---

① 《爱因斯坦文集》第一卷，许良英等编译，商务印书馆1977年版，第184页。

对这些"和谐"观念当然是有修正的，但却始终没有放弃其中的一个观念——天体按匀速圆周运动。他认为，物体只要不受外力影响，沿圆周的匀速运动将是一切物体的天然运动，这样的天然运动既属于地面物体，也属于天上的星体，而且在他看来行星的轨道既然是正圆的，那么关于天体的运动就不存在着什么问题；这些运动，正如哥白尼以前认为的那样，是完全自然的。①

这表明，伽利略在"匀速圆周"问题上与哥白尼一样，仍固守着古希腊的科学传统。特别是开普勒在观察事实的压力下已从正圆轨道走到椭圆轨道的时候，伽利略仍不愿放弃他的信念。这样，伽利略就带着他的信念一直到死。这正好证明了爱因斯坦的观点，具有伟大创造力的人，他的接受力也许倒是比较差的。但不管怎么说，这是一种悲剧。造成这种悲剧的原因，除了伽利略的形而上学观点外，还与宗教对伽利略的迫害有关。

尽管在"匀速圆周"问题上伽利略沉溺于古希腊的科学传统之中，但伽利略毕竟不同于哥白尼，因为哥白尼一直停留在古希腊的科学传统之中，而伽利略在其他方面则对古希腊的科学传统有所突破。因此，伽利略是一个复杂的人，我们不能只从一个方面看他，我们看他的方式应该是立体的、全方位的。

伽利略对古希腊科学传统的突破缘于望远镜。望远镜最早不是伽利略制造的，但伽利略却制造了一架质量较高的望远镜。利用望远镜，伽利略发现木星有4个卫星，金星有盈亏现象，从而在某种程度上证实了哥白尼的日心说。这是伽利略支持哥白尼日心说的根据，也是引来宗教迫害的缘由。

但望远镜的作用远不止于此。通过望远镜，伽利略也发现了月亮斑点和太阳黑子。关于月亮斑点，伽利略指出："月亮的表面（以及其他天体）不像许多哲学家所相信的那样，是平坦的、一律相同的、是准确的球形，而是不平坦的、粗糙的、充满了凹坑和突丘，与具有高山和深谷的地球表面并没有两样。"② 伽利略还记述了他发现太阳黑子的过程："当我仔细观察太阳的边缘时，一个黑子不期然地出现了。起初我以为它是一朵

---

① ［英］梅森：《自然科学史》，周煦良等译，上海译文出版社1984年版，第151页。
② 徐纪敏：《科学美学思想史》，湖南人民出版社1987年版，第234页。

过眼的云。然而,第二天早晨当我再观察时,又看见了这个黑子,虽然它的位置好像稍微移动了一点。接着一连三天都是阴沉天体。当天气转晴时,这黑子已从东移动到了西,而一些比它小的黑子占据了它原先的位置。后来这大黑点逐渐朝对侧边缘移动,最后消失在那里。从小黑子的运动可以知道,它们亦复如此。一个朦胧的希望敦促我期望它们回来。事实上,那大黑子在10天以后果然又在东侧边缘重新出现。"[1]

月亮斑点和太阳黑子的发现,使伽利略突破了古希腊的科学传统。因为按照古希腊的科学传统,天体是由"精英"组成的,这就决定了天体是完善的或完满的。不仅如此,天体还是不朽和永恒的。当然,月亮由于离地球近,因而有一些不完善,太阳则绝对是完善的。因此,太阳黑子的发现,是对古希腊科学传统的沉重打击。这种打击在于:它否定了天体的完善性或完满性。这就是说,天体与地上的物体一样,也是有瑕疵或缺陷的。

伽利略还从另一方面否定了古希腊科学传统。这就是:他把天体与地上的物体统一起来。在古希腊科学传统那里,这种统一是不存在的,即天体和地上的物体是割裂的。伽利略认为,圆周运动并非只有天体才有,地球本身就在做匀速圆周运动。天体上也有大小、轻重、疏密等对立的东西。太阳、月亮是天体,我们的地球也是天体。我们的地球和月亮有很多相同的东西,地球上有很多山谷,月亮上也有很多山谷。他还认为,天体也是变化的。亚里士多德之所以没有看到这种变化,是因为他没有望远镜。这样,天体、地球、地上的物体就统一起来了。

伽利略能突破古希腊的科学传统,有三个原因:一是他制造了望远镜,并用望远镜去观察天体。在这里,望远镜起到了一种基础性的作用。如果没有望远镜,他就不能有一系列的天文发现,并在这些发现的基础上突破古希腊传统。二是他的知识储备和倾向。他是一位科学家,他有大量的知识储备。这些知识使他对观察的结果能够进行辨认和确定。在这个过程中,他还有一种倾向,即他倾向于哥白尼日心说。这种倾向也影响到他的观察,使他对他的观察作出了新的解释。三是他的信念以及他对信念的

---

[1] [英]沃尔夫:《十六、十七世纪科学、技术和哲学史》,周昌忠等译,商务印书馆1985年版,第37页。

坚持。他的信念简单地说就是：实事求是。这种信念使他不唯传统、只唯事实。在传统和事实之间，他宁愿放弃传统、坚持事实。他的这种信念是坚定的，当他在宗教法庭被迫忏悔以后，他仍喃喃自语道："可是，地球是在运动。"这表明实事求是的信念，已成为他的灵魂，已融入他的思想，已通过他的血液流遍他的全身。

除了上面三个原因外，还得提另一个原因：伽利略的勇气。伽利略突破的是古希腊科学传统，而这种科学传统已被宗教所吸收，变成了宗教的一部分。在伽利略生活的时代，宗教在整个社会中仍占据着统治地位，仍是一种最强大的力量。伽利略敢于向宗教挑战，敢于提出不同于宗教的问题，这需要多大的勇气！这是我们现代的人很难体会到的。因为他不仅要抵抗外来的压力，而且还要受到内心的煎熬和折磨。后一种痛苦是最大的痛苦，这种痛苦涉及信仰、信念，其对立方面是整个社会。尤其令人不能忍受的是，这也包括与所有亲人和朋友的诀别。

伽利略的勇气确实是够大的。由此也引来了一片反对声。当然，宗教并没有止于反对，宗教还对伽利略进行了残酷的迫害。这里只简单谈谈在太阳黑子问题上宗教对伽利略的反驳。意大利比萨城的神父们宣称伽利略的意见是完全错误的，伽利略所制造的望远镜是"魔鬼的发明"。他们坚持圣经中的观点：太阳是绝对不会有缺点的。如果说太阳有黑子，那么这也只是环绕太阳的一些云。同时，神父们还不排除是："魔鬼的发明"在捣鬼，因为可能是望远镜本身歪曲了太阳的形象。

当然，在天文学领域，伽利略在科学传统上并不是纯正的，他还受到古希腊科学传统的纠缠。例如，他在行星运行的轨道上，仍坚持"匀速圆周"的观点。但古希腊科学传统也给他以一种积极的作用，这主要表现在：他很快接受了哥白尼的日心说，并为这种学说的论证和发展奋斗了一生。然而这种"纠缠"只是很少的一部分，伽利略的主要贡献是他对古希腊科学传统的突破。这种突破的最重要的表现是：他把天体、地球、地上的物体统一起来。这种统一的意义是巨大的，它使天上物体和地上物体不再割裂，它为牛顿力学的产生奠定了哲学的基础。这一点很清楚，牛顿力学是天上力学和地上力学的统一；没有天上物体和地上物体的统一，怎么能有天上力学和地上力学的统一呢！牛顿有一句名言："如果我比别人看得远些，那是因为我站在巨人的肩上。"这里的"巨人肩上"，不仅包括巨人的科学成果，也应包括巨人的哲学观点。在哲学观点上，伽利略要比牛顿更胜一筹。与开普勒相比，伽利略的贡献也要更大一些。因为开普勒对古希腊科学传统的突破仅限于一点，伽利略的突破则是根本的、全方位的。

（二）在力学领域对科学传统的创新

如果说伽利略在天文学领域对古希腊科学传统还"留有余地"，那么在力学领域中就不同了。在力学领域，伽利略彻底颠覆了古希腊传统。当然，这种"颠覆"的出发点是古希腊科学传统。从这个意义上说，古希腊科学传统，在伽利略力学形成的过程中"功不可没"。这里所谓"功"就是：古希腊科学传统中所包含的力学知识，为伽利略的研究提供了背景材料。这种背景材料很重要，因为它可以起到聚焦和导向作用。可以这样说，没有古希腊科学传统就没有伽利略力学，尽管伽利略力学是对古希腊科学传统的颠覆。

伽利略对古希腊科学传统的颠覆是通过两种方法进行的。一是逻辑方法。逻辑方法是古希腊推崇的，而且在古希腊发展到一个很完善的程度。这就是亚里士多德的逻辑学。伽利略使用的逻辑方法，源自亚里士多德。但他用亚里士多德的方法，推翻了亚里士多德在科学上的结论。其具体过程是这样的，亚里士多德曾认为"物体越重，落得越快。"伽利略从逻辑上反驳了这个结论。他指出：假定一个重物和轻物从同一高度下落的时间分别为 t_1 和 t_2，根据亚里士多德的结论，必有 $t_1 < t_2$。如果把重物和轻物捆在一起在同一高度下落，那么它下落的时间 t 究竟应比 t_1 大呢还是小呢？可以有两种答案：1. 重物、轻物捆在一起，重物可带动轻物落得快一些，同时轻物又连累重物使其落得慢一些，所以合成速度必然是二者单独落下的中间数，时间也就在二者之间，即 $t_1 < t < t_2$。2. 因为捆在一起的重物轻物说明总的重量既大于单个重物，又大于单个轻物，所以它落得更快，比单独的重、轻物落得都快，时间也最短，即 $t < t_1$。[①] 这两种答案都是从亚里士多德的结论中推导出来的，但它们却是矛盾的。这表明，亚

---

① 高之栋：《自然科学史讲话》，陕西科学技术出版社1986年版，第138页。

里士多德的结论是错误的。这就推翻了亚里士多德的结论。当然，这还须要进行实验。因为只有通过实验，才能在推翻旧的结论的基础上建立新的结论。从这个意义上说，逻辑方法只是一种"前奏"，真正解决问题的还是实验。

二是实验方法。培根是实验方法的提倡者，但真正使用实验方法、并在科学上获得突破的伽利略。伽利略所做的实验中最有名的是"斜面实验"。通过斜面实验，伽利略得出了惯性原理。这否定了亚里士多德的观点。因为根据亚里士多德的观点："推一个物体的力不再推它时，原来物体便归于静止。"在这里，亚里士多德把力与物体的运动联系起来，即有力才有物体的运动，否则物体就是静止的。伽利略的惯性原理否定了这种观点。根据惯性原理，物体的运动并不需要力来维持。这就是说，力不是物体运动的原因。这样，亚里士多德的错误就被纠正了。伽利略之所以能够做到这一点，就是因为他不受日常经验束缚，并以科学实验作为自己的根据。当然，在这个过程中，他也发挥了想象的作用、推理的作用。

伽利略在力学上的创新和突破，否定于古希腊、主要是亚里士多德的力学观点。这对力学本身的发展来说意义重大。可以这样说，没有伽利略的力学，就没有牛顿力学，也就没有近代科学的发展。但伽利略在科学传统上，与古希腊有着千丝万缕的联系。例如，逻辑方法就是伽利略从古希腊继承下来的，在逻辑方法上，伽利略没有创新。至于实验方法，古希腊也有。如亚里士多德和阿基米德就做过一些实验。

但这里须要指出的是：伽利略在实验方法上有很多创新和突破。这集中地表现在：一是他的实验是可控实验。可控实验的特点是可以重复。由于可以重复，就排除了很多偶然因素，并可获得相对准确的数字，这为探索自然规律提供了可靠的基础。二是他的实验包括"理想实验"。理想实验的最大特点在于它的想象性，即它要依靠人的想象力、在人的想象中完成实验。这里的想象不是胡思乱想，而是建立在科学的基础之上。具体地说，它是在已有实验基础上的一种类推。这种类推必须与已有的实验结果吻合，而且"类推"不能违背思维规律。但它又必须大胆，"大胆"就意味着不受传统思维和常识的约束。理想实验是伽利略的一种创造。这种创造对他的科学研究起了很大的作用，对他以后的科学家的科学研究也起了很大的作用。例如，爱因斯坦在他的科学研究中，就充分发挥了理想实验的作用。当然，理想实验的要素在伽利略以前就已经有了，他的功劳是把这些要素结合起来，并应用到科学研究中。三是他把数学和实验结合起来。数学在古希腊已得到很大的发展，这其中最大的成就是欧几里得几何。到了近代，有笛卡儿的解析几何，更有牛顿的微积分。伽利略在数学上没有什么创新，他所使用的数学仍然是古希腊的数学。但他的贡献是把数学与实验结合起来，创立了数学—实验方法。梅青曾就这方面的情况指出："科学的数学—实验方法在伽利略手中达到成熟的阶段。他把几何学用来研究其他可测量的性质，即时间，运动和物质数量，俾能发现它们之间的关系，并推算这些关系的结果"。[①]

（三）从古希腊科学传统走向近代科学传统

伽利略虽纠缠于古希腊科学传统，但却是近代科学传统的创立者。在这一点上，伽利略超过了哥白尼和开普勒，也超过了牛顿。牛顿尽管在科学成果上远远超过了伽利略，然而在科学传统上，他所坚持的是伽利略确立的基本原则，他所使用的是伽利略开创的新的方法。概括地说就是：他所走道路仍然是伽利略的道路。这是伽利略对科学的独特贡献，这也是伽利略在科学史留下的辉煌业绩。

当然，近代科学传统的创立者并不仅伽利略一人，这里至少还可以提出两人：培根和笛卡儿。这里简单谈谈培根的观点。培根的观点概括起来主要包括：一是重视实验及其方法。培根指出：为了获得支配自然的力量，科学须要"发现一种性质的形式"，并"在一个物体上产生和加上一种或几种新的性质。"实验是发现和支配事物的形式的唯一途径；只有实验才可以使得那些有利于人类的性质重复出现，可以把不利于人类的性质与事物相分离，并利用简单形式得出人所需要的新的物体。[②] 培根对实验及其方法的强调，开启了近代的科学传统，推动了近代科学的发展。马克思和恩格斯曾就此指出："英国唯物主义和整个现代实验科学的真正始祖是培根。在他眼中，自然科学是真正的科学，而以感性经验为基础的物理

[①] ［英］梅森：《自然科学史》，周煦良等译，上海译文出版社1984年版，第146页。
[②] 赵敦华：《西方哲学简史》，北京大学出版社2014年版，第204页。

学则是自然科学的最重要的部分。……按照他的学说,感觉是完全可靠的,是一切知识的泉源。科学是实验的科学,科学就在于用理性方法去整理感性材料。"① 二是提倡归纳并创立了归纳的方法。培根认为,实验方法的程序就是归纳。通过归纳,才能找到真理,才能推导出一般结论。这个过程可分为以下几步:①收集材料,收集的材料要充足、完全。②整理材料,这时要用到三表法。即所有正面例证构成的具有表;所有反面例证构成的缺乏表;不同程度例证构成的程度表。③根据上述例证,推导出一般结论。④运用反面的例证来修正,乃至推翻已有的结论。三是特别强调科学的实际应用,特别强调科学为人类服务的性质。培根指出:学究们的旧"科学"不结果实,它没有减轻生活的重担,因为它使技艺与自然相分离,把形式置于人类能力所及范围之外。这种停留于言词而不产生功效的自然哲学,如同没有功效的信念一样是没有生命力的。培根认为:科学应被导向有利于人类,"科学的真正的,合法的目标说来不外是这样:把新的发展和新的力量惠赠给人类生活"。因为"我若能说万人方言,并天使的话语,却没有爱心,我就成了鸣的锣,响的钹"。②

　　培根的观点确实开创了一个新的科学传统,这就是近代科学传统。这种科学传统异于古希腊科学传统。例如,培根重视实验,这在古希腊虽已有之,但二者是不可比拟的;培根突出归纳,而古希腊却突出演绎,二者是针锋相对的;培根强调科学的实际应用,古希腊却漠然置之,二者更是水火难容。关于后一点,克莱因曾指出:"……至于数的实际应用,我们以前说过,那个时期的知识分子只限于搞哲学和科学工作,不去搞商业和贸易;有教养的人不关心实际问题,他们可以在几何学里考察所有的矩形而不去关心哪怕是一个矩形的实际大小。"③ 这样我们就可以说,培根开创了一种异于古希腊科学传统的科学传统。这里的"异"很重要,否则,培根就不会成为近代科学传统的奠基人之一。

　　伽利略也是近代科学传统的奠基者之一,他与培根有什么区别呢?我们说,在重视实验、强调实验方面,二者是一致的。但伽利略是科学家,

---

① 《马克思恩格斯列宁斯大林论科学技术史》,人民出版社1979年版,第159—160页。
② 毛建儒:《论科学技术发展的社会因素》,山西人民出版社2004年版,第110页。
③ [美]克莱因:《古今数学思想》第一册,张理京等译,上海科学技术出版社1979年版,第57页。

他本人就亲自从事着实验的工作。因此，他不是对实验泛泛而谈，他深知实验的本性，他也清楚如何去做实验。概括地讲就是：实验必须是可控的，也是能够重复的。可控和重复，这是实验的本性，尤其是科学实验的本性。这些他都做到了。从这个角度说，他是科学实验的真正奠基者，也是科学实验的真正开拓者。他做的实验虽然是简单的，却对以后的科学家起了一种引领的作用。

因此，在实验问题上，培根只是知，而且也是粗知。伽利略就不同了，他既有知、又有行，是知行结合。不仅如此，伽利略的最大贡献还在于他把数学和实验结合起来，创立了数学—实验方法。实验是很重要的，通过实验只能获得感性认识。感性认识是科学的基础，但感性认识还不是科学。如何从感性认识上升到理性认识，培根认为是通过归纳。归纳在这个过程中确实起着一定的作用，然而仅有归纳是不够的，还须要有其他的方法，例如直觉和想象。关于想象，爱因斯坦曾指出："想象力比知识更重要，因为知识是有限的，而想象力概括着世界上的一切，推动着进步、并且是知识进化的源泉。"[①] 这表明，想象的作用是重大的。伽利略已认识到想象的作用，并且还在实践中付诸实施。实际上，他的一些原理，是在实验的基础上通过想象获得的。

不管归纳也罢，想象也罢，所得到的东西都是定性的东西。严格地说，定性的东西还不是科学，只有从定性走向定量，才是真正的科学。培根没有走完这一步，因为他不是科学家。除此而外，培根对数学的作用估计不足且采取不信任的态度，这使他无法走完这一步。伽利略则不同，他把数学和实验结合起来，用数学表述从实验中获得的定理或定律。这样，科学就从定性走向定量，从而使科学成为真正的科学。

伽利略的数学—实验方法具有普遍的意义，是近代科学传统的核心部分。近代科学的发展、特别是近代力学的发展，所遵循的、所依赖的就是数学—实验方法。而近代力学、是近代科学的带头学科，这就使数学—实验方法成为科学必须掌握的方法，同时也是必须付诸实践的方法。科学家依赖这一方法"披荆斩棘"，取得了一个又一个的成果。在这些科学家中，当数牛顿获得的成果最大，他之所以能够把地上的力学

---

① 《爱因斯坦文集》第一卷，许良英等编译，商务印书馆1977年版，第284页。

和天上的力学统一起来，他之所以能够建立经典力学的大厦，就是因为他有深厚的数学功底，就是因为他把数学与实验结合在一起。这不仅限于近代，到了现代也一样，数学—实验方法仍是科学家建功立业的"锐利武器"。

这样我们就清楚了：培根和伽利略都是近代科学传统的开创者。但培根的科学传统比较粗糙，且没有深入到科学之中。伽利略的科学传统就不同了，它与科学有机地结合在一起，并在与科学的互动中推动了科学的发展。这里须特别提到数学—实验方法，它影响巨大、影响深远。《科学技术史讲义》一书中曾指出："伽利略的研究方法直接促进了近代自然科学的发展。他把力学与数学方法相结合，寻求数学公式表达运动的规律，使力学研究从猜测物体运动的原因上升为研究并证明运动的若干性质，为力学及其他科学开拓了研究的新天地。他的方法被近代物理大师所继承，创立了经典力学，推动了科学的发展。"[①]

[①] 《科学技术史讲义》，清华大学自然辩证法教研组编，清华大学出版社1982年版，第83页。

三　科学传统在开普勒科学发现中的作用

开普勒是一个矛盾的人物：一方面他是一个天文学的研究者；另一方面他又从事占星术的工作。他曾指出："如果女儿'占星术'不挣来两份面包，那么'天文学'母亲就会饿死。"这里讲的是他从事占星术工作的原因——解决生存、生活的问题。但实际上这只是部分原因。另一部分原因是：他对占星术的兴趣，甚至痴迷。在这种痴迷中，也包含着他对占星术的信任。这种信任的基础是：他认为占星术有一定的科学基础。

开普勒在科学上的贡献是：他发现行星运动三定律。开普勒之所以能够发现行星运动三定律，与他继承了第谷的观察材料有关，与他本人的长期观察有关，与他的科学直觉和抽象能力有关，与他的持之以恒、百折不挠的精神有关，也与他在科学传统上的态度有关。下面主要谈谈科学传统的作用。

什么是科学传统？劳丹曾研究过这个问题，他称之为研究传统。他认为，每门智力学科，不管是科学还是非科学，都有一部充满了"研究传统"的历史，如哲学上的经验论和唯理论，心理学中的行为主义和弗洛伊德主义，伦理学中的功利主义和直观主义，神学中的唯意志论和必然论，经济学中的机械论和活力论，等等。他指出，研究传统包括两方面内容：①一组关于某个研究领域的实体或过程的信念。②一组认识论和方法论的准则，即关于怎样对这些领域进行研究，怎样检验理论，怎样收集资料等等的准则。[1]

我们所说的科学传统，与劳丹所说的研究传统基本上是一致的，但有几点是须要强调的：①我们所说的科学传统不同于科学，因为它包含着非

---

[1]　林超然主编：《现代科学哲学教程》，浙江大学出版社1988年版，第253页。

科学的成分。②科学传统更多地表现为一种形而上学，即一种世界观和信念，它无法用经验证明，也无法从逻辑中推出。③科学传统中的方法不是一种具体的方法，而是一种哲学方法。④科学传统与科学理论是结合在一起的。具体地说，科学传统是科学理论的基础，科学理论是科学传统的产物。⑤科学传统与科学理论不同，它不会被推翻。当然，科学传统的内容会不断更新、会不断丰富，但科学传统的基本观念却始终如一、不会有任何改变。⑥科学传统不是一个而是多个。科学传统可以并存，而且在它们之间既有竞争、又有融合。⑦科学传统不是万能的，它们只在它们适用的领域有效。⑧科学传统有时也会失效，但这只是不适当应用的结果。⑨科学传统在沉寂一段时间后，可以再次复兴，并取得意想不到的成就。⑩科学传统可分为主导传统与非主导传统。但这种区分不是绝对的，而且还会不断地转化。

（一）开普勒继承了古希腊传统

开普勒的科学发现与科学传统有什么关系呢？我们说开普勒最初所坚持的科学传统是古希腊的科学传统。古希腊的科学传统不是单一的，而是有多种表现。例如，毕达哥拉斯传统、柏拉图传统、亚里士多德传统，等等。对开普勒影响最大的是毕达哥拉斯——柏拉图传统。

开普勒继承了毕达哥拉斯和柏拉图的和谐思想。他指出："对外部世界进行研究的主要目的在于发现上帝赋予它的合理次序与和谐，而这些是上帝以数学语言透露给我们的。"①"我们企图去证明（上帝）创造宇宙并且强调宇宙的次序时，看到了毕达哥拉斯和柏拉图时代起就为人们熟知的五种正多面体，他（上帝）按照这些形体安排了天体数目，它们的比例和它们运动之间的关系。"②

开普勒的论述包括如下意思：一是外部世界是和谐的；二是外部世界的和谐是上帝赋予的；三是对外部世界的研究是为了发现外部世界的和谐；四是发现外部世界和谐的途径在几何、在几何图形；五是几何图形就

---

① 徐纪敏：《科学美学思想史》，湖南人民出版社1987年版，第228页。
② 徐纪敏：《科学美学思想史》，湖南人民出版社1987年版，第222页。

是五种正多面体；六是按照五种正多面体，就可以弄清天体运动之间的关系。

　　毕达哥拉斯和柏拉图的和谐思想，在开普勒的科学研究中起了重要的作用。甚至可以说起了基础性的作用。这种作用体现在两个方面：一是为开普勒的科学研究提供了动力。开普勒为什么要进行科学研究，因为他接受了毕达哥拉斯和柏拉图的思想，认为宇宙是和谐的。和谐就是逻各斯，就是规律。由此必然得出结论：宇宙是规律的。既然宇宙是有规律的，行星运行也是有规律的，而他研究的就是行星运动的规律。这就为他的研究提供了依据，也为他的研究提供了动力。正是这样动力，使他长期沉溺于对行星运动规律的探讨中，并获得了丰硕的成果。二是为开普勒的科学研究提供了方法。这就是数学的方法。数学方法在古希腊有一个演变过程。这个演变过程从毕达哥拉斯开始。在毕达哥拉斯看来，万物皆数，数是万物的本质。既然数是万物的本原，探讨万物所遵循的规律也只能从数入手。但毕达哥拉斯所说的数是可公度的。按照这个要求，数只包括自然数和分数。后来从毕达哥拉斯定理中推出了无理数，这就引发了第一次数学危机。为了摆脱危机，柏拉图提出了数学几何化的纲领。这个纲领的实质就是：把数学的基础从数转移到几何。柏拉图指出："上帝在创世时是完全按照科学美学的原则去做的，有两种原始的优美的几何图形可以作为创世的原是物质，一种是等边三角形，一种是等腰三角形。"① 这样，柏拉图就通过上帝、通过两种具体的几何图形，将数学的基础建立在几何之上。

　　开普勒继承了毕达哥拉斯和柏拉图的方法，但他继承更多的柏拉图的方法。柏拉图的方法，就是几何方法。遵循柏拉图的几何方法，他直觉地感到六大行星与五种正多面体之间。一定存在着某种和谐的关系。循着毕达哥拉斯的和谐思想，他直觉地感到六大行星与五种正多面体之间一定存在着某种和谐的关系。经过长时期的思考和计算，他发现如果在包容土星轨道的天球内接一个正六面体的话，木星的天球就恰好外切于这个六面体。如果把一个正四面体内接于木星的天球之中的话，火星的天球就恰好与这个正四面体外切。这就是说，五种正多面体恰好可以用来形容金、

---

① 徐纪敏：《科学美学思想史》，湖南人民出版社1987年版，第194页。

木、水、火、土五大行星，还包括月亮之间的天层。在此基础上经过进一步的探索，他发现了可行星运动的三定律。在这三个定律中，他尤其喜欢第二定律。既然每个行星都为一个"常在的神圣因"，即亚里士多德的"不动的原动者"所驱策，它们应该以匀速运行。根据事实，这个观念是非放弃不可了，但他仍然把线段的匀速改为面积的匀速，从而"挽救了这个原则"，在他看来这不过是哥白尼学说揭示出来的许多数学关系中的三个罢了。"给予他更大欣喜的另一个发现，是第二种关系，即距离方面的关系。……在他看来这是天体音乐的新和声，事实上，这就是行星距离所以如此的真正原因。因为在他看来，也正像在柏拉图看来一样，上帝总是在运用几何学"。①

当然，在毕达哥拉斯和柏拉图那里，有一种神秘主义倾向。这种神秘主义倾向也被开普勒继承下来。他指出：只有太阳是"值得我们崇拜的最高之神，要是他喜悦以物质的领域与有福的天使一同显现他的同在，"太阳"似乎是唯独可配得为神本身的居所的地方，因为它有尊严和能力来完成这活泼的责任。"②"创造主和上帝，我感谢你赐予我在你创造中的喜悦，我以你所造的为乐。看哪，我已完成你托付我的使命，我在使命中已用尽你借给我灵魂的才干。"③

开普勒的神秘主义，以创造主和上帝为源头。这个源头，不仅决定外部世界、外部世界的规律，也决定开普勒本人的使命、开普勒本人的才干。开普勒还把太阳看成是最高之神、神居住的地方。不管是上帝还是神，都是一种信仰，都是一种神秘主义的东西。因为他们既不能用经验证明，也不能在逻辑上进行推导。当然，在宗教中也有对他们的逻辑证明，但那完全是逻辑的误用，甚至可以说是逻辑的堕落。特别须要指出的是，这样的逻辑证明很难使人信服。如果有人信服，那不是因为逻辑证明，而是根源于他的宗教信仰。

对开普勒的神秘主义，很多学者抱否定态度，认为它是糟粕，认为

---

① ［英］丹皮尔：《科学史》，李珩译，商务印书馆1987年版，第194页。
② ［美］佩尔斯、［美］撒士顿：《科学的灵魂——500年科学与信仰、哲学的互动史》，潘柏滔译，江西人民出版社2006年版，第68页。
③ ［美］佩尔斯、［美］撒士顿：《科学的灵魂——500年科学与信仰、哲学的互动史》，潘柏滔译，江西人民出版社2006年版，第18页。

它只起到了负面的作用。这是对科学史不了解的结果。莫兰指出:"但是科学哲学家波普尔、库恩、拉卡托斯、费耶阿本德等人的各种著作以及许多对立的观点都有一个共同点,那就是表明科学理论如同冰山,有一个巨大的被淹没的部分,这个部分是非科学的,但对于科学的发展又是不可缺少的。"① "……值得注意的是,不仅科学包含着公设、非科学的'主题',而且这些东西对科学知识本身的构成也是必要的。这就是说须要有非科学性来产生科学性,如同我们不停地利用非生命物质来产生生命。"②

莫兰的观点概括起来就是:非科学对科学是必要的、不可缺少的,非科学产生科学,非科学推动科学的发展。这里的非科学也包括神秘主义。神秘主义在开普勒的科学探索中确实起了积极作用。具体地说,神秘主义给开普勒以坚定的信念:宇宙是和谐的,行星运动是有规律的。这种信念由于上帝的存在得到了加强,因为宇宙的和谐是上帝赋予的。此外,宇宙的和谐体现在:太阳是最高之神。这表明开普勒坚持的是太阳中心说。这是他获得行星运动三定律的科学基础。还有,宇宙的和谐是上帝用数学语言透露给人们的。因此,对宇宙和谐的探索需要数学,特别是数学中的几何。这是开普勒发现行星运动三定律的方法论基础。最后,开普勒科学探索的动力来自上帝。这种动力就是了解上帝、接近上帝。而要了解上帝和接近上帝,其中介是上帝的造物、上帝的造物所遵循的规律。这是一种最强大的动力,是任何动力都无法与之比拟的。为此开普勒几十年如一日,为此历尽艰险、饱受折磨,为此开普勒用尽了他灵魂的才干,终于发现了行星运动三大定律。

当然,神秘主义也有它的负面作用。因为神秘主义毕竟不是科学,它与科学有严格的区别。特别须要指出的是:神秘主义与科学精神是对立的。因此,科学的发展一方面得益于神秘主义;另一方面则要清除神秘主义。在这里不能搞纯粹主义,不能要么神秘主义,要么科学主义。正确的方向应当是:允许二者同时存在,允许在二者之间的竞争。莫兰指出:"我的意思是,冲突、无序和竞争不是必然的糟粕和非正常现象,不是应

---

① [法]莫兰:《复杂思想:自觉的科学》,陈一壮译,北京大学出版社2001年版,第8页。
② [法]莫兰:《复杂思想:自觉的科学》,陈一壮译,北京大学出版社2001年版,第40页。

该消除的残渣,而是任何生存物和社会组织的关键的构成部分。"① 这里的生存物也应当包括科学。过去,我们把科学看成是纯而又纯的东西,结果是"水至清则无鱼",严重影响了科学的发展。当然,对神秘主义,我们要时刻保持警惕。其原因在于:神秘主义有负面作用,神秘主义可能阻碍科学的发展。特别是当神秘主义成风、神秘主义占主导地位的时候,科学精神将被淹没,科学将走上邪路。在这种情况下,科学将止步不前,科学将不会取得任何成果。

神秘主义在开普勒的科学探索中也起过负面作用。但开普勒并不是一个完全的神秘主义主义者,当神秘主义与科学探索发生矛盾时,他会放弃神秘主义。当然,他的放弃有时有些犹豫,有时不够坚决,这根源于他对神秘主义的信仰,根源于神秘主义在他科学研究中的积极作用。然而,他毕竟是一位科学家,当需要科学精神的时候,他会紧紧抓住科学精神。这是开普勒的"机会主义",正是这种"机会主义",使他能够在科学上作出巨大的贡献。

(二) 开普勒向近代科学传统的转变

开普勒坚持古希腊科学传统。但他一旦发现古希腊科学传统与事实有矛盾时,便在事实的推动下走向新的科学传统,这就是近代科学传统。近代科学传统也不是单一的,即包含诸多不同的小的传统。例如,培根代表一种传统;伽利略代表一种传统,等等。然而这些传统却有着共同的特点:尊重事实、尊重经验。正是这种共同的特点,使它们统统归于近代科学传统的"麾下"。当然,近代科学传统与古希腊科学传统并没有截然分明的界限。事实上,二者是相互联系、相互包含、相互渗透的。这突出地体现在科学家的身上。拿开普勒来说,在他身上既有古希腊科学传统,又有近代科学传统。伽利略和牛顿也一样,他们身上同时兼有古希腊科学传统和近代科学传统。特别须要指出的是:牛顿之所以成为近代科学的集大成者,就是因为他把两种传统很好地融合在了一起。

但近代科学传统毕竟不同于古希腊科学传统。因为近代科学传统的侧

---

① [法]莫兰:《复杂思想:自觉的科学》,陈一壮译,北京大学出版社2001年版,第82页。

重点在事实和经验，为了获得事实和经验，近代科学传统还强调观察和实验。因此，近代科学家都很重视观察和实验，并亲自参加观察和实验。有些科学家在这个方面甚至达到了痴迷的程度。除此而外，近代科学传统特别推崇理性，并把应用及其效果看成科学的试金石。这些内容在古希腊科学传统中，要么没有，要么只是萌芽，要么被严重忽略。这表明，近代科学传统确有独到的地方，确在很多方面超越了古希腊科学传统。

开普勒是通过事实走向近代科学传统的。这要从天体运行的轨迹说起。在古希腊的学者看来，天体运行的轨道是正圆。这不是源自事实，而是源自一种观念及其推导：天体是完满的，天体运行的轨道也应该是完满的；而正圆代表一种完满，因此天体运行的轨道是正圆的。这种观念不仅在古希腊盛行，而且一直影响到近代。连哥白尼和伽利略也不能幸免。哥白尼之所以否定托勒密的地心说，就是因为它违背了天体运动的圆周性和均匀原理。伽利略则自始至终坚持天体运行的正圆轨道。他指出：物体只要不受到外力影响，沿圆周的匀速运动是一切物体的天然运动。这样的天然运动既属于地面的物体，也属于天上的星体。行星的轨道既然是正圆的，那么关于天体的运动就不是什么问题；这些运动，正如哥白尼以前认为的那样，是完全自然的。[①] 他进一步指出：上帝开头可能把行星从一个很高的地方扔下，使星向太阳落去，逐渐增加速度。当他们达到目前的速度时，行星就拨进圆周轨道，从此就无限期地运行下去。[②]

开普勒与哥白尼和伽利略一样，一开始对正圆也情有独钟，但他最终还是突破了正圆的"窠臼"。他为什么能够做到这一点，这要归功于事实，即从观察中获得的事实。这里的事实指对火星的观察。根据古希腊以来的观点，火星以圆周轨道运行。但开普勒却发现，这种圆周轨道与观察事实不符。具体地说，有 8 弧分的误差。如何处理这 8 弧分？开普勒认为，"这个误差不能忽略不计"，因为根据第谷的规则，误差不会超过 2 弧分。但对这 8 弧分的处理却有两种方法：一种方法是从阿波罗尼乌斯到哥白尼的传统。这个传统通过构造圆周组合尝试以更大的精确度解释数据。这实际上就是在维护理论基本要素的前提下修改理论的构成，以应对

[①] [英] 梅森：《自然科学史》，周煦良等译，上海译文出版社 1984 年版，第 151 页。
[②] [英] 梅森：《自然科学史》，周煦良等译，上海译文出版社 1984 年版，第 181 页。

与观察事实的矛盾。用现代科学哲学的语言来说,就是增加辅助假设、扩大保护带,以消解观察事实对理论的反驳。开普勒没有选择这种方法,他选择的是另一种方法:对理论本身"开刀",特别是对理论的硬核"开刀"。这里的硬核就是天体运行的正圆轨道。这是古希腊所奉行并传承到近代的"教条"。这一"教条"在近代仍占统治地位。对这一"教条",包括哥白尼和伽利略在内都"噤若寒蝉"、不敢违抗,然而开普勒则以事实为依据,用新的轨道即椭圆轨道代替了它。

开普勒走向椭圆轨道是一个过程。他一开始认为:"此轨道不是一个圆周,而是(从远日点)每侧开始略微内敛(与弦处)并再次在近日点达到该圆周亮度,符合叫作卵形的那种轨道。"① 但卵形轨道并不能解决与观察事实的矛盾,这就迫使开普勒不得不做进一步的探索。最后开普勒发现,火星的轨道是一个正椭圆。在此基础上,他确定所有行星运动的轨道都是椭圆。这样,开普勒就从正圆轨道走向椭圆轨道。椭圆轨道不像正圆轨道,它与观察事实基本是吻合的。正是椭圆轨道,使天文学走出了古希腊的教条,使天文学具有近代的特征。从这个意义上说,椭圆轨道是一个关节点,椭圆轨道开启了一场真正的革命。这是开普勒天文学完成的一件勋业,这使他被誉为天空的"立法者"。

当然,开普勒在椭圆轨道问题上也有徘徊、彷徨。这里的原因在于:一是他发现的道路是曲折的、艰难的。他曾指出:"我曾经预备征服战神马尔斯,把他俘虏到我的表格里来;我已经为它配备好了枷锁,但是突然感觉到我毫无胜利的把握。战争还是和以前一样激烈地进行着。"② 马尔斯是罗马神话中的战神。这里的马尔斯是指火星。因此,征服马尔斯,也就是征服火星。而征服火星是开普勒从正圆轨道走向椭圆轨道的关键。征服火星尚且如此艰难,从正圆轨道走向椭圆轨道就更加艰难了。二是他的发现遭到很多天文学家的反对。例如,法布里修斯指出:"你用你的椭圆废除了天体运动的圆周性和均匀性,我越深入思考,我越觉得这种情况荒谬。……如果你能只保留正圆轨道并且用另外

---

① [英]麦卡里斯特:《美与科学革命》,李为译,吉林人民出版社2000年版,第216页。
② 徐纪敏:《科学美学思想史》,湖南人民出版社1987年版,第224页。

的小本轮证明你的椭圆轨道的合理性，那情况就会好得多。"① 克鲁格也指出："我不同意开普勒的假设。我相信上帝会赐予我们某种别的途径达到有关火星的正确理论。"②

尽管开普勒有些徘徊、彷徨，他还是在事实的引导下走向了椭圆轨道。特别须要指出的是，开普勒还在椭圆轨道的基础上编写了《鲁道夫星行表》。这个《星表》除了预测行星位置用的星表和规则外，还载有第谷的包括1000多种恒星位置的星表以及折射表。天文学家很快发现，这个《星表》中提出的预言与观测到的行星的位置充分吻合——甚至包括水星的观测位置，而这颗行星到此时为止一直是不受天文模型约束的。正是由于其预言与观察事实相符，使开普勒的椭圆轨道逐渐为天文学家所接受，这里的天文学家也包括曾经反对过椭圆轨道的天文学家。例如克鲁格在后来指出："你希望有人对这些表（朗格蒙塔纽斯天文表）作进一步的推敲润饰，你说所有的天文学家都会对此心存感激。但是我该认为这是在浪费时间，既然鲁道尔夫星表已经出版了，因为所有的天文学家肯定会使用这些表。……我全身心致力于理解鲁道尔夫规则和星表所依据的基础，为此目我把开普勒以前出版的天文学摘要用作星行表的引导。这个摘要我以前……多次弃之一旁，我现在又一次捧起并研读……我不再理会行星轨道的椭圆形式带给我的困扰……"③

这表明，观察事实是重要的。但观察事实并不是决定一切的，因为还有一个如何看待观察事实的问题。例如，在开普勒之前，托勒密及坚持托勒密地心说的天文学家，遇到与地心说矛盾的观察事实时，他们不是否定地心说，而是通过增加辅助假设，即增加本轮和均轮，来消解观察事实。结果是托勒密的地心说越来越庞杂，越来越难以适应天文学的发展。哥白尼尽管否定了托勒密的地心说，并提出了日心说，但他的日心说不是基于观察事实，而是基于古希腊教条。因此日心说遭封杀，固然与宗教有关，但也与它自身有关。这就是说，日心说自身也存在问题，这突出地表现在它与很多观察事实相悖，在说明观察事实方面也不如地心说。伽利略比哥

---

① ［英］麦卡里斯特：《美与科学革命》，李为译，吉林人民出版社2000年版，第217页。
② ［英］麦卡里斯特：《美与科学革命》，李为译，吉林人民出版社2000年版，第218页。
③ ［英］麦卡里斯特：《美与科学革命》，李为译，吉林人民出版社2000年版，第218页。

白尼前进一步。他之所以支持哥白尼的日心说，是因为他认为哥白尼的日心说更符合观察事实，为此伽利略本人也进行过大量的观察。他在观察中发现木星有4个卫星，金星有盈亏现象。这些观察直接或间接地证实了哥白尼的日心说。然而，伽利略没有放弃古希腊的教条，特别是正圆的教条。这里的原因是多方面的，但最主要的原因在于：伽利略没有改变正圆轨道的压力，加之他又对正圆轨道深信不疑。如果伽利略有开普勒的处境，他可能从正圆轨道走向椭圆轨道。

这就提出一个问题：开普勒为什么能够超越他人走向椭圆轨道，为什么能成为这场革命的带头人。很显然，在这个过程中，观察事实是很重要的，但仅有观察事实是不够的。除了观察事实外，这里至少还可以提出两点：一是开普勒的观察事实是大量的、系统的。这首先是开普勒继承了第谷的全部观察材料。这些观察材料是可靠的、精确的。开普勒本人也进行了大量的观察。例如，他在八九年间对火星作了70多次数据测算。所有这些观察材料，使开普勒不能随意否认，也不能置之不理，他必须接受由此而来的挑战。在这种情况下，他不得不放弃正圆轨道。二是开普勒对近代科学传统的坚持。从整体上看开普勒更像是一个古希腊学者，他曾长期沉溺于毕达哥拉斯—柏拉图传统。但近代的酵素已进入他的科学研究中。而且开普勒的高明之处在于：他并不固守某一科学传统。在这一点上他超过了哥白尼、甚至超过了伽利略。开普勒还有一个优点是：他坚持任一科学传统都不是随意的，他的根据就是观察。当他坚持古希腊科学传统时，他的根据是观察；当他坚持近代科学传统时，他的依据更是观察。当然，他的观察可分为前观察和后观察，前观察是以观察为基础来提出科学理论；后观察则是对科学理论的检验。因此，从骨子里看，开普勒还是一位近代学者，他所秉持的是近代科学传统。正是这种科学传统，使他能够否定正圆轨道，使它能够走向椭圆轨道。

（三）结论

从开普勒与科学传统的关系上看，我们可以得出哪些结论呢？概括地讲有以下几个方面：一是不要拘泥于某一科学传统。这些科学传统各有自己的特色。即使是同一科学传统，其中也存在着各种不同的派别。对于这些科学传统科学家可以有所选择，可以特别青睐某一科学传统，但却不能拘泥于某一科学传统，更不能固守某一科学传统。否则，就会影响科学家的科学研究，并阻碍科学的发展。二是当须要转变科学传统的时候，就要转变科学传统。这里的需要就是科学的需要、科学研究的需要。科学的研究是要解决问题的。在解决问题的过程中，不仅要有具体的方法，而且还要有哲学的理念。哲学的理念就包含在科学传统之中。当一种哲学理念不再能指导科学研究、甚至成为科学研究的阻碍的时候，与它相连的科学传统就应该被其他的科学传统所取代。这是一种科学传统的革命，这种革命是为了满足科学研究的需要，是为了推动科学快出成果、多出成果。三是抽象地说，科学传统无好、坏之分。这就是说，不能认定这种科学传统是好的，哪种科学传统是坏的；或者这种科学传统是坏的，哪种科学传统是好的。尽管没有好坏之分，但却有适用、不适用之分。适用或不适用不是一个理论问题，而是一个实践问题。即只有放到科学实践中，才能弄清哪种科学传统是适用的，哪种科学传统是不适用的。这不是"事后诸葛亮"，这是由科学的探索性决定的。四是科学传统的选择不是一次，而是多次。这也是由科学的探索性决定的。具体地说，科学是一种探索性活动，它根本不知道哪一种科学传统适用，在这种情况下，它只能采取"试"的方法。即首先选定一种科学传统，如果在它的指导下取得了一系列科学成果，那就表明它是适用的，可以继续坚持下去。否则就再选一种科学传统。这种"试"的过程可以一直进行下去。五是为了科学研究的需要，可以把几种科学传统联合起来。这种联合可以有几种情况：科学家个人身上的联合；若干科学家的联合。我们先来谈第一种情况。这种情况实际上是说，在科学家个人的科学研究中，往往会在不同的科学传统中不断地转换。开普勒是这样，牛顿和爱因斯坦也是这样。至于第二种情况则是：若干个科学家在不同的科学传统的指导下共同研究某一科学问题。由于科学传统不同，他们会不停地争论，甚至争吵。但这种争论有利于科学的研究，有利于科学的发展。

就开普勒与科学传统的关系而言，神秘主义是一个不可回避的问题。开普勒是一个神秘主义者，他忠实继承了毕达哥拉斯和柏拉图的思想，并用这种思想指导它的科学实践。实事求是地讲，神秘主义在开普勒的科学探索中起来很大作用，这种作用既有动力方面的，也有方法方面的。但神秘主义毕竟不是科学,通过神秘主义得到的结果也不一定是科学。这就有一个如何向科学转化的问题。这种转化的实质就是:把通过神秘主义得到的结果——各种假说,放到观察事实之中,看它是否符合观察事实。如果符合观察事实,并且不止一次地符合,就可以基本断定它们是科学的;否则就会被拒斥在科学之外。开普勒在这个问题上转化的很好,他没有固守神秘主义,没有陷入神秘主义而不能自拔。他最终还是走向了观察、走向了理性、走向了科学。通过观察,特别是系统的观察,开普勒证实了他提出的假设,他的假设也就成为科学的组成部分。这个事实告诉我们,在科学探索中,不一定要拒斥神秘主义,因为神秘主义有利于科学探索。在这个问题上,逻辑经验主义的观点是片面的,因为它要拒斥形而上学,这里的形而上学也包括神秘主义。但神秘主义必须走向科学,在神秘主义指导下所获得的科学成果——各种假设、推测,必须能够通过观察的检验。只有这样,才能使它们成为真正的科学。这表明,不能搞科学的"净化"主义,即要求科学探索从始至终,不能有一丁点神秘主义的东西,或非科学的东西。如果真要达到这样一个程度,那世界就没有科学了。因此,科学的"净化主义",不是一服解毒剂,而是一杯毒酒。但科学又需要净化,不净化就不能成为科学。这是一种矛盾,但科学就是在这种矛盾中前进的。

这就是开普勒进行科学探索的一幅立体图。在这幅图中,既有科学传统,又有具体的科学探索。这两方面是交织在一起的,而且形成了错综复杂的关系。正是这两方面的共同作用,使开普勒发现了行星运动三定律,使开普勒成为近代科学革命中的"弄潮儿"。关于他在近代科学革命中的作用,麦卡里斯特曾指出:"与哥白尼的理论不同,开普勒的理论构成了它学科中的一场革命。事实上有充分的历史证据表明,与任何科学活动的哲学模型无关,在数理天文学中开普勒理论表现了比哥白尼理论深刻得多的创新。正如汉森指出:'托勒密和哥白尼之间的线是未断的,哥白尼与牛顿之间的线是断的,只是这中断的线通过开普勒非凡的创新又连接在一起'。"[1] 除了麦卡里斯特所谈的外,开普勒的另一贡献是:他使牛顿的综合成为可能。这里的综合是指对天上力学和对地上力学的综合。这种综

---

[1] [英]麦卡里斯特:《美与科学革命》,李为译,吉林人民出版社2000年版,第218页。

合是由牛顿完成的，而综合中的一部分——天上力学，则是由开普勒完成的。牛顿的综合，即经典力学的建立，是近代科学革命的顶峰，也标志着近代科学革命的完成。从这个意义上说，开普勒的贡献是重大的，甚至可以说是巨大的。

四　牛顿在科学传统上的多重性格

科学传统就是科学的形而上学，它包括：科学信仰、科学信念、科学方法论、对科学方法的侧重，等等。科学传统不是一种而是多种。在科学传统之间，或者新的传统代替旧的传统，或者几种传统融合于一体。

西方的科学传统，起源于古希腊，到了近代，有一个很大的变化和发展。这中间是中世纪，中世纪是宗教占绝对统治的时期。这个时期有没有科学的传统？应当说是有的，但主要是对古希腊科学传统的继承。当然，这里也糅合了很多宗教的东西。这样，就有了三种科学传统。然而真正有特色的还是古希腊科学传统和近代科学传统。

古希腊科学传统把求真作为目标，并把真与美结合起来。在科学方法上，它并不排除归纳、类比，但特别强调演绎的作用。在古希腊科学传统中，还包含着神秘主义的倾向。近代科学传统除了求真的一面，还有求用的一面。求用的一面源自宗教，可以说是宗教向科学传统的渗透。在科学方法上，它强调实验、强调归纳。在近代科学传统中，还杂居着宗教和神秘主义的东西。特别是宗教的东西，对科学的影响至大，对科学家影响至深。

作为近代科学集大成者的牛顿，在科学传统上具有多重性格。具体地说，古希腊科学传统、近代科学传统、宗教传统、神秘主义等，在他身上都有体现。下面我们就来具体谈谈他的情况。

（一）强调实验，强调归纳

这是体现在牛顿身上的近代科学传统。他曾指出："自然哲学的目的在于发现自然界的结构和作用，并且尽可能把它们归结为一些普遍的法则和一般的定律——用观察和实验来建立这些法则，从而导出事物的原因和结果。"①"在实验哲学中，我们必须把那些从各种现象中运用一般归纳而导出的命题看作是完全正确的，或者是非常接近正确的，虽然可以想象出任何与之相反的假说，但是没有出现其他现象足以使之更为正确或者出现例外以前，仍然应当给予如此的对待。"②"……探求事物属性的准确方法是从实验中把它们推导出来。……我所以相信我所提出的理论是对的，不是由于它来自这样一种推论，因为它不能别样而只能这样，也就是说，不是仅仅由于驳倒了与它相反的假设，而是因为它是从得出肯定而直接的结论的一些实验中推导出来的。所以考察它的方法，就在于考察我们提出的实验，是否确实证明了这个理论中应用了这些实验的那些部分，或者是去进行为理论自身的验证而提出其他实验。"③

牛顿的论述可概括为以下几点：一是科学目的就是要建立一些普遍的法则和一般的定律。例如，伽利略的惯性定律，牛顿的万有引力定律，就是这样一些定律。当然，牛顿讲的是自然哲学，这是在沿用古希腊的说法，古希腊的自然哲学就是我们讲的科学。二是科学的出发点是实验。通过实验，获得了关于自然界的各个方面的材料，这些材料也可称之为经验的材料。三是科学的方法是归纳。即在经验材料的基础上，依赖归纳，得出一般的定律或一般的结论。在这里，归纳是重要的，通过它才能实现科学的目的。四是科学理论正确与否是由实验来决定的。这就是说，实验是检验科学理论的标准。例如，物体中已经分割开而仍连在一起的微粒，可以彼此分离，这是一个可以观察到的事实，而那些尚未分割开的微粒，我们也能像数学上已经证明的那样，想象它们是可以分割为更小的部分的。但是，这些按这种方式分割而实际未分割开的部分，自然力是否真正把它们分割，并把它们彼此分离开来，我们自然不能断言。然而只要有一个实

---

① ［美］塞耶：《牛顿自然哲学著作选》，上海外国自然科学哲学著作编译组译，上海人民出版社1974年版，第1页。

② ［美］塞耶：《牛顿自然哲学著作选》，上海外国自然科学哲学著作编译组译，上海人民出版社1974年版，第6页。

③ ［美］塞耶：《牛顿自然哲学著作选》，上海外国自然科学哲学著作编译组译，上海人民出版社1974年版，第9页。

验,能够证明在敲碎一个坚硬的固体时任何未被分割开的微粒却能予以分开;那么,我们就可根据这条法则得出结论说,未被分割开的微粒和已被分割开的微粒一样是可以无限地分割,而且实际上是可以无限地把它们分离开来的。如果依靠实验和天文观察,普遍发现地球周围的所有物体都被吸向地球,而且这种吸引正比于这些物体各自所含的物体之量;月球同样也就其物质之量而被地球所吸引;但与此相反,我们的海洋则被月球所吸引;所有的行星互相吸引,而彗星也以同样的方式被太阳所吸引。那么,根据这条规律,我们必须承认,无论何种物体,都赋有一个原则,即它们能够互相吸引。

这最后一点是非常重要的,因为在古希腊的科学传统中,强调真与美的结合。而在真的方面,它过分强调逻辑的作用。关于美,甚至把它夸大成是真的标准。到了中世纪,宗教的教条成为真理的标准。牛顿在这个方面是反传统的,他把实验确定为真理的标准。这就是说,科学理论只有通过实验的检验才能成为真理。这是一个巨大的突破。正是这个突破,使科学成为真正的科学,使科学与非科学有了一个相对的区分,使科学能够摒弃它所包容的各种错误,使科学可以朝着正确的方向不断前进。这是牛顿的功劳,但他不是"始作俑者"。"始作俑者"可以追溯到罗吉尔·培根那里。他曾指出:"推理和经验是两种获得知识的途径,推理达到结论并使我们认可这一结论,但并没有给我们摆脱一切怀疑的确定性。只要结论没有通过实验的途径,心灵就得依赖对真理的直观。很多人在一些问题上提出结论,但因缺乏经验,他们的理论是无用的,既不能使他们求善,也不能使他们避恶。如果一个从未见过火的人用推理证明火能烧人,毁坏物品,他虽会接受这一结论,但内心仍不信服。除非他用实验证明这个道理,即使把手或其他可燃物置于火中,也不会避开火。但一旦做了这个燃烧实验,心灵就会相信真理的证据。因此,推理是不够的,经验才是充分的。"[1]

牛顿的观点也有问题,这就是他忽略了想象的作用。事实上,从个别实验到一般命题,仅有归纳是不够的,还必须借助想象。这就是说,归纳+想象,才能得出一般的命题。例如,伽利略之所以能够发现惯性定

---

[1] 赵敦华:《西方哲学简史》,北京大学出版社2001年版,第171—172页。

律，归纳起了很大的作用。但如果不借助"理想实验"，不把归纳和"理想实验"结合起来，就不可能发现惯性定律。因此，想象对科学研究、科学理论的建立是不可或缺的。正是基于这一事实，爱因斯坦指出："想象力比知识更重要，因为知识是有限的，而想象力概括着世界上的一切，推动着进步，并且是知识进化的源泉。严格地说，想象力是科学研究中的实在因素。"①

但在实际的科学研究中，牛顿还是使用了想象。因为离开想象，牛顿就不可能作出一系列的科学发现。这里有一个问题，牛顿为什么在他的观点中排斥想象。这里有几个原因：一是牛顿想追求确定性的知识，而通过想象不可能获得这样的知识。二是牛顿有点惧怕争论，而想象由于其不确定性，很容易引发争论。结果就是牛顿很少提到想象，也不承认想象的作用。牛顿还由拒斥想象发展到拒斥假说。他指出："应当力戒去考虑假说"，任何假说，"无论是形而上学的或是物理的，无论是属于隐蔽性质或属于力学性质，在实验哲学中都没有它的地位。"② 这种排斥假说的观点和态度是不合理的，也是根本行不通的。笛卡儿学派曾明确指出：牛顿学说中的"力"其实就是一种"隐质"，一种"假说"。在解释光和引力的机制时，牛顿引进的"假说"就更多了。特别须要指出的是，当牛顿遇到他难以解决的问题时，他就把这些问题推到上帝那里。上帝就是最大的假说，就是最大的形而上学。

这就会产生一个问题：牛顿为什么会陷入矛盾。这实际上牵涉到科学的两个方面：一是科学发现；二是科学检验。就科学发现而言，需要假说。正是基于此，恩格斯指出："只要自然科学在思维着，它的发展形式就是假说。"③ 而科学检验就不同了，通过科学检验的假说就成为科学定理或定律；没有通过科学检验的假说就会被抛弃。这里还会出现一种情况：有些假说无法通过科学检验，但在构建科学理论的过程中却是需要的。这表明，即使在科学检验中也不能完全排斥假说。然而对于假说，牛顿总是有点不放心。不仅如此，假说还会引发别人对牛顿的攻击，这更使

---

① 《爱因斯坦文集》第一卷，许良英等编译，商务印书馆1977年版，第284页。

② [美]塞耶：《牛顿自然哲学著作选》，上海外国自然科学哲学著作编译组译，上海人民出版社，第8页。

③ [德]恩格斯：《自然辩证法》，人民出版社1971年版，第218页。

他心神不宁。在这种情况下,牛顿拒斥假说是必然的。当然,他不是一般地拒斥假说,他对他所拒斥的假说限定了范围:"我这里所用的'假说'一词,仅仅是指这样一种命题,它既不是一个现象,也不是从任何现象中推论而来,而是一个——没有任何实验证明的——臆断或猜测。"① 这种限定也不能从根本上解决问题。因为仍有很多假说不符合这种限定,这里也包括牛顿自己作的很多假说。这样,牛顿就陷入矛盾之中,而且他从未摆脱这种矛盾。这一方面源自牛顿的形而上学的观点;另一方面却不得不归之于科学的本性。就科学的本性而言,上述矛盾始终是存在的,问题在于科学家如何对待这种矛盾。正确的观点是:承认矛盾,科学地处理矛盾。牛顿不可能有这样的观点,但他在科学实践中却没有被矛盾所纠缠,他不自觉地应用了辩证法,他因此取得了一系列的科学成果。

牛顿不仅在理论上强调实验、强调归纳,他还亲自做了很多实验。在这个方面,他超过了伽利略和开普勒。例如,牛顿曾亲自设计并动手制作了一架反射望远镜。牛顿在光学上也做了一系列的实验。如关于虹霓,多米尼斯提出这样的理论:由水滴内层表面反射出来的光,因经过厚薄不同的水层,而显出色彩。笛卡儿给出一个更好的解释,他认为色彩和折射率相关,并且成功地算出虹霓弯折的角度。马尔西使白光透过棱镜,并发现有色彩的光线不再为第二棱镜所散射。牛顿把这些实验加以扩大,并且把有色光线综合成白光,从而澄清了这个问题。牛顿还做了大量的炼金术和化学的实验。在做这些实验的过程中,他全力以赴、不畏辛劳,达到了废寝忘食的地步。他的族人汉弗莱·牛顿曾描述过这种情况:"他很少在两三点以前睡觉,有时一直到五六点才睡觉……特别是在春天或落叶时节,他常常六个星期一直留在实验室里,不分昼夜,炉火总是不熄,他通夜不睡,守过一夜,我继续守第二夜,一直等到他完成了他的化学实验才罢休。"②

强调实验、强调归纳,尽管是近代科学传统,而且牛顿在这个方面也不遗余力,花了大量工夫,但客观地说,牛顿在这个方面的收获远不如他在经典力学上的收获。就是跟伽利略比,牛顿也略逊一筹。为什么会出现

---

① [法]柯瓦雷:《牛顿研究》,张卜天译,北京大学出版社2000年版,第319页。
② [英]丹皮尔:《科学史》,李珩译,商务印书馆1987年版,第241页。

这种情况呢？有以下几个原因：一是在牛顿时代，经典力学处于综合的阶段。牛顿抓住了这一机遇，并利用他的才能实现了这种综合。这使他成为科学的巨人，甚至科学的"神人"。以至于波普曾写过这样的诗："自然和自然的规律，隐蔽在黑夜里。上帝说，'生一个牛顿吧！'于是，一切都光明了。"[①] 二是经典力学在近代属科学的中心。伽利略围绕这个中心来做实验，当然他的成就要大一些。三是牛顿所做的实验，在当时不属于科学的中心。特别是他在炼金术上所做的实验，属于非科学的实验。这种实验也可能会产生一些科学发现，但大多数实验却是徒劳无功。这就决定了牛顿在实验上不会有太大的建树。这是一个教训。这个教训告诉我们，选择科学的方向至关重要。如果科学的方向选择不当，即使下的功夫再大，在科学上也不会有大的建树。

（二）重视综合，重视演绎

牛顿在强调实验和归纳的同时，也重视综合和演绎。这是古希腊科学传统在牛顿身上的体现。这样，在牛顿身上就有两种科学传统。这两种科学传统肯定有抵牾，甚至冲突。但从整体上看，在牛顿身上融合得还不错。这里的关键是：牛顿把它们放到它们能发挥作用的地方。这种兼容并蓄的方法，使牛顿如虎添翼，能够完成他的勋业。在这一点上，牛顿超过了哥白尼，也超过了伽利略和开普勒。我们过去看牛顿，往往看到他在科学上的综合，而没有看到他在科学传统上的综合。

我们先来谈谈牛顿的综合。这里的综合，是指牛顿对科学的综合。综合也可以称为统一，即把科学的不同部分统一起来。牛顿所统一的是地上的力学和天上的力学，这就是经典力学的建立。牛顿为什么要追求统一，并最终实现了统一，这与古希腊的科学传统有关。

古希腊科学传统，讲和谐、讲统一、讲普遍性。例如，毕达哥拉斯指出："整个的天是一个和谐，一个数目。"赫拉克利特也指出："自然是由联合对立物造成最初的和谐，而不是由联合同类的东西。艺术也是这样造成和谐的，显然是由于模仿自然。绘画在画面上混合着白色和黑色、黄色

[①] 林成滔：《科学简史》，中国友谊出版公司2005年版，第10页。

和红色的部分，从而造成与原物相似的形相。音乐混合不同音调的高音和低音、长音和短音，从而造成一个和谐的曲调。书法混合元音和辅音，从而构成整个这种艺术。"①

柏拉图的和谐观就更具体了。他设想，宇宙遵照上帝创世的理性方案由混沌变得秩序井然。上帝在创世时是完全按照科学美学的原则去做的，有两种原始的优美的几何图形可以作为创世的原初物质，一种是等边三角形；一种是等腰直角三角形。从这两种三角形就可以逻辑地产生四种正多面体，这就形成组成世界现实万物的四元素。火微粒是正四面体；气微粒是正八面体；水微粒是正二十面体；土微粒是正方体。第五种元素只有天国才有，叫精英，由正五边形形成的正十二面体，它组成天上的物质。四大元素按照一定的数量比例组成和谐的现实世界。其比例为：火对气的比例等于气对水的比例和水对土的比例。因此，大千世界都可以用它所包含各种元素的比例这一数量关系来表达。②

毕达哥拉斯等的观点可概括为以下几个方面：一是不管是天还是宇宙，都是和谐的。二是和谐源于不同，即只有不同类的东西才能构成或组成和谐。三是和谐的本质有不同的表现。在毕达哥拉斯那里是数的和谐，而在柏拉图那里则是几何的和谐。四是和谐的最本质的东西是比例。在比例这个问题上，毕达哥拉斯和柏拉图统一起来了。五是和谐是上帝赋予宇宙的。宇宙是和谐的，也可以说宇宙是有规律的，有序的。六是和谐不只存在于宇宙中，它还存在于人工物中。例如，音乐、建筑、雕刻、绘画、书法等，都存在着和谐问题。这里的原因在于，它们是对自然的反映、对自然的模仿。

牛顿无疑继承了古希腊的和谐思想。柯瓦雷曾指出："作为与牛顿意义相关的东西，我们不得不以一种不尽合理的方式，考察一下普遍接受牛顿的综合所带来的一些更为一般和广泛的结果。其中最重要的一点，似乎是极大地强化了那条古老的教理式的信仰，即所谓自然的'简单性'，"③这里所说的自然的"简单性"，确是牛顿的重要观点。他曾指出："因此哲学家说，自然界不作无用之事，只要少做一点就成了，多做了却是无用；

---

① 徐纪敏：《科学美学思想史》，湖南人民出版社1987年版，第54页。
② 徐纪敏：《科学美学思想史》，湖南人民出版社1987年版，第63—64页。
③ ［法］柯瓦雷：《牛顿研究》，张卜天译，北京大学出版社2000年版，第14页。

因为自然界喜欢简单化,而不爱用什么多余的原因以夸耀自己。"① "……我们既不应由于自己的空想和虚构而抛弃实验证明;也不应取消自然界的相似性,因为自然界习惯于简单化,而且总是与其自身和谐一致的。"②

关于和谐思想,牛顿还有进一步的论述。他指出:"自然哲学的任务不仅在于揭露宇宙的机构,而主要在于解决下列那些以及类似的一些问题。在几乎空无物质的地方有些什么,太阳和行星之间既无稠密物质,它们何以会相互吸引?何以自然界不作徒然之事,而我们在宇宙中看到的一切秩序和美丽又从何而来,出现彗星的目的何在,并且何以行星都是一样在同心的轨道上运动,而彗星则以各种方式在很偏心的轨道上运动?是什么在阻止一个恒星落到另一个的上面?动物的身体怎么造得如此巧妙,它们的各个部分各自为了那些目的?……"③ "……行星系的这种奇特的均一性,一定是精心选择的结果。动物身上的均一性也应当是这样,动物一般有形状相似的左右两侧,它们身体每一侧的后部生着两条腿,前部肩下有两臂,或两腿,或两翼,两肩之间有颈,颈向下延长是脊椎骨,头生在颈上。而两耳、两眼、一鼻、一嘴、一舌,都生在头上位置相似的地方。就是动物的那些非常精巧的部分,如眼、耳、脑、肌、心、肺、隔膜、腺、喉、手、翼、浮膘、天然眼镜,其他的感觉和运动器官,以及兽类和昆虫的本能,它们的第一次设计制造也都不是由于什么别的结果,而只能出之于一个永恒存在的全能的神明的智慧和技巧。"④

牛顿关于和谐的观点可概括如下:一是自然是和谐的或均一的。这表现在:自然界的各个部分构造得如此之巧、运行得如此和谐;自然界作为整体,也构造得如此之巧、运行得如此和谐。这里的和谐就是一种美、就是一种均一、就是一种有序。二是自然是简单的。这里的简单是指自然不做徒然之事。这就表明,自然发出的任何事件都是有原因的。而在原因和

---

① [美] 塞耶:《牛顿自然哲学著作选》,上海外国自然科学哲学著作编译组译,上海人民出版社1974年版,第3页。

② [美] 塞耶:《牛顿自然哲学著作选》,上海外国自然科学哲学著作编译组译,上海人民出版社1974年版,第4页。

③ [美] 塞耶:《牛顿自然哲学著作选》,上海外国自然科学哲学著作编译组译,上海人民出版社1974年版,第85页。

④ [美] 塞耶:《牛顿自然哲学著作选》,上海外国自然科学哲学著作编译组译,上海人民出版社1974年版,第211页。

结果的背后则是自然规律在发生作用。自然规律揭示了自然各部分之间的本质联系和自然发展的基本趋势。自然规律是简单的，因为自然是简单的。在牛顿那个时代，自然规律就是牛顿总结的机械运动规律，即惯性定律、加速度定律、作用与反作用定律、万有引力定律。自然的简单性还表现在它可以数学化，即可以用数学公式来表达。三是自然的和谐或简单都是由上帝决定的。这就是说，自然的万事万物都来自上帝的智慧和技艺；自然的规律也是上帝设定的。当然，在牛顿眼里，上帝设定的自然规律就是机械运动的规律。这种规律已被他发现，这就是他所建立的经典力学体系。

牛顿的和谐观点，与古希腊的和谐观点基本上是一致的。当然，二者之间也存在着一些差别。例如，牛顿在他的和谐观点中，引入了上帝。这里的上帝是基督教的上帝。从求真的角度来说，上帝是不存在的，因此自然规律也不可能由上帝设定。离开上帝的设定，还存在不存在自然规律呢？我们说不仅存在，而且还使自然规律回归其本来面貌。所谓"本来面貌"，是指自然规律来自自然本身，是由自然决定的。这就是自然规律的自然原因。这种自然原因，牛顿也是承认的。例如，他曾指出："这最初是由于创世主的直接插手，以后则永远是由于自然的力量所致，因为自然在'增加和繁殖'的命令下就成为原形质给它规定的范本的忠实仿造者。"[①] 在这里，上帝的"直接插手"只是在事物产生之初；事物一旦产生，起作用的就是自然的力量了。这表明，牛顿不仅承认上帝的作用，也承认自然原因的作用。而且在牛顿看来，上帝的作用是短暂的，自然原因的作用则是长久的，即一直要持续下去。牛顿为什么要秉持这种二元论，这既有社会的原因、也有科学的原因。从科学的角度来说，在牛顿生活的时代，很多问题无法用科学解释，于是牛顿把它们都推到上帝那里。这里的问题有天文学的问题、有生物学的问题。拿天文学的问题来说，牛顿曾指出："……所以重力可以使行星运动，然而没有神的力量就不能使它们作现在这样的绕太阳而转的圆周运动。因此，由于这个以及其他原因，我不得不把我们这个系统的结构归之于一个全智的主宰。"[②] "……我曾说明

---

① ［美］塞耶：《牛顿自然哲学著作选》，上海外国自然科学哲学著作编译组译，上海人民出版社1974年版，第100页。

② ［美］塞耶：《牛顿自然哲学著作选》，上海外国自然科学哲学著作编译组译，上海人民出版社1974年版，第62页。

过各行星的周日转动不可能由重力而来,而需要有神力来推动它们。虽然重力可以使行星向太阳下落,而且这种下落运动可以直接向着太阳或者与这个方向稍有倾斜,但是那些使行星在各自轨道上运转的横向运动,就需要有神力在它们轨道的切线方向上给以推动。现在我要补充说的是,物质最初均匀散布于天空中的这个假说,在我看来,如果没有一种超自然的力量在调节它们,那就与它们赋有内在重力的假说并不相容;由此可以断定,上帝必然存在。"①

上帝是不存在的,上帝是虚幻的。但上帝在牛顿那里却是有价值的,这种价值概括起来就是:一是加强了"自然是有规律的"这一观念。这对科学研究是有益的。因为科学研究是要探讨自然规律。这首先要相信自然是有规律的。这种观念可能来自自然的启示,也可能来自科学研究,还可能来自上帝。在西方,很多科学家都是宗教徒。他们往往把自然规律之源归于上帝,这使他们更加相信自然规律,因为他们对上帝深信不疑。这种观念为他们的科学研究提供了基础,也为他们的科学研究提供了根据。更重要的是,这种观念使他们的科学研究有了奋斗的目标,这就是探索自然规律、获取自然规律。二是为科学研究提供了动力。科学研究是为了探索自然规律,而自然规律是上帝设定的。因此,在探索自然规律的过程中,可以接近上帝、了解上帝。这对科学家来说是莫大的荣幸,也是莫大的鼓励。这种鼓励,为科学家的科学研究提供了强大的、不竭的动力。三是上帝还有方法论的作用。在牛顿那里,所有难解的问题都被推到上帝那里。这种方法不是解决问题的方法,而是回避问题的方法。但这种方法也有它的益处:可以避开难解之问题,并集中精力于易攻之问题。

上帝的方法论作用至少带来三个结果:一是使科学家摆脱了"难题"的干扰。这种干扰搅得科学家心烦意乱、坐卧不宁。摆脱这种干扰后,科学家可以聚精会神地从事他们的科学研究。二是使科学家可以把他们的研究重心放到可以解决的问题上,这里的"可以解决",是已具备了"解决"的主、客观条件,例如,引力问题,在牛顿那个时代就是可以解决的,因此牛顿解决了它。但太阳演化的问题、生物进化的问题,在牛顿那

---

① [美]塞耶:《牛顿自然哲学著作选》,上海外国自然科学哲学著作编译组译,上海人民出版社1974年版,第68—69页。

个时代是无法解决的，只能等到18、19世纪由康德、拉普拉斯、达尔文等来解决。牛顿把太阳演化、生物进化等问题推到上帝那里，而把精力集中在引力问题之上，这种方法显然有利于牛顿的科学研究。三是加速了科学的发展。由于避开了那些暂时还无法解决的难题，而把研究重心放在可以解决的问题之上，这就有利于在科学上早出成果、快出成果。不仅如此，还可以减少许多不必要的耗费。这种耗费包括人力、物力、财力的耗费。这无疑加速了科学的发展。当然，上帝的方法论作用是有限的，而且到了一定时候还会起消极作用。对这一点我们必须清醒、必须有足够的认识。

牛顿从古希腊那里继承了和谐观点，并对这种和谐观点有所推进、有所发展。这种和谐观点对牛顿的科学研究有什么作用呢？这个问题在前面已有所回答。特别是上帝的方法论作用，这是从牛顿的科学研究中概括出来的。当然，上帝的方法论作用对其他科学家也是适用的，特别是对那些信教的科学家。这里要对和谐观点的作用作进一步的分析。这首先要谈到力学。在牛顿进入力学领域的时候，力学领域有两种力学，即伽利略的地上力学和开普勒的天上力学。这两种力学"各自为战"、互不统一。这显然不符合和谐观点。因为根据和谐观点，自然是统一的，不应有两种力学。而且有两种力学，也是一种浪费，而自然是不做无用之功的。正是基于这种认识，牛顿开始了统一两种力学的工作，并最终使两种力学统一起来。这就是经典力学体系的建立。

除了力学以外，牛顿在其他领域也展开了科学的探索。他探索的目的是发现自然规律。例如，他曾利用三棱镜分解太阳光，发现了白光可以分解为不同颜色的光即色散现象，并计算了红、绿、蓝等的色散系数。以后他又证明了不同光谱色的光可以合成白色光，而一种光谱色的光不能再继续分解。他还试图把光的微粒说和波动说结合起来。他指出：光的反射、折射等现象要用光线是微小的物体来解释，同时又指出："这些微粒用它们的吸引力或某种其他的力在它们对之作用的物质中激起振动。"[1] 他还指出："不同宽度的不同振动是否会产生不同种类的光，从振动宽度上看，这些振动激发起不同颜色的光，几乎就像空气振动时因宽度不同而引

---

[1] 陈昌曙等：《自然科学发展简史》，辽宁科学技术出版社1984年版，第136页。

起不同的声音感觉一样。"① 这些探索都与和谐观点有关。

除了综合以外，牛顿还重视演绎、重视演绎方法。演绎方法在古希腊有一个长足的发展。这突出地表现在：亚里士多德对演绎方法的探索以及在此基础上建立的逻辑学。亚里士多德的逻辑学，是古代科学的最杰出的成就之一。它的完备性、它所达到的高度，在古代是无与伦比的。即使到了近代，在很长时间内，它也没有被超越。亚里士多德的逻辑学在数学上结出了果实，这个果实就是欧几里得几何。欧几里得应用亚里士多德的逻辑学，对当时的几何知识进行了搜集、整理，在此基础上建立了几何的公理系统，这个公理系统是数学中的第一个公理系统，也是科学中的第一个公理系统。它对古希腊、对近代以至现代，都产生了巨大的影响。金观涛等曾就此指出："欧几里得几何体系在其形成的过程中的巨大影响很值得注意。……实际上，如果我们去分析古希腊罗马文明所达到的科学成就，就会发现其中最发达最具有现代意义的部分都是在它的示范作用下取得的，它们共同构成了原始科学结构对后世科学家进行示范。对近代力学和天文学起到奠基作用的圆锥曲线研究（它是微积分和解析几何的基础）实际是欧几里得理论体系的直接延伸。阿波罗尼的圆锥曲线论中487个命题，均由几何原本10个公论导出。伽利略对近代物理学划时代贡献可以说是阿基米德方法和道路的发扬光大。而阿基米德则完全是以欧氏几何为示范来构造他的静力学理论的。"②

亚里士多德和欧几里得的最大影响，以及这种影响带来的最大成果是：牛顿建立的演绎体系。这个体系不同于欧几里得几何。因为欧几里得几何是数学，它最初也有经验内容，但后来经过抽象，经验内容已经很少了。这就是说，它表示的是一种纯粹的形式，以及形式之间的关系。当然，它并没有完全脱离经验，经验对它来说仍是必不可少的。牛顿的演绎体系就不同了。因为牛顿的演绎体系是物理学，它必须包含经验，必须包含对经验的判断。尽管它的抽象度也很高，然而不管多高，都不能脱离经验。否则，它就毫无意义、毫无价值。

牛顿的演绎体系与欧几里得几何还有一个不同，这就是：牛顿的演绎

---

① 陈昌曙等：《自然科学发展简史》，辽宁科学技术出版社1984年版，第136页。
② 金观涛等：《科学传统与文化》，陕西科学技术出版社1983年版，第42—43页。

体系有一个解释世界的部分。这个部分很重要，因为它是牛顿演绎体系的目的。这一点很清楚，科学探索是为了发现自然规律，发现自然规律则是为了解释世界。当然，比解释世界更重要的是改造世界。对于改造世界，在牛顿的演绎体系中还没有涉及。但后来的实践证明，牛顿演绎体系中的科学定律被广泛地应用于改造世界的活动之中，极大地推动了生产力的发展；极大地推动了经济的发展；极大地推动了社会的发展。

牛顿的演绎体系，写在他的著作——《自然哲学的数学原理》之中。这部著作共分三个部分：第一部分是力学各个基本概念的定义。第二部分是牛顿力学三定律，以及用演绎的方法推出万有引力定律，流体静力学、流体动力学的各种定律。第三部分是用已发现的力学规律去解释世界体系。例如，希帕克就清楚地认识到二分点岁差现象，它可以设想为地球的自转轴在空间缓慢地划出一个锥形。牛顿表明，由于地球不是严格球形的，所以月球的吸引力倾向于使地球转动以致地球赤道平面与月球轨道平面相适合。这个效应与地球的自转结合起来，便赋予地轴以恰如观测的要求的圆锥运动。另外，这个效应还与太阳引起的类似效应结合在一起。这样就解释了岁差现象。牛顿还用万有引力定律解释了潮汐现象。他指出：月球的涨潮力要比太阳大得多，最高的潮发生在满月和新月的时候，此时这两个天体增强彼此的吸引，最低的潮发生在方照的时候，此时日月互相对抗。

可以这样说，牛顿充分发挥了演绎方法的作用，牛顿对演绎方法的使用也达到了炉火纯青的地步。这一点对科学发展的意义重大。因为自哥白尼开始，近代科学尽管获得了很大的发展，但也存在不少问题。其主要问题有两个：一是科学的水平不高；二是科学从整体上看有点乱。所谓"科学的水平不高"是指科学的抽象度不高。科学源于经验，这一点是没有问题的。但科学必须向更高层次发展。所谓"更高层次"，就是要认识事物运动的一般规律。这种一般规律具有更大的普遍性和"囊括性"。但在牛顿以前，科学还达不到这一程度。是牛顿解决了这个问题。他的《自然哲学的数学原理》把科学抽象到一个更高的程度。具体地说就是：他揭示了机械运动的一般规律，这种规律对于所有的机械运动都是适应的，而不管这种机械运动是在天上还是地上。除了提高科学的抽象程度外，牛顿还解决了科学有点乱的问题。他是从两个方向着手的：一个方向是把天上的力学和地上的力学统一起来，这就解决了两种力学互相分割的状态。另一个方向是用演绎方法把所有的力学定律统一在一个体系中，这就避免了"政出多门"的问题，而且还揭示了各个定律之间的关系。其好处是显而易见的，增加了科学的可靠度、可信度，而且可以发挥科学的整体作用。

这表明，演绎方法在牛顿的科学研究中是多么重要。在这个问题上，牛顿超过了哥白尼、伽利略等人。他们了解演绎方法，但演绎方法在他们手中，要么变成教条，要么仅仅使用在科学研究的某一个方面。例如，哥白尼就是以教条的程度来看待演绎方法的，这集中地表现在他对古希腊教条的继承和固守。伽利略不像哥白尼，他使用过演绎方法，但他只把演绎方法看成是揭露矛盾的工具。这与牛顿相比就差远了。因为牛顿不仅认为演绎方法是一种普遍方法，而且还把它上升到精神层面，即它是科学精神的具体体现。这样，牛顿就抓住了演绎方法的真髓，从而使他能够超越哥白尼、伽利略等人，并构筑起经典力学的大厦。但这里须要指出的是：牛顿之所以能够筑起经典力学大厦，与他所处的时代有一定关系。在这个方面不要太苛求于哥白尼、伽利略等人。

（三）坚持伽利略方法，创立微积分

伽利略方法就是数学—实验方法。数学方法是从古希腊那里继承下来的，主要是从毕达哥拉斯、柏拉图那里继承下来的。伽利略指出："哲学〔自然〕是写在那本永远在我们眼前的伟大书本里的——我指的是宇宙——但是，我们如果不先学会书里所用的语言，掌握书里的符号，就不能了解它。这书是用数学语言写出的，符号是三角形、圆形和别的几何图像。没有它们的帮助，是连一个字也不会认识的，没有它们，人就在一个黑暗的迷宫里劳而无功地游荡着。"[①]

伽利略的观点，无疑是从毕达哥拉斯、柏拉图那里继承下来的。但伽利略与他们的不同地方在于，他把数学与实验结合起来，这就避免了毕达哥拉斯、柏拉图的神秘主义，并使数学真正派上了用场。这里的"用场"

[①] ［美］克莱因：《古今数学思想》第二册，北京大学数学系数学史翻译组译，上海科学技术出版社1979年版，第33页。

就是作为科学的工具、为科学服务。具体地说,第一步是实验。在伽利略看来,科学的基本原理必须来自经验与实验。寻求正确而基本的原理的道路,是要注意什么是自然界说的,而不必注意什么是心之所愿的。他辩论到,自然界不是先造出人脑,然后把世界安排得使它能够被人的智慧所接受。对于中世纪的思想家无休止地重复亚里士多德的话并且争论它的含义,他给以批评说,知识来自观测,不来自书本,关于亚里士多德的辩论是无用的。这就是说,科学来源于实验,实验是科学源泉,离开实验就无所谓科学。这样,科学就不再是神秘的了,科学与神秘主义也就割断了联系。第二步则是用数学来描述,即用数学公式来表示科学定理或定律。这使科学从定性走向定量,从而可以更准确地描述自然,也可以更好地用来改造自然。因此,这是科学发展中的一大飞跃。

伽利略的数学—实验方法,是古希腊科学传统和近代科学传统的结合。这种结合使伽利略成为近代科学方法论的奠基人。克莱因曾指出"虽然伽利略的科学哲学大部分与笛卡儿的一致,但是给近代科学制定出更彻底更有效更具体的程序,并用自己的工作证实该程序的效果的,却是伽利略。"[①] "……他完全意识到他的成就。别人也意识到他的成就,哲学家霍布斯谈到伽利略时说:'他是第一个给我们打开通向整个物理领域大门的人。'"[②]

伽利略尽管应用了数学,但他在数学上没有什么创造。牛顿就不一样了,他继承了伽利略的数学—实验方法。他指出:"古代人在自然事物的研究中,把力学科学推到极端重要的地位,而近代人则排除物体的形式和玄妙的质,努力把自然现象放在数学的控制之下。本此理由,我在这本书里,培育数学直至它联系到哲学科学时为止……所以我献出这本书作为哲学的数学原理,因为哲学的整个负担似乎在于——从运动现象去考察自然的力,然后从这些力去阐明其他现象……"[③] "但是我们的目的是要从现

[①] [美]克莱因:《古今数学思想》第二册,北京大学数学系数学史翻译组译,上海科学技术出版社1979年版,第30页。

[②] [美]克莱因:《古今数学思想》第二册,北京大学数学系数学史翻译组译,上海科学技术出版社1979年版,第39页。

[③] [美]克莱因:《古今数学思想》第二册,北京大学数学系数学史翻译组译,上海科学技术出版社1979年版,第40页。

象中寻找这个力的数量和性质，并且把我们在简单情形下发现的东西作为原理。通过数学方法，我们可以估计这些原理在较为复杂情形下的效果……我们说通过数学方法，是为了避免关于这个力的本性或质的一切问题，这个质是我们用任何假设都不会确定出来的。"①

由此可见，在应用数学方面，牛顿与伽利略是一致的。但牛顿的世界要比伽利略的世界复杂得多。牛顿的世界包括以下几个部分：一是物质，即无限多彼此分离的、坚硬的、不变的——但互不相同——微粒；二是运动，这是一种奇特的悖论式的关系状态，它并不影响微粒的本质，而仅把它们在无限的同质的虚空中到处传递；三是空间，即那种无限的同质的虚空，微粒（以及由之构成的物体）在其中运动而不对其产生任何影响；四是把世界结合并维持在一起的引力，它不是一种构造成分，它或是一种超自然的力量——上帝的行动——或是制定自然之书句法规则的一种数学结构。②

这就是牛顿的世界。数学就是要描述这个世界。但在这个过程中，已有的数学难以完成这一任务，因此牛顿创立了微积分。微积分不同于以往的数学，它是数学的新的突破，是数学发展的新的阶段。正是在这个意义上，微积分以前的数学称为初等数学，微积分本身则称为高等数学。有了微积分，就可以更精确地描述世界，就可以描述世界的更多的方面。恩格斯曾指出："只有微分学才能使自然科学有可能用数学来不仅仅表明状态，并且也表明过程：运动。"③

当然，微积分的创立是一个复杂的过程。这个过程有两个根源：一是数学的根源。数学的根源可追溯到很久以前，但最近的数学根源却是笛卡儿的解析几何。恩格斯曾就此指出："数学中的转折点是笛卡儿的变数。有了变数，运动进入了数学，有了变数，辩证法进入了数学，有了变数，微分和积分也就立刻成为必要的了，而它们也就立刻产生，并且是由牛顿和莱布尼茨大体上完成的，但不是由他们发明的。"④ 这就是说，笛卡儿

---

① ［美］克莱因：《古今数学思想》第二册，北京大学数学系数学史翻译组译，上海科学技术出版社1979年版，第40页。
② ［法］柯瓦雷：《牛顿研究》，张卜天译，北京大学出版社2000年版，第8页。
③ ［德］恩格斯：《自然辩证法》，人民出版社1971年版，第249页。
④ ［德］恩格斯：《自然辩证法》，人民出版社1971年版，第236页。

的解析几何，是微积分产生的根源和基础。而解析几何是几何和代数的结合。几何主要来自古希腊传统，代数则来自东方传统。由于近代世界各国的经济、政治、文化交流，使两种数学传统得以碰撞、交汇。笛卡儿正是在这种交汇的基础上，利用他的天才，创立了解析几何。当然，与笛卡儿同时创立解析几何的还有费尔马。这表明，创立解析几何的时机已经到了，问题就在于哪一位天才去创立。

解析几何出现以后，使科学家对客观世界的描述有了更好的工具，在此之前，科学家的工具要么是几何，要么是代数，二者是分割的。例如，托勒密在他的地心说中所使用的就是几何方法，即用本轮、均轮来解释天文现象。这种方法被哥白尼继承。这就是说，哥白尼使用的也是几何方法。当然，由于哥白尼把宇宙的中心从地球移到太阳，使他的体系变得更加简单了，这主要表现在他使用了更少的本轮、均轮。伽利略使用的也是几何方法。梅森曾指出："科学的数学—实验方法在伽利略手中达到了成熟的阶段。他把几何学上的长短、面积、体积等题材撇开，而把几何学用来研究其他可测量的性质，即时间、运动和物质数量，俾能发现它们之间的关系，并推算这些关系的后果。"[1] 解析几何消除了几何和代数的分割，并吸纳了二者各自的优点。这样，解析几何就成了科学家手中的更有效的工具。他们利用解析几何，不仅可以快捷地解决一些科学问题，而且还可以解决过去不能解决的科学问题。当然，解析几何也有局限性。正是为了克服这种局限性，牛顿创立了微积分。在解析几何和微积分之间的中间环节是函数。笛卡儿通过对几何曲线和机械曲线的区分，列出了代数函数和超越函数学的区分。格雷戈里更进一步，它给函数下了这样一个定义：它是从一些其他的量经过一系列代数运算而得到的，或者经过任何其他可以想象得到的运算而得到的。[2] 正是通过函数，牛顿（包括莱布尼茨）走向了微积分。

二是科学的根源。微积分产生的科学根源是多方面的，但首先是为了处理17世纪的主要科学问题。克莱因曾指出："紧接着函数概念的采用，产生了微积分，它是继欧几里得几何之后，全部数学中的一个最大的创

---

[1] ［英］梅森：《自然科学史》，周煦良等译，上海译文出版社1984年版，第146页。
[2] 徐纪敏：《科学美学思想史》，湖南人民出版社1987年版，第46页。

造。虽然在某种程度上，它是已被古希腊人处理过的那些问题的解答，但是，微积分的创立，首先是为了处理17世纪主要的科学问题的。"① 那么，17世纪的主要科学问题有哪些，概括地讲，主要有四种类型的科学问题：1. 已知物体移动的距离表为时间的函数公式，求物体在任意时刻的速度和加速度；反过来，已知物体的加速度表为时间的函数公式，求速度和距离。2. 求曲线的切线。3. 求函数的最大值与最小值。4. 求曲线长（例如，行星在已知时期中移动的距离）；曲线围成的面积；曲线围成的体积；物体的重心；一个体积相当大的物体（例如行星）作用于另一物体上的引力。正是从这些问题出发，牛顿创立了微积分。例如，在《运用无穷多项方程的分析学》的小册子中，牛顿不仅给出了求一个变量瞬时变化率的普遍方法，而且证明了面积可以由求变化率的逆过程得到。他应用这个方法得到了许多曲线下的面积，并且解决了其他能够表成和式的问题。牛顿还给出了如下的法则：如果 y 值是若干项的和，那么面积就是由每项得到的面积的和。这用现在的话来说，就是函数之和的不定积分是各个函数的积分之和。在《流数法和无穷极数》一书中，牛顿更清楚地陈述了微积分的基本问题：已知两个流之间的关系，求它们的流数之间的关系，以及它们的逆问题。由已知关系给定的两个变量，能够表示任何量。

　　由此可见，牛顿之所以能创立微积分，主要根源于17世纪的四类科学问题。而且牛顿本人就是科学家，他就在科学之中，这使他获得了更强大的动力。当然，这里更深厚的背景还是古希腊传统和近代传统。古希腊传统传，主要是毕达哥拉斯—柏拉图传统。这个传统重视数学、重视用数学来描述世界。因为在它看来，世界就是数学的。牛顿继承了这个传统。并在他的科学工作中始终坚持了这个传统。不仅如此，他还发展了这个传统。但对牛顿来说，更重要的是近代传统。近代传统，实际上就是伽利略确立的数学—实验方法。正是在这一方法的指引下，牛顿把数学和力学结合起来，用数学描述力学，用力学推动数学。其结果是微积分的创立。在这一点上，牛顿超过了伽利略。因为伽利略只不过使用了已有的数学工

---

① ［美］克莱因：《古今数学思想》第二册，北京大学数学系数学史翻译组译，上海科学技术出版社1979年版，第49页。

具，而牛顿则创立了新的工具。新的工具，即微积分，不仅开创了数学的新时代，也开创了科学的新时代。可以这样说，即使现代科学，也离不开微积分，也需要微积分这个工具。

（四）热衷于神秘主义，痴迷于炼金术实验

牛顿在科学传统上的另一副面孔是神秘主义。凯斯曾指出：牛顿是一位柏拉图主义者，这与普通人的看法相反，因为他对象征和魔术具有浓厚的兴趣。"为什么我说他是一位魔术师？因为他以宇宙是一个谜，其中有神安放的神秘蛛丝马迹的数据，需要人们用纯粹的思想来阅读……他认为整个宇宙是神所写的秘密的图案。"①

牛顿的神秘主义可以分为两个层次：理论层次和实践层次。就理论层次而言，它的核心是上帝。关于上帝，牛顿指出："至高无上的上帝是一个永恒、无限、绝对完善的主宰者""上帝之所以为上帝，就是因为他作为一个精神的存在者有统治权；真正的、至高无上的或想象中的统治权，就构成一个真正的，至高无上的或想象中的上帝。由于他有真正的统治权，所以上帝才成为一个有生命的，有智慧的，有权力的主宰者；而由于他的其他一切完善性，所以他是至高无上的，也是最完善的。他是永恒的和无限的，无所不能和无所不知的；就是说，他由永恒到永恒而存在，从无限到无限而显现；他统治一切，并且对所有已经存在和可能存在的事物都是无所不知的。"②"所有人都承认至高无上的上帝是必然存在的，而由于这同一个必然性，他又时时、处处存在的。因此，他也就到处相似，浑身是眼，浑身是耳，浑身是脑，浑身是臂，并有全能进行感觉、理解和活动，但其方式绝不和人类的一样，决不和物体的一样，而是我们所完全不知道的。"③

根据牛顿的论述，牛顿的上帝有如下特点：一是上帝是永恒和无限

---

① ［美］佩尔斯等：《科学的灵魂》，潘柏滔等译，江西人民出版社2006年版，第76—77页。
② ［美］塞耶：《牛顿自然哲学著作选》，上海外国自然科学哲学著作编译组译，上海人民出版社1974年版，第49—50页。
③ ［美］塞耶：《牛顿自然哲学著作选》，上海外国自然科学哲学著作编译组译，上海人民出版社1974年版，第50—51页。

的；二是上帝无所不在、无所不知、无所不能；三是上帝至善至美；四是上帝是一个主宰者，是一个至高无上的统治者，而且他有真正的统治权；五是上帝是有生命的，他有眼、身、脑、臂等，他能进行感觉、理解和活动；六是上帝活动的方式不同于人类和物体，是人类完全不知道的；七是上帝设计了宇宙的一切，并且设计得非常精彩。例如，所有鸟、兽和人类的左右两侧（除内脏外）形状都相似；都在面部两边不多不少有两只眼睛；在头的两边有两只耳朵；中间一个鼻子，有两个鼻孔；肩膀上长着两只前肢，或者两个翅膀，或者两只臂膊；臀部长着两条腿，等等。

上帝是牛顿的核心观念。在这个观念的基础上，牛顿又提出了四个观念：一是他从剑桥柏拉图主义者的言论中采纳了自然界中的超机械化或主动的因素，他形容它们为"确实十分难以形容的精神，充沛而隐藏在万物之中"①，通过如化学作用、光能和磁力现象表现出来。他把这些主动因素作为神借此管制世界的渠道。二是他可找到神的位置的因素是绝对的时空。他从数学家 Barrows 的思想中采纳时空是神自己的永恒和无所不能的表达。他认为神的永恒是他在所有时间领域的伸展——他说："神的持续是从永远到永远。"同时他认为神的无所不在是在空间的无限伸展——"他的存在从无穷到无穷"。因此时间应是永恒的，空间应是无限的。三是他找到神的位置还通过世界的规律，他在宇宙中发现有智慧的设计。他说科学的主要任务乃是从机制的因果链中追溯到"一定不是机械化的第一因"。他也认为几种世界的特征不能在神的创造以外作其他解释。"眼睛能不以元素的原则来设计吗？耳朵能不按对声音的认识来制造吗？"② "这个最美好的太阳、行星和流星的系统只能按照一位智慧和大能者的指引和管制来运作。"③ 四是他为神定位的立场是宇宙往往有需要神介入来使它稳定的机会。譬如行星彼此接近或接近流星时产生不正常的现象，牛顿惧怕这种变异的累积会引致混乱，使整个太阳系统瓦解，因此神往往须要循环地介入宇宙来调整。要是宇宙是一架钟表，它是一架常须要修理和调整的钟表。

---

① ［美］佩尔斯等：《科学的灵魂》，潘柏滔等译，江西人民出版社2006年版，第97页。
② ［美］佩尔斯等：《科学的灵魂》，潘柏滔等译，江西人民出版社2006年版，第98页。
③ ［美］佩尔斯等：《科学的灵魂》，潘柏滔等译，江西人民出版社2006年版，第98页。

这就是牛顿的神秘主义。这种神秘主义的核心是上帝，在上帝的基础上又衍生出其他的观念。这样，就形成了两个世界，一个是上帝的世界；一个是物的世界。这两个世界的联系是单向的，即只有上帝对物的作用，而物对上帝是无能为力的。物的世界也包括人，人由上帝来主宰，人的一切都是由上帝来决定的。但人也有不同于物的地方，他可以认识上帝。当然，这里的认识是间接认识，即间接认识上帝。怎样认识，牛顿指出："我们只是通过上帝对万物的最聪明和最巧妙的安排，以及最终的原因，才对上帝有所认识……"① 这就是说，万物是中介，通过这个中介，人才对上帝有所认识。

牛顿的观点是有矛盾的。因为在牛顿看来，上帝与万物是不同的，通过不同于上帝的万物，怎么能认识上帝呢！另外，牛顿认为上帝活动的方式是人完全不知道的，但牛顿又认为通过万物可以对上帝有所认识。这种矛盾是必然的。因为牛顿的上帝是神秘的、非理性的，而人对上帝的认识是去神秘化的、理性的。这是一对矛盾，这对矛盾是不可消除的。其原因在于：消除神秘以后上帝就不是上帝了；而认识必须是理性的，离开理性就不可能有认识。当然，这里的认识是科学的认识，而不是宗教的直觉或启示。这也是牛顿的本意，即牛顿要通过科学认识上帝，这里的认识只能是科学的认识。然而上述矛盾的最深刻的根源在于：上帝根本不存在。由于上帝根本不存在，由上帝来统治万物、把上帝视为万物的原因，就不能不产生矛盾。这种矛盾是无法解决的。要解决就只能否定上帝，用万物自身来作为万物的原因。

当然，把万物作为认识上帝的中介，对科学的发展是有益的。因为这给科学研究提供了动力。具体地说就是：为了认识上帝，就要首先认识万物。这样，认识万物就成了认识上帝的中介、阶梯。这给那些信仰上帝的科学家以强大的动力。同时，在这个过程中，万物被认识了，万物所遵循的规律被发现了。因此，把上帝和万物联系在一起，不仅没有阻碍科学的发展，相反却推动了科学的发展。这是西方科学发展史上的一种奇特现象。正是这种"奇特想象"，再加上其他一些原因，使西方科学在近代一

---

① ［美］塞耶：《牛顿自然哲学著作选》，上海外国自然科学哲学著作编译组译，上海人民出版社1974年版，第51页。

枝独秀，远远地走在世界的前列。

除此而外，上帝还推动了实验精神的确立。牛顿指出："这世界并非一定是必然的（因为可能是按其他模式被造的世界）。因此它必定是一个意志自由的决定。"① 这就是牛顿的"意志论"。"意志论"对科学的一个重要影响是它对实验观察的支持。既然上帝不一定按理性的过程而是自由地创造，我们就不能单从思考演绎（思路的连接）来寻找知识。反之，我们要去大自然中观察和实验。这样，观察和实验就成了认识万物的方法，成了认识上帝的方法。这不仅使观察和实验的地位合法化了，而且使观察和实验上升为神圣的东西。这对科学的作用是巨大的，因为只有通过观察和实验，才可能有新的科学发现，在新的科学发现的基础上才可能有科学的进步。而观察和实验的神圣化，使科学家以观察和实验的为荣，并积极参加观察和实验。这是一种大的转向或"改宗"。正是这种"改宗"，使近代科学的面貌为之一变，并以前所未有的速度发展起来。

上帝对科学的推动还表现在：它具有方法论的作用。当然，这种积极作用也伴随着消极作用。因为牛顿把科学上的难题推给上帝，这会造成双重的神秘。具体地说，上帝本身是神秘的，上帝对难解之题的解决更是神秘的。不仅如此，"难解之题"本身也变成神秘的了。结果是"难解之题"再也不是人力所能解决的了。这就陷入一个二律背反：对"难解之题"，永远不能解决，至少是人不可能知道如何解决。这在某一时期内对科学来讲不一定是坏事，但从长远来说，却会影响科学的发展。

牛顿的神秘主义还有另一个层次，这就是实践的层次。这主要是指牛顿对炼金术的痴迷以及在炼金术上所做的大量实验。炼金术的起源可追溯到古希腊。丹皮尔指出："最古的希腊炼金术士大概出现在公元一世纪，但是，我们所知的最古的炼金术著作是时代不明的所谓伪德谟克利特和佐恩莫斯的著作。佐恩莫斯在公元三世纪或四世纪活动于古埃及。还有一些著作据说是赫米斯（同埃梅特神相当的希腊神）的著作，大概是三世纪的产物。"②

炼金术与占星术联系在一起。例如，太阳滋育着万物，在大地中生长

---

① ［美］佩尔斯等：《科学的灵魂》，潘柏滔等译，江西人民出版社2006年版，第28页。
② ［英］丹皮尔：《科学史》，李珩译，商务印书馆1987年版，第95页。

黄金。黄金是太阳的形象或原型。银白色的月光代表白银;金星代表铜;水星代表汞;火星代表铁;木星代表锡;土星是五个行星中最远最冷的一个,代表最重最阴暗的金属铅。实用炼金术通常有四个步骤:一是把锡、铅、铜、铁熔合成一种黑色合金,在这种合金中,锡、铅、铜、铁都失去了自己的个性,溶合成为柏拉图所说的第一物质的"一体性"。二是加入水银、砷或锑,使铜变成白色,从而和白银相仿。三是加入少量黄金"酵母",再用硫黄水(即硫化钙)或染媒剂处理这种白色合金。这样,合金就呈现黄色。在炼金术士看来,这就真的变成黄金了。

炼金术在古希腊流行 300 年左右便衰落了。复兴炼金术的是阿拉伯人。阿拉伯的炼金术家从两个来源得到他们的初步知识:一是波斯学派;二是古希腊人的著作。阿拉伯的炼金术家提出一种学说:自然与人体都是同样一些材料构成的,或者有同样的本原,同样的元素。而最基本的元素有两种:一是水银,它代表任何密实和永久的东西。另外一个是硫化物,它代表一切可燃烧和并非永久的东西。所有的材料体,包括人体在内,都是从这两大本原中造就出来的,因此也可以由这些本原重新塑造。例如,所有金属都是在地底下通过水银与硫化物而生长出来的,就如同骨头是通过卵而从胚胎里面生成一样。

到了近代,炼金术仍很流行。沃尔夫曾指出:"在近代之初,化学研究沿着三个主要趋势发展。首先,探求哲人石或某种别的把贱金属嬗变成黄金的炼金术研究仍然盛行。其次一个趋势是把化学知识转用于医药。这个称为医药化学的运动还没有完全脱离炼金术那种探求长生不老药和万应灵药的研究。这两种药物是想无限期地延长人的寿命和医治人身的一切疾病。……第三个趋势同矿业密切有关。这种重要的工业既有着实际的需要,又提出了进行仔细观察和实验的大量机会。这一切导致从很早起就积累了相当可观的有关金属及其处理方法的知识。……上述三种趋势彼此有一定程度的抗争,相互批评时也不乏过激的言辞。不过,这些运动的追随者的大多或多或少沾染有炼金士所提出的那些思想。"[①]

牛顿生活在炼金术仍很流行的时代,结果他也成了炼金术的一员。牛

[①] [英] 沃尔夫:《十六、十七世纪科学、技术和哲学史》,周昌忠等译,商务印书馆 1985 年版,第 325 页。

顿在炼金术上很下功夫。不仅如此，他在炼金术上所花的时间，比他花在成名的物理上的时间可能还要多些。这是一个怪圈。在这个怪圈中，一方面牛顿是一个炼金术士；另一方面他又是一个科学家。炼金术充满神秘主义，尽管它产生了一些科学的成果，但它本身是非科学的。按照炼金术的思路是永远无法过渡到科学的。因此，炼金术与科学是两码事，炼金术与科学范式是矛盾的。但在牛顿身上，炼金术与科学却能"和平共处"，至少是没有发生大的冲突。这是一种奇迹。这种奇迹表明，牛顿是一个具有"二重性"的人，即他游移于炼金术与科学之间，而且还能"心安理得"。作为炼金术者，他是忠心的、虔诚的，也是认真的。这种态度不仅仅是一种态度，而是表现在他的具体行动中。这就是说，他不是一个"趋炎附势"的人，他的目的也不在经济利益。从后一点来说，他比开普勒幸运，他在生活上没有多少问题，他一生过得比较宽裕。

牛顿为什么会走向神秘主义，这里的原因是多方面的。首先是受古希腊科学传统的影响。古希腊科学传统，包括毕达哥拉斯—柏拉图主义和亚里士多德主义。牛顿受毕达哥拉斯—柏拉图主义的影响更深。而毕达哥拉斯—柏拉图主义就充满神秘的成分。后来的新柏拉图主义仍是一种神秘主义，它有两套思潮：一套在天文学上具有强烈的毕达哥拉斯主义的因素，甚至有一种对数学神秘的尊敬；另外一套思想可追溯到医学和化学，它注重大自然中固有的类似属灵化的动力——所谓的"主动的原则"。[①]

牛顿的神秘主义，还与他的"宗教情结"有关。牛顿的家庭宗教气氛浓厚，他的继父和舅父都是牧师，抚养他长大的外祖母和母亲都是虔诚的教徒。牛顿本人也是一个虔诚的教徒。而在宗教中，神秘主义是不可避免的。当然，有的宗教神秘主义多一些，有的宗教神秘主义少一些。这种神秘主义表现在很多方面。例如，上帝就是神秘主义的集中体现。上帝是根本不存在的，他是人根据人自己创造出来的。在创造的过程中，人凭借想象、甚至幻想，使上帝超越现实、超越人自己，成为一种巨大的、无限的力量，成为一种最完善、最完满的东西。这个过程本身就是神秘的。更神秘的是：人创造的这个东西反过来要支配人、决定人的命运，而且人还对他顶礼膜拜，把自己的一切都交付于他。另外，在《圣经》中，有很

[①] [美]佩尔斯等：《科学的灵魂》，潘柏滔等译，江西人民出版社2006年版，第64页。

多神秘主义的东西。如根据《约翰福音》的记载:"到了晚上,他的门徒下海边去,上了船,要过海往迦百农去。天已经黑了,耶稣还没有来到他们那里。忽然狂风大作,海就翻腾起来。门徒摇橹约行了十里多路,看见耶稣在海面上走,渐渐近了船,他们就害怕。耶稣对他们说:'是我,不要害怕!'门徒就喜欢接他上船,船立时到了他们所要去的地方。"① 类似的记载还很多。这里就包含神秘的成分,甚至可以说是一种神秘主义。这种神秘主义的东西在牛顿小的时候就开始影响他。长期的熏陶、长期的耳濡目染,使牛顿对神秘主义深信不疑。当然,这只是他世界观的一部分,不是他世界观的全部,否则他就成不了科学家,更成不了科学的巨人。

除了上面的原因外,牛顿的神秘主义与他的科学研究紧密相连。牛顿是一个大科学家。作为一个大科学家,他站在科学的前沿,深深感到自然之奇特,深深感到人力之有限。他曾指出:"我不知道世上的人对我怎样评价。我却这样认为:我好像是在海滩上玩耍的孩子,时而捡到几块晶莹的石子,时而捡到几片美丽的贝壳并为之欢欣。那浩瀚的真理的海洋仍展现在前面。"② 后人理解这段话,主要认为是牛顿谦虚的表现。实际上这是牛顿的真实感受。正是由于"海洋"的不可穷尽性,使牛顿走向了神秘主义、走向了上帝。借助神秘主义、借助上帝,牛顿获得了内心的安宁、获得了智力的平衡。否则,他会被各种问题所烦忧,陷入不可自拔的痛苦之中。

无独有偶,爱因斯坦也同样陷入神秘主义之中,他的神秘主义就是宇宙宗教感情。他指出:"人们感觉到人的愿望和目的都属徒然,而又感觉到自然界里和思维世界里却显示出崇高庄严和不可思议的秩序。个人的生活给他的感受好像监狱一样,他要求把宇宙作为单一的有意义的整体来体验。"③ "他的宗教感情所采取的形式是对自然规律的和谐所感到的狂喜的惊奇,因为这种和谐显示出这样一种高超的理性,同它相比,人类一切有系统的思想和行动都只是它的一种微不足道的反映。"④ 这里的宇宙宗教感情或宗教感情,不是传统的宗教。但在神秘主义问题上,与传统宗教是

---

① 《圣经》,中国基督教三自爱国运动委员会、中国基督教协会2003年版,第110—111页。
② 林成滔:《科学简史》,中国友谊出版公司2005年版,第188页。
③ 《爱因斯坦文集》第一卷,许良英等编译,商务印书馆1977年版,第280—281页。
④ 《爱因斯坦文集》第一卷,许良英等编译,商务印书馆1977年版,第283页。

类似的。爱因斯坦为什么走向神秘主义，与牛顿的情况是一样的，即他身处科学前沿，他面前的东西变幻不定、神秘莫测，但他又深信是可以认识它们的。这里没有逻辑，这里只有信念。信念是什么，在信念中就包含着神秘的东西。这样，爱因斯坦就走向神秘主义。

在与神秘主义的关系上，牛顿更接近开普勒，但与伽利略相比却是一种倒退。因为伽利略始终坚持数学—实验的方法，并没有给神秘主义留下多少地盘。除此而外，伽利略也没有染指"神秘主义"，更没有像牛顿那样痴迷于神秘主义。当然，牛顿与开普勒也有区别：开普勒的神秘主义在他的科学发现中起了很大的作用，甚至可以说是基础性的作用。而牛顿的神秘主义在他的科学发现中所起的作用较小，尤其是炼金术，它主要是一种消遣，由它导向的科学发现少之又少。这与牛顿在炼金术上付出的代价是不成比例的。为什么会出现这种现象呢？这里的原因相当复杂。除了共性的原因外，还有个性的原因。例如，牛顿的世界观、牛顿的性格、牛顿的工作方式和生活方式，都对他的神秘主义产生了影响。

这里的问题是：牛顿的神秘主义与他的科学工作是什么关系呢？从理论层面来说，神秘主义为牛顿的科学研究提供了动力，神秘主义在牛顿的科学研究中还起了方法论的意义。而从实验层面上看，炼金术及其实验使牛顿获得了一些科学成果。丹皮尔曾指出："牛顿在化学上虽然不像在物理学上那样有突出的发现，但他对于化学的见解远远超过当时的化学家。例如，对火焰的意义有深刻的认识。他认为火焰与蒸汽不同，就如赤热的物体与非赤热的物体一样。这种看法比亚里士多德关于火是四元素之一的说法，与当时化学家用盐、汞、硫三原质来解释物质的见解，远远更接近于现代的思想。"[①]

除了化学是成果以外，牛顿的力学研究也受到炼金术的启发。这主要表现在：炼金术的吸引力启发了牛顿，使牛顿发现了万有引力定律。当然，这个过程有很多因素，炼金术只是其中的一个因素。这就是说，不能夸大炼金术这个因素，但又必须承认炼金术这个因素。这也算是一种辩证法吧。

---

① ［英］丹皮尔：《科学史》，李珩译，商务印书馆1987年版，第242页。

（五）潜心于宗教研究，沉溺于荒诞不经的考证

牛顿不仅热衷于神秘主义，还潜心于宗教研究。他关于宗教和古代史的著作达150万字。他生前出版的著作是《从欧洲有史记载至亚历山大远征之间的年代简略考》。后改名为《修订的古王朝年代考》。他死后又出版了如下著作：《圣经里的两大错讹的历史考证》《但以理先知的语言与圣约翰的启示录的评论》。后一本著作的内容是说但以理的语言与以后历史事实的关系。例如，但以理在梦中看见的巨兽有十只大角和一只小角，牛顿将十只大角考证为以后的十个王国，而将那只小角看作是罗马教会。

牛顿关于宗教的研究，表明了他对宗教的信仰，这种信仰带来的后果是：他把大量的时间花费在宗教的考证上。这无疑影响了他的科学研究，因为他搞宗教考证就不能搞科学研究。而他的宗教考证又没有多大价值，并在很短的时间内就被人们遗忘了。这里的原因是：他本人不是神学家，他的宗教考证从来没有进入宗教的主流。在这个方面，他的宗教考证还不如他的神秘主义。他的神秘主义尽管收效甚小，但毕竟还产生了一些科学成果。正是基于此，有不少学者对牛顿的宗教考证持完全否定的态度，认为它不仅徒劳无益，而且还严重影响了牛顿的科学研究。

我们认为，上面的观点确实反映了事实的一面。但事实的另一面是：牛顿的宗教考证主要是在他的晚年进行的。而在晚年，他已经不可能在科学上有所突破了。况且，他搞科学研究几十年，已变得疲惫不堪了。在这种情况下，他不得不转向其他领域。宗教考证只是一个领域，他还当过造币厂的厂长。关于这方面的情况，沃尔夫曾指出："……然而在1695年，他被任命为造币厂督办，他兢兢业业地操守这个新的职务。当时银币的成色大大降低，督办的职责是监督重铸成色十足的银币，因此事关重大。1699年，在他圆满地完成了这个任务之后，被任命为造币厂厂长，他担任这个职位直到去世。"[①]

造币厂的厂长，使牛顿更加远离科学研究。这对牛顿的科学研究有没

---

① ［英］沃尔夫：《十六、十七世纪科学、技术和哲学史》，周昌忠等译，商务印书馆1985年版，第164页。

有损害呢？损害肯定是有的，但损害却不是很大。因为牛顿的科学潜力已经被挖得差不多了，况且他的身体状况也不允许再像过去那样搞科学研究了。以前的一些否定观点，其根源在于线性思维，即线性地看待牛顿、看待牛顿的科学研究。事实上，牛顿也是人，牛顿也有"江郎才尽"的时候。特别须要指出的是，科学研究是科学家共同的事业。不管牛顿是否正在进行科学研究，他的事业肯定会有人继承，并在继承的基础上发扬光大。牛顿本人已认识到这一点。他曾指出："要解释自然的一切，那是太困难得一项任务，一个人甚至一个时代都无法完成。一次做一部分确切事情，而把余下的事情留给后来者，看起来这样会好得多，而不要试图一次解释完所有的事情。"①

还有一个问题须要指出的是：科学研究只是牛顿生活的一部分。作为人，牛顿还有其他生活。宗教考证也是牛顿生活的一部分。作为牛顿生活的一部分，与牛顿的其他生活有着错综复杂的关系。例如，宗教考证对牛顿的科学研究，既有积极的一面，也有消极的一面。拿消极的一面来说，它肯定浪费了牛顿的大量时间，这对牛顿的科学研究肯定是不利的。好在这种宗教考证是在牛顿的晚年进行的，否则对牛顿的科学研究影响更大。积极的一面就有争议了，因为很多人是不承认这一面的。我们认为，这一面确实是存在。具体地说，宗教考证代表着一种宗教信仰。宗教信仰对牛顿的科学研究有两种积极作用。一种积极作用是直接的。例如，牛顿之所以进行科学研究，是为了寻找通往上帝之路。另一种积极作用是间接的。这是指宗教信仰是牛顿生存、生活的基础，这在西方尤其是这样。而生存、生活，又是科学研究的基础。试想，如果生存、生活的问题都解决不了，还能搞科学研究吗？从这个意义上说，宗教信仰对牛顿的科学研究有间接的积极作用。

（六）对牛顿总的看法

牛顿是科学巨人，而且是科学巨人中的巨人。他创立的经典力学在科学界统治地位达 200 年之久。即使是相对论和量子力学出现以后，牛顿力

---

① ［英］丹皮尔：《科学史》，李珩译，商务印书馆 1987 年版，第 236 页。

学并没有像燃素说和热质说那样在科学界消失，它仍在一定的领域、一定的范围中发挥作用，而且在人们的日常生活中，它仍占据着支配地位。对这样一个伟大的人物，对这样一种伟大的学说，肯定会出现仁者见仁、智者见智的不同评价。我们无意去统一这些不同的评价，也不可能统一这些不同的评价，我们只想通过我们的努力，去得出比较客观、比较准确的结论。

我们首先来引用布伦诺斯基的一段话："……他的确是一位很不平常的人，他有很野的性格。他曾练习过炼金术。他私下里写过很多卷《启示录》。他相信，平方反比律很快将在毕达哥拉斯的数学中找到。而对于这样一个人，对于在私下里充满形而上和神秘思考的一个人来说，在公众面前保持冷脸，并且说'我不做假设'——这是他神秘性格的非凡的表达。"①

由此可见，牛顿具有多重性格。这"多重性格"既与牛顿本人有关，也与他当时生活的社会背景有关。例如，牛顿生性腼腆，他不爱与人争论，但假说往往引起争论，这就是他声明不作假说的原因。然而搞科学研究哪有不作假说的，因此他又在不断作假说。这就使他表现出"多重性"。"多重性"有时还是一种"矛盾性"，结果是牛顿不断陷入矛盾之中。矛盾没有使牛顿精神分裂，相反，牛顿生活得很好。不仅如此，牛顿在各方面都取得了成功。可以这样说，他是社会的成功人士，他活着的时候就名满天下，他死了以后更是受到人们的敬仰和崇拜。

牛顿在科学的传统上也是不拘一格，兼收并蓄。柯瓦雷曾指出："……常有人说，牛顿思想和工作的伟大之处，就在于他把高超的实验能力和过人的数学天赋结合起来。也有人说，牛顿科学的显著特征，就在于他把数学和实验连在了一起，用数学来处理现象，也就是说，处理实验或（因为在天文学中我们无法做实验）观测数据。然而，虽然这种描述无疑是正确的，但在我看来，它还算不上完整：牛顿的思想绝对含有比数学和实验多得多的东西；比如——除了宗教与神秘主义——一种对自然作纯机械解释时的局限性的深刻直觉。我已经说过，由于牛顿科学是建立在微粒哲学的稳固基础之上的，所以就会导致对整个事件和作用进行原子分析，这

---

① ［美］布伦诺斯基：《科学进化史》，李斯译，海南出版社2002年版，第235页。

样一种特别的逻辑方式（一般说来，这与数学的处理方法完全不同），或者更恰当地说，是把这种方式发展到了最完美的地步，即把既定的数据约化为原子的基本成分（它们首先就被拆成了这些东西）之和。"①

这就是说，牛顿在科学传统上是多元的。这种多元体现在：一是他强调实验与观察；二是他主张实验与数学的结合；三是他重视演绎方法；四是它以原子为科学的基础；五是他认为自然是简单的；六是他具有神秘主义倾向；七是他信仰宗教，并从科学那里获得了科学研究的动力。这些因素集聚在一起，成为牛顿科学研究的形而上学。在这种形而上学中，既有古希腊科学传统，也有近代科学传统，还包括宗教传统。不仅如此，各种科学传统还结合在一起，这种结合有多种形式，即有的结合是两种结合，有的结合则是三种结合。这样，牛顿形而上学就不是线性的，而是立体的；不是一元的，而是多元的；不是分割的，而是交织在一起的。

无独有偶，爱因斯坦在科学传统上也是多元的。他指出："寻求一个明确体系的认识论者，一旦他要力求贯彻这样的体系，他就会倾向于按照他的体系的意义来解释科学的思想内容，同时排斥那些不适合于他的体系的东西。然而，科学家对认识论体系的追求却没有可能走得那么远。他感激地接受认识论的概念分析；但是，经验事实给他规定的外部条件，不容许他在构造他的概念世界时过分拘泥于一种认识论体系。因而，从一个有体系的认识论者看来，他必定像一个肆无忌惮的机会主义者：就他力求描述一个独立于知觉作用以外的世界而论，他像一个实在论者；就他把概念和理论看成是人的精神的自由发明（不能从经验所给定的东西中逻辑地推导出来）而论，他像一个唯心论者；就他认为他的概念和理论只有在它们对感觉经验之间的关系提供逻辑表示的限度内才能站得住脚而论，他像一个实证论者。就他认为逻辑简单性的观点是他的研究工作所不可缺少的一个有效工具而论，他甚至还是一个柏拉图主义者或许毕达哥拉斯主义者。"②

爱因斯坦所说的"机会主义"，实际就是一种多元主义。爱因斯坦在他的论述中提到四种观点，即实在论，唯心论，实证论，柏拉图主义或者

---

① ［法］柯瓦雷：《牛顿研究》，张卜天译，北京大学出版社2000年版，第13页。
② 《爱因斯坦文集》第一卷，许良英等编译，商务印书馆1977年版，第480页。

毕达哥拉斯主义。实际上，爱因斯坦还有一种宇宙宗教感情。这种宇宙宗教感情，不同于传统的宗教感情，但二者还是有共同的方面，如二者都包含一种神秘主义的东西。因此，在爱因斯坦的观点中，还有神秘主义的成分。当然，不像牛顿，他的神秘主义仅被限制在很小的范围内。

由此可见，科学传统上的多元主义并不是一种个别现象，因为有相当一部分科学家持这种观点，并用这种观点来指导他们的科学研究。这里的根源是什么？概括地讲主要有以下几条：一是科学所面对的是一个未知的世界。在探索这个未知世界的过程中，没有固定的方法，也没有固定的程式。这就需要科学家大胆地去试，即尝试各种方法，看哪种方法能够取得成功。有时由于已有的方法不够用，还要创造新的方法。因此，科学家不可能是一元主义者。二是科学的不同领域要有不同的方法。科学涉及的领域颇多，如微观领域、宏观领域、宇观领域；物理领域、化学领域、生物领域；自然领域、社会领域、思维领域。对不同的领域，需要用不同的方法。这也是科学家走向多元化的根源。三是在科学革命的时代，科学家须应付各方面的挑战。这也使科学家不得不游移于多种科学传统。例如，他不得不放弃旧的科学传统，转而采用新的科学传统，甚至创造新的科学传统。当然，对旧的科学传统他也不完全放弃，他或者继承其中合理因素，或者把其中的一些因素嫁接到新的科学传统之上。这样，他就变成一个科学传统的"杂家"，而这一切都是为了解决科学问题。四是科学可分为发现、描述、证明等方面。这些方面的科学传统是不同的。例如，发现是非逻辑的；描述则需要逻辑；证明也需要逻辑，但它的逻辑与描述的逻辑是不同的。正是基于这种不同的逻辑，科学家需要多元思维。具体地说，他不能固执于某一个方面，他必须根据不同的方面采取不同的逻辑。五是科学家是一个综合体。即他要受到所处时代的影响，受到与他相处的科学家的影响。除此而外，科学家有不同的个性，研究的问题也不同。其结果是，科学家不可能只保持一种科学传统，他在科学传统上必然是多元的。

科学传统上的多元主义，对牛顿和爱因斯坦的科学研究起了什么作用？我们首先来看爱因斯坦。从总体上说，科学传统上的多元主义推动了爱因斯坦的科学研究。因为这种多元主义使爱因斯坦不至于固守科学的某一方面，不至于陷入僵化，不至于走入某一死胡同之中。而这一切都有利于爱因斯坦应付科学的各种挑战，都有利于爱因斯坦的科学研究工作。这是爱因斯坦之所以能够取得诸多成果、特别是取得巨大成果的根本原因。爱因斯坦在这个方面还有一个重要思想是：坚持多元，就是要把每一元放在它合适的地方。这一点很重要，否则多元主义就会陷入不断的争论之中，甚至斗得"你死我活"。这种情况显然不利于科学研究。不仅如此，还可能导致科学研究的混乱。最后须要指出的是：爱因斯坦的多元主义，是一种方法论的多元主义。这也是爱因斯坦的聪明之处。作为方法，只要有用就行，而多种方法肯定比一种方法好。由于避开了本体论的问题，可以免却很多麻烦、很多争论。

牛顿的多元主义与他的科学研究的关系就比较复杂了。这里的原因在于：牛顿的多元主义本身就是复杂的。由此决定，牛顿的多元主义在他的科学研究中的作用不是一种，而是多种，即既有积极作用，又有消极作用，还有积极作用和消极作用的混合。就积极作用而言，牛顿生活在科学急剧变革的时期，也是科学的综合时期。在这样的时期，只秉持一种科学传统，很难应付各方面的挑战。更重要的是，还会使科学家陷于一隅，没有开阔的视野，因而难以作出重大的科学发现。牛顿就不同了，他的科学传统是多元的，这使他具有开阔的视野，这使他手握"利器"；这使他能应付各方面的挑战；这使他能够取得一个又一个的科学成果，其中的一些科学成果是划时代的、巨大的。

牛顿的多元主义还发挥了另一个积极作用，即在科学的不同领域、不同方面，坚持不同的科学传统。这是符合科学研究的实际的。其结果是：推动了科学研究、推动了科学发展。例如，牛顿在科学发现中，强调实验，强调归纳。对想象，他实际上也在用，只不过他没有明确承认。而在建立科学的理论体系方面，牛顿则坚持演绎方法、综合方法。这里实际上就是：在科学的不同领域坚持科学的不同传统。在这个方面，牛顿做得非常成功，以至于他既是科学发现者，又是科学理论体系建立者。这种身兼二任的现象，在科学史上是一个奇迹。这不能不归功于牛顿的多元主义，不能不归功于牛顿多元主义的"恰当应用"。后一点很重要。因为只有恰当应用，才有利于科学研究，否则就会对科学研究产生消极作用。历史上曾有这样的教训。如牛顿的后继者在微积分上片面理解牛顿的科学传统，拒不接受莱布尼兹的方法和符号，结果使英国的微积分发展缓慢，不仅成果很少，人才也很少，杰出的人才就更少了。

当然，牛顿的多元主义也有消极的一面，这主要来自他的宗教传统和神秘主义。例如，牛顿在炼金术上耗费了他的大量精力，但他却收获甚少，几乎没有获得什么值得称道的科学成果。在宗教上也一样，他白白浪费了大量时间，这与科学毫无益处，就是从宗教本身来说，也没有获得任何有价值的成果。然而在这个方面也应作辩证的分析。这就是说，宗教传统和神秘主义，在牛顿科学研究中也不是只有消极作用，而是在消极作用中包含着积极作用，拿炼金术来说，它使牛顿获得了一些化学成果。不仅如此，它还启发了牛顿，使他能够发现万有引力定律。宗教也一样，它在牛顿的科学研究中也起了积极的作用。

　　因此，牛顿的多元主义，在积极作用和消极作用两个方面，并不是截然分明的，而是互相渗透、互相交错、杂糅在一起。在这里，寻找纯粹的东西是不可能的，完全否定某一个方面的传统也是不可能的。例如，有的学者对牛顿的宗教传统和神秘主义持完全否定的态度，这显然是有问题的。因为牛顿的宗教传统和神秘主义，在他的科学研究中还起了积极的作用。除此而外，牛顿科学传统的各个部分是互相联系的，它们的作用，不管是积极作用还是消极作用，都是共同的。就共同而言，很难区分谁发挥了积极作用，谁发挥了消极作用。这也是一种复杂性吧！过去由于形而上学地看问题，因此产生了片面的认识。这集中地表现在：对牛顿的科学传统中的各个部分，要么肯定，要么否定，并且不能从整体的角度来分析问题、处理问题。结果不仅违背了客观实际，而且也无法解释相关的现象。今天是还其本来面貌的时候了。这里的关键是要采取历史主义的态度、采取辩证的方法。只有这样，才能正确评价牛顿的科学传统，才能正确反映牛顿科学传统在他科学研究中的作用。

　　最后须要指出的是：对多元主义也不能神化，因为多元主义也有它的问题。这就是说，多元主义有一定的优势、有诸多的优点，但它同时也有自己的软肋、自己的不足。例如，多元会引发争论，有些争论会影响科学的研究。多元还有一个应用适当的问题。如果应用不适当，也会影响科学研究。然而就一般而论，多元比一元好，多元比一元更有利于科学的研究。

五 对屠呦呦获得诺贝尔科学奖的文化反思

屠呦呦获得诺贝尔科学奖有特殊的意义。因为中国人所获得的诺贝尔科学奖，除屠呦呦外，其余的都不在中国，都在西方。屠呦呦是在中国本土获得诺贝尔科学奖的，这在一定程度上表明，中国文化并不完全与科学矛盾，中国文化与科学有适应的一面，中国文化可以对科学起积极作用。当然，中国文化对科学的积极作用并不是从今日始，因为在古代，中国文化曾有力地推动了科学的发展。除过古希腊，中国古代科学不比当时世界的任何国家逊色。但到了近代就不同了。中国没有发展出近代科学，而且在追赶近代科学方面也屡屡错过时机。这使中国的科学越来越落后。在这种情况下，人们对中国文化的诟病颇多，有些人甚至主张抛弃中国文化。当然，中国文化不是你想抛弃就能抛弃得了的。可以说，中国文化就是中国人的"基因"，它被一代一代地遗传下来，它在中国人的头脑中根深蒂固，它已溶化在中国人的血液中。然而中国文化与科学的关系却始终困扰着人们、始终是一个带有挑战性的问题。

屠呦呦获得诺贝尔科学奖，对中国文化来说是一个"福音"。因为它揭示了中国文化对科学的积极的一面。这主要体现在两个方面：一是中国文化讲求实用。而屠呦呦的科学研究就是从实用出发的。具体地说，"1964年，美国出兵攻打越南，双方都因疟疾造成很大的战争减员。因此，是否能在短时间内拥有无抗药性的药物成为决定胜负的关键因素。1967年5月23日，应越方请求，毛泽东主席指示周恩来总理亲自组成了'全国疟疾防治研究领导小组办公室（代号523办公室）'，作为保密性质的重点军工项目，以应对战争需要。"① 屠呦呦参加了"523项目"，因此

---

① 段志光等：《屠呦呦获诺贝尔生理学或医学奖之启示：特殊性与一般性》，《自然辩证法通讯》2016年第1期。

她的科学研究一开始就是以实用为目的的，这里的实用就是军事需要。而中国文化是讲实用的。这样，中国文化与屠呦呦的科学研究就是完全合拍的。这种合拍最后还获得了硕果，其标志是屠呦呦获得了诺贝尔科学奖。这在中国是空前的事业。二是中国文化有一种集团精神。这种集团精神的目标是国家。为了国家，可以舍弃个人的利益，可以牺牲个人的生命；为了国家，可以做小小的螺丝钉，可以做他人的垫脚石；为了国家，可以精诚团结、亲密无间，可以分工协作、共克难关。这种精神在"523项目"中体现得淋漓尽致。正是这种精神使屠呦呦提炼出了青蒿素，使屠呦呦获得诺贝尔科学奖。

由此可见，中国文化对科学确实有积极的一面。关于这个问题，朱清时、姜岩早就分析过。当然，他们对中国文化的评价很高。他们认为："中国传统科技文明中的优秀成分特别是整体论思想符合第二次科学革命的潮流，可以作为其指导思想；在整体论指导下的中国传统科学的'实用化'方法符合当代科学发展的趋势，人工智能技术的发展为这种方法提供了技术基础，是第二次科学革命的主要方法；中国传统文化中的精华符合当代可持续发展的思想，对人类文明的可持续发展可以提供借鉴和指导。"① 他们还认为："与以还原论为指导思想的第一次科学革命相适应的是公理化方法。公理化方法显然不能满足以整体论为指导思想的第二次科学革命的要求，第二次科学革命需要一种完全不同于公理化方法的科学方法。"② "与东方科学整体论为指导思想的第二次科学革命需要的科学方法就是东方科学的'实用化'方法，以'实用化'方法为主，吸收公理化方法的优点就构成了第二次科学革命的基本方法。"③

朱清时、姜岩为了证明自己的观点，还举了中医和吴文俊的例子。吴文俊指出："中国文化历史悠久，给我们提供了许多思想上、方法上的帮助。我自己个人的体会，我在机器证明方面的研究得益于中国传统数学的学习。"④ "本人关于数学机械化的研究工作是我国自《九章算术》以后

---

① 朱清时等：《东方科学文化的复兴》，科学技术文化出版社2004年版，第172页。
② 朱清时等：《东方科学文化的复兴》，科学技术文化出版社2004年版，第186页。
③ 朱清时等：《东方科学文化的复兴》，科学技术文化出版社2004年版，第186页。
④ 朱清时等：《东方科学文化的复兴》，科学技术文化出版社2004年版，第196页。

宋元时期数学的直接继承。"① 吴文俊的学生高小山也指出："吴—Ritt 零点分解定理……是吴文俊关于数学机械化工作的核心，是方程求解、几何定理机器证明的吴方法的基础。这一方法是吴文俊基于中国古代数学的求解代数方程组消去法的思想并借鉴 Ritt 关于微分代数的工作提出的。"②

吴文俊等在机器证明数学定理方面取得了一系列的突破。例如，1977年吴文俊提出了一个证明初等几何的新方法，能在数以秒计的时间内解决相当困难的问题。7 年后，留美学者周咸青基于这个方法写出了有效的几何定理机器证明的程序，后来又在一本专著中列出了用此程序证明的 512 个几何定理。1978 年，吴文俊又证明初等微分几何中的一些主要定理的证明也可以机械化。其后，他把机器定理证明的范围推广到非欧几何、仿射几何、圆几何、线几何、球几何等领域。吴文俊还在线性方程组的求解上有新的进展。一位计算机科学家曾指出：在计算机上求解一个 26 个未知数的线性方程组，如果用 Gramer 方法需时将近 1017 年。吴文俊用他的消去法，解决上述问题只需 3 秒钟。吴文俊的工作被 5 位菲尔兹奖获得者应用，有 3 位的获奖工作还使用了吴文俊方法。

季羡林也对中国文化进行过分析。他指出："但是现在，领导世界科技的是西方，西方人自以为是天之骄子。诚然，工业革命后，西方对世界的发展影响极大，不可否认。但他们歧视东方的想法是没有远见的。他们目前已经暴露出很多的矛盾和巨大弊端：人口爆炸、淡水资源匮乏、臭氧层空洞。这些危险的问题联合起来，不堪设想。人类社会的发展道路是曲折的（同人生道路一样），坎坎坷坷，不可能一帆风顺。因而，西方文明辉煌了二三百年，这是三十年河西，下一个将是三十年河东，亟须东方文化的纠正，否则，世界前途危机重重。"③ "我认为，西方形而上学的分析已快走到尽头，而东方的寻求整体的综合必将取而代之。以分析为基础的西方文化也将随之衰微，代之而起的必然是以综合为基础的东方文化。'取代'不是'消灭'，而是在过去几百年来西方文化所达到的水平的基础上，用东方的整体着眼和普遍联系的综合思维方式，以东方文化为主

---

① 朱清时等：《东方科学文化的复兴》，科学技术文化出版社 2004 年版，第 196 页。
② 朱清时等：《东方科学文化的复兴》，科学技术文化出版社 2004 年版，第 196 页。
③ 季羡林：《三十年河东，三十年河西》，当代中国出版社 2006 年版，第 3 页。

导，吸收西方文化中的精华，把人类文化的发展推向一个更高的阶段。这种取代，在 21 世纪中就可见分晓。21 世纪，东方文化的时代，这是不以人们的主观意愿为转移的客观规律。"①

朱清时、季羡林等的观点，概括起来主要有以下几个方面：一是中国文化的整体论思想符合第二次科学革命的潮流。二是中国传统科学的"实用化"方法符合当代科学的趋势。三是中国传统文化中的精华符合当代可持续发展的思想。四是东方文化将取代西方文化，把人类文化的发展推向一个更高的阶段。五是东方文化要吸收西方文化的精华，东方科学的"实用化"方法要吸收西方公理化方法的优点。

朱清时、季羡林等的观点，给中国文化以很高的评价。对任何一个中国人，都会因此而感到骄傲，都会因此而感到振奋。这是一种文化自信，这是一种民族自信，这为中国梦实现提供了强劲的动力。这种自信来自如下的事实：第二次科学革命的潮流，中国文化的特点——整体论和实用化，西方文化的问题。西方文化自近代以来，已"雄霸世界"几百年。在这几百年的时间中，西方文化一直是世界的主流文化。西方文化不仅盛行于西方，而且在不断地向世界各地扩张。可以这样说，只要有人居住的地方，就可以看到西方文化的"踪影"。一些西方学者据此鼓吹西方文化中心论，并蔑视和贬低其他民族的文化。更有少数西方学者，搞"唯我独尊"，要用西方文化统治其他民族的文化、消灭其他民族的文化。但结果是：西方文化并没有"横扫一切"。不仅如此，西方文化自身的问题也日益暴露出来。例如，汤因比曾指出："现在对我们来说，把过去由于产业革命弄颠倒了人与人以外的自然之间的关系，重新稳定下来，是极为紧迫的任务。以前的技术政策、经济改革，都是在过去旧大陆西部地区，由宗教改革开路进行的。这种宗教改革是从多神教改换成一神教。我相信人类现在还需要回到多神教。关于对人以外的自然所具有的尊严性的问题，我们有必要恢复以前对它们所持的尊敬和体贴。为此，我们需要一种正确的宗教来帮助我们这样做。"②"所谓正确的宗教就是教导我们对人和包括

---

① 季羡林：《三十年河东，三十年河西》，当代中国出版社 2006 年版，第 14 页。
② ［英］汤因比、［日］池田大作：《展望二十一世纪》，荀春生等译，国际文化出版公司 1985 年版，第 380—381 页。

人以外的整个自然，抱有尊敬心情的宗教。相反，错误的宗教，就是允许牺牲人以外的自然满足人本身欲望的宗教。归纳起来说，我们现在必须信仰的宗教就是，比如像神道这样的多神教，而必须放弃的宗教就是犹太系一神教，就是脱离基督教站在无神论立场上对科学进步的信仰。"① 费夫尔也指出："……每当我们试图超越疑虑和困惑时，我们实际上都在努力寻找生活的目的，从而知道我们应该做些什么。我们屡试不爽，其根由在于西方文化精神中合理幸福的缺位。我所使用的'非道德化'这一术语，既指由于道德从我们生活中被剥离出来使我们脱离道德这一过程，也是指我们的文化失去目的性这一状况。西方文化缺乏斗争精神，因为它已经对生活中存在的可能性丧失了信念。"②

西方文化确实存在问题，即使没有问题它也不可能取代其他文化，尤其是像儒家这样的文化。但儒家文化能取代西方文化吗？用"三十年河东，三十年河西"能说明这种取代吗？很显然，朱清时、季羡林的观点，有点偏激，有点背离实际。至少从目前的发展趋势看，西方文化作为世界文化的主流，可能还要持续很长时间，至少不会在21世纪结束。这有三个根据：一是西方科学仍是世界科学的主流，西方科学的水平仍远远高于东方，西方科学发展的速度仍大大快于东方，西方科学在重大突破方面仍使东方相形见绌。例如，就获诺贝尔科学奖来说，东方与西方相比，拿的很少，而中国仅仅实现了零的突破。只要东方在科学上落后于西方，东方文化就不会成为世界文化的主流，就不会取代西方文化。二是西方经济的发展水平仍大大高于东方，世界上大多数发达国家仍在西方。当然，东方国家的经济也在迅速发展。特别是在最近几十年的时间中，东方国家经济发展的速度远远超过西方国家。由于东方国家人口众多，他们的 GDP 的排名越来越高。但从综合国力来说，东方国家与西方国家相比，仍有很大的差距。只要西方国家的经济强于东方国家，西方国家的文化就不会沦为二流，就不会被东方文化取代。三是西方文化具有很强的生命力。这源自它是两种文化的结合，即希腊文化和希伯来文化的结合。希腊文化涉及知

---

① [英]汤因比、[日]池田大作：《展望二十一世纪》，荀春生等译，国际文化出版公司1985年版，第381页。

② [英] 费尔夫：《西方文化的终结》，丁万江译，江西人民出版社2006年版，第2页。

识问题，希伯来文化则主要解决价值问题。这两种文化在历史上曾有冲突，但现在已融合得很好。西方文化还在不断分化和综合。在分化和综合中，西方文化的创新不断。正是这种创新，使它能适应时代的发展，使它能够保持世界主流文化的地位。

在肯定西方文化主流地位的同时，也应看到中国文化的强大生命力。中国文化绵延5000多年，这在世界文化史上是少见的。中华民族一次又一次遭受劫难，但一次又一次实现复兴，这与中国文化紧密相连。中国文化还走向世界，对世界文化产生了重大影响。可以这样说，世界有人的地方就有中国人，就有中国文化。中国文化主张天人合一、人与自然和谐相处，这为当前生态危机的解决，提供了思想基础。因此，中国文化是一种"绿色文化"，是一种可持续发展的文化。这不同于西方文化，因为西方文化往往造成人与自然的对立。当然，西方也已注意到这个问题。由于西方科技与经济处于较高水平，他们对生态环境问题的解决反倒快于东方、好于东方。

中国文化当前面临的最大问题是它与科学的关系。朱清时等充分肯定了中国文化对科学的积极作用，他们打出的旗号是"整体化""实用化"。关于"整体化"的观点，西方也有。特别是20世纪四五十年代，西方产生了系统论、控制论、信息论，后来又产生了耗散结构论、协同学、超循环理论、混沌理论等。这些可以统称为系统科学。系统科学继承并发展了西方的整体性思想。不仅如此，他们还使西方的整体性思想科学化了。最重要的是，他们提出了一系列系统科学方法，借助这些方法，人们可以在不分解整体的情况下处理整体问题。因此，西方不仅有整体性思想，还有整体性方法。在这个方面，中国已经落后了，特别是在整体性方法上已大大落后了。

至于"实用化"，它是一把双刃剑。刘君灿曾指出："中国科技之偏重经验、实用，使中国缺乏对形成理论建构的要求，而未能应用数理将自然状况之规律性予以简明表述，因而'中国的经验长梦'曾使中国有极辉煌的传统科技，但却未曾近代化"。[①] 这里讲的就是"实用化"的两个方面，即它曾推动了中国古代科学的发展，但又使中国科学未能跨入近代

---

① 洪万生主编：《中国人的科学精神》，黄山书社2012年版，第352页。

的门槛。

"实用化"对现代科学也是如此。中国现代科学的发展，其动力来自两个方面：一是科学自身的矛盾；二是对经济发展中重大问题的解决。后一个方面就是"实用化"对现代科学的作用。在这个方面，中国取得了一系列的成就。当然，通过这种方式取得的成就，往往与技术是捆在一起的。例如，"两弹一星"既是技术，也是科学。杂交水稻和激光照排，既是技术也是科学，等等。这种科学的优点是，由于它与技术紧密相连，因此能很快产生经济效益。但缺点也是很明显的，它的视野受到技术的限制，不易获得重大突破。

当然，上面只是就一般的情况而言的。这就是说，在一般情况中还有个别情况。吴文俊的情况属个别情况，屠呦呦的情况也属个别情况。吴文俊的机器证明是数学上的重大突破，这已得到世界的承认。屠呦呦对青蒿素的提取也是一种重大突破，因此她获得了诺贝尔科学奖。这表明，在"实用化"的推动下，也能获得科学的重大突破。而"实用化"正是中国文化的特质。对这种特质，我们还挖掘得不够、利用得不够，有时甚至还把它当成一种"负担"。今后必须改变这种局面，必须充分发挥它的作用。

特别须要指出的是：中国目前科学的发展，其主要动力仍来自实用化。这是因为，实用化既是中国文化的特质，又与中国经济紧密相连。由于文化、经济与科学一致，因此运行起来就比较顺利。更重要的是，中国的经济仍落后于西方发达国家，中国13亿人民的生活水平仍须要进一步提高，这只能依靠科学、依靠科学的应用。在这种情况下，科学的主要方向、主要方面只能是实用化。由此决定，科学发展的主要动力，只能来自实用化，实用化也确实孕育了大量的科学成果。屠呦呦的青蒿素即是一例。

实用化趋势还出现在世界科学发展之中。例如，诺贝尔科学奖在向技术方面倾斜，这实际上就是一种技术化或实用化的趋势。杨中楷等指出："尽管物理学、化学和生理学本身属于基础科学，依然存在着自基础研究前沿不断深化发展的领域和成果，然而其分化、交叉、拓展的趋势不断加剧，出现了更多更广泛地向技术科学、工程技术延伸转化的新领域和新成果。"① 这里讲的就是诺贝尔科学奖的两种趋势，其中一种趋势就是技术化的趋势。

杨中楷等还对诺贝尔科学奖技术化的趋势进行了具体的分析，他们选择的时间是2000—2014年。在这个时间中，物理学诺贝尔奖属技术科学性质的占到整个获奖总数的比例等于9/20=45%；化学诺贝尔奖属技术科学性质的占到整个获奖总数的比例等于17/18≈99%；生理学或医学诺贝尔奖属技术科学性质的占到整个获奖总数的比例=14/16≈88%。另外，在这个时间内，诺贝尔科学奖得主拥有发明专利的占整个获奖总数的比例：物理学=50%；化学=86%；生理学或医学=66%。日本在这个方面则占79%。②

这表明，诺贝尔科学奖确实存在技术化的趋势。而技术是讲实用的，实用就是技术的目的。这样，中国文化就与诺贝尔科学奖的技术化趋势变得一致起来。这是一种新的情况。这种情况使中国文化有了新的支撑，这种情况也提出了一个新的问题：需要对中国文化与科学的关系进行新的评估。因为根据旧的观点，实用化阻碍了中国科学的发展、特别是阻碍了中国近代科学的产生，因此实用化是一个"魔咒"；中国科学要发展，就得去掉这个"魔咒"。现在看来，这种观点是片面的，这种观点需要更新。这是基于21世纪的新的情况。这种情况显示：实用化这个魔咒并不是一无是处，它原本对科学就有积极作用，它的新的积极作用在不断拓展。与实用化相联系的中国文化，又与科学合拍了，至少是与某一部分科学合拍了。这就使中国文化又有了用武之地，中国文化又可以推动新的科学发展了。

在这个方面，日本为我们做出了榜样。日本在1949年第一次获得诺贝尔科学奖，至2015年累计获得诺贝尔科学奖人数达20人。特别须要指出的是，自21世纪以来，日本获诺贝尔科学奖的总人数在世界上仅次于美国，排第二位。这里的原因是多方面的，但与日本文化紧密相连。日本文化也是一种追求实用的文化。这种文化曾被认为只适应于发展技术，而

---

① 杨中楷等：《21世纪以来满足科学奖成果性质的技术科学趋向》，《科学学研究》2016年第1期。

② 杨中楷等：《21世纪以来满足科学奖成果性质的技术科学趋向》，《科学学研究》2016年第1期。

不适应于发展科学。现在看来，这种观点是有问题的。因为日本正在向科学强国迈进，它在科学的很多方面已超过欧洲，而在一些方面已可以与美国比肩。这当然不能完全归之于日本文化，但日本文化在其中却起了基础性的作用。

但实用化从来就不是科学的主流，科学的主流是求真、是对真理的探求。作为求真，是古希腊人留给西方的一份宝贵遗产。西方的文化传统是多种多样的，也在不断变化，但有一个东西是一以贯之的，这就是求真的精神。正是这种精神，滋润着科学，支撑着科学研究。这是西方能够建立近代科学的根本原因，也是西方现代科学能够迅速发展的根本原因。就诺贝尔科学奖来说，大多数"花落"西方，仅美国就占到总数的50%以上。这种势头在目前还没有改变，还将继续下去。这种情况表明，西方的文化、西方的求真精神，由此产生的科学、由此推动的科学研究，在整个世界中属于主流，在整个世界中占主导地位。这是一个客观事实，这个客观事实是必须承认的，而且要有面对它的勇气。

与此相对照，中国文化的实用化倾向，尽管对科学也有积极作用，但它却是科学发展的支流。怎样才能进入科学发展的主流、赶上科学发展的主流，最可能的办法就是"西化"。当然这里的西化是科学的西化。实际上，就科学本身而言，早就西化了。但应该承认，中国科学的西化是不太成功的，至少是没有取得像诺贝尔科学奖这样的重大突破。这里的原因很多，但主要的原因不外五条，一是从西方留学归国的科研人员，已脱离科学发展的前沿，他们要有所作为就得另起炉灶，但这谈何容易，很多人是不成功的。二是相当一部分科学研究局限于跟踪，跟踪西方的科学研究。由于科学的特性，跟踪而没有创新，是一种无效的劳动。三是在科学研究的主流上与西方去竞争，往往竞争不过西方，因此只能在科学研究的支流上做一些工作。这种工作可能取得一些小的突破，但不可能取得大的突破。四是很多西方留学归国的科研人员，被召唤去当官。他们有些在学校当官，有些则进入政府部门。这使他们脱离科研活动，至少是部分脱离科研活动。由此造成的后果是很清楚的，不少科研优秀人才被腰斩，大量科研资源被浪费。这既影响了科研帅才的产生，又使科学无法获得重大突破。五是缺乏政府的支持。对于基础科学研究，政府则不甚关心，支持的力度也不够。这就使很多基础科学项目中途夭折，或者停滞不前。

最后一个问题集中地表现在基础科学的投入太少。据统计，中国的基础科学经费占 GDP 经费的比重是：2006 年，2.19%；2007 年，4.70%；2008 年，4.78%；2009 年，4.66%；2010 年，4.59%；2011 年，4.74%。2012 年，4.84%。[①] 而西方发达国家包括日本和韩国在内的比重则是：日本，2010 年，12.7%；英国，2010 年，8.9%；法国，2010 年，26.3%；美国，2009 年，19.0%；澳大利亚，2008 年，20.0%；意大利，2010 年，25.7%；瑞士，2008 年，26.8%；奥地利，2009 年，19.1%；捷克，2011 年，25.5%；丹麦，2010 年，18.2%；韩国，2010 年，18.2%；俄罗斯联邦，2010 年，19.6%。[②]

当然，上面讲的都是具体问题。在这些具体问题背后，还有一个更深层的问题，这就是科学精神的问题。中国科学要发展，必须学习西方的科学精神。这是科学西化的灵魂和实质，而与此相关的具体问题只是"皮毛"。过去我们对科学精神不够重视，至少是没有学好。其集中表现是口头讲的多、实际行动少。有时甚至一边讲科学精神，一边又违背科学精神。一句话，科学精神还没有在中国深深扎根。

因此，学习西方的科学精神，并使科学精神在中国真正扎根，是中国科学发展必须解决的基础问题。这个问题在西方也是一波三折。这要从西方的中世纪谈起。在西方的中世纪，宗教的价值淹没了求真精神。因此当时的科学已不是为了求真，科学与求真分离了。科学有了另一个目的，这就是为宗教服务。于是，宗教成了科学的"主人"，科学则沦为宗教的"奴婢"。在这种情况下，科学的独立性没有了，科学的独立研究没有了。其结果是很严重的：中世纪的科学失去了生气，中世纪的科学长期停滞不前。恩格斯曾就此指出："古代流传下欧几里得几何学和托勒密太阳系，阿拉伯人流传下十进位制、代数学的发端、现代的数字和炼金术；基督教的中世纪什么也没留下。"[③]

西方的文艺复兴具有多种意蕴，但有一点是可以肯定的：它恢复了古

---

① 张明喜：《我国基础研究经费投入问题分析》，《自然辩证法通讯》2016 年第 2 期。
② 张明喜：《我国基础研究经费投入问题分析》，《自然辩证法通讯》2016 年第 2 期。
③ [德] 恩格斯：《自然辩证法》，人民出版社 1971 年版，第 9 页。

希腊的科学精神。这种精神就是一种求真的精神。正是在这种求真精神的推动下，才有近代科学，才有近代科学的发展。特别须要指出的是，这种求真精神一旦成为科学的灵魂、成为科学的追求、成为科学的主导价值，在西方就再没有改变过。这是西方自近代以来，科学发展一浪高过一浪的根本原因，也是科学长期居于世界先进行列的根本原因。

学习西方科学精神，必须与中国原有的科学精神结合起来。中国文化是以实用化为特征的，但在中国文化中也蕴含着科学精神，例如，"明末的王锡阐，每遇天色晴朗，即登屋观测天象，竟夕不寐；每遇日、月食，即以自己事先推算的结果与观测进行比较，合则审其偶合与确合，违则求其理违与数违，不敢苟焉以自期。"[①] 这里的精神就是一种科学的精神。这种精神来自天文学的研究。在天文学的研究中，必须讲真，必须与客观实际相符。这样科学精神就占据主导地位。

然而有一个问题是必须指出的：中国的科学精神被中国文化的实用化趋向淹没了。这集中表现在：中国的科学精神，也实用了，因为它本身也是一种需要，即在需要的情况下，人们才想到它、坚持它。在这种情况下，中国的科学精神始终是一种手段而不是目的。作为一种手段，对它的取舍是由目的决定的。这就是说，当目的需要它的时候，它就登上"舞台"；当目的不再需要它的时候，它就退出"舞台"。由于只是一种手段，它从来就没有目的那样显眼，也始终没有成为人们关注的焦点。这就决定了它对科学的作用是有限的。在这一点上，它根本无法与西方的科学精神相比拟，因此当西方已进入近代科学发展阶段的时候，中国科学仍在原地徘徊，在某些方面还有所倒退。

尽管中国科学精神存在着严重的不足，但它毕竟是一种科学精神。要使科学精神在中国真正扎根，必须努力挖掘中国的科学精神，然而在这个问题上的主流应该是向西方学习，即学习西方的科学精神。这是一种西化，这种西化有当下的意义。因为仅凭中国的科学精神很难冲破中国文化设置的"藩篱"。这里的"藩篱"来自实用化、来自对实用化的过度追求。在这种情况下，只能借助于西化，只能借助于西方的科学精神。

---

① 席泽宗：《科学史十论》，复旦大学出版社2003年版，第32页。

在这个方面日本是我们的榜样，日本也属东方国家，日本的文化也属东方文化。但从 19 世纪开始，日本加速了西化的过程。最初的西化是从技术开始的，然后是科学和文化。在科学方面，他们的"西化"就是学习西方科学、学习西方的科学精神。这两个方面他们都很成功，因此他们的科学在东方国家中是发展最快的，他们拿的诺贝尔科学奖在东方国家中也是最多的。

在科学的西化方面，必须打消顾虑。这种顾虑的集中表现是：西化不是要抛弃老祖宗吗？西化不是要去中国化吗？西化不是要走西方人的道路吗？这里必须明确西化的含义：西化是指科学的西化。实际上，科学本身的西化已经完成了。从结果上看，这并不存在什么不好。相反，它推动了中国科学的发展，缩小了中国科学与西方科学的差距。因此，在科学本身的西化方面已无多少疑义，已是一种共识。科学的西化还有另一种含义，这就是科学精神的西化。关于科学精神，在学者的圈子中已讲了多年，在广大人民中也已宣传多年。但客观地说，其效果并不是很好。这里根本原因是中国文化的实用性趋向太强。这就决定了在这个方面还须要继续西化。只有科学精神在中国深深扎根了，中国的科学才能跟上世界潮流，才能成为世界潮流中的"佼佼者"。

当然，科学西化还有一个文化的问题。文化是没有办法西化的，尤其是文化的核心部分。这就有一个如何处理科学西化和中国文化的关系问题。在这个问题上，显然不能用一方代替另一方，一方消灭另一方。这不仅有一个民族感情的问题，在事实上也是不可能的。因此，二者只能共存，只能和平相处。在这个基础上才能谈二者的关系问题。从有利于科学发展而言，对二者的关系应这样处理：一是发挥各自的优势。具体地说，科学的西化是要吸纳西方的科学精神，这是科学发展的基础。同时中国文化的实用化趋向也是科学发展的一种动力，要充分发挥这种动力的作用。二是中国文化要努力吸纳西方的科学精神，以便与科学发展的主流相一致。中国文化并不是一个保守的体系，它总是在不断吸纳外国的文化。例如，佛教是印度的文化，但它传入中国后，很快被中国文化所吸纳，并成为中国文化的一部分。对西方文化也一样，西方文化中的很多东西，都可以被吸纳到中国文化中。这既有利于中国科学的发展，也有利于中国文化的发展。三是中国文化中有与科学不相适应的部分，但这些部分又必须存在。在这种情况下，应采取隔离的措施，或划界的措施。西方在处理科学和宗教的关系时不也是这样吗！我们在这个方面应学习西方的经验。这可以使中国文化与科学的矛盾得到缓解，以避免可能发生的冲突。只要这三个方面做到了、做好了，中国文化与科学就会相得益彰，达到共同发展的目标。

六 对"李约瑟难题"的再思考

近代科学为什么没有在中国诞生？这就是"李约瑟难题"。这个问题引起了许多学者的注意，包括西方的学者和东方的学者。例如，德国历史学家魏特夫指出："半封建主义的欧洲，在经营规模并不大于中华帝国，甚至于往往小于中华帝国工业生产的基础上，完成了许多的科学发明和贡献。这一切显然是初期资本主义的各种特征，狂热地催促小资产阶级去积蓄势力的环境下所完成的。"①"中国思想家们的智力，并没有用在那可以形成机械学体系的各种工业生产问题上面；并没有把处理这些问题作为紧急任务。这个远东大国的根本智能，集中到了其他课题，即农业秩序所产生的及直接和农业秩序有关的或在观念上反映着农业秩序的各种课题。"②英国科学技术史专家李约瑟指出：不能笼统地说中国没有产生自然科学或没有科学技术，中国的科学技术在古代、在中世纪远胜于欧洲，只是从明末开始中国的科学技术才落后于西方。这种落后并不能证明中国没有或缺少适于科学技术的人才，关键的是在于中国囿于环境，在地理、气候、经济和社会的四种阻力下造成的落后。③

中国著名科学家竺可桢指出："归根起来讲，中国农村社会的机构和封建思想，使中国古代不能产出自然科学。"④ 美籍华人、诺贝尔奖获得者杨振宁指出："……传统中国文化跟16世纪以后才发展出来的近代科学的分别是什么呢？是传统中国文化求'理'，近代科学要求'自然规律'。但传统中国文化求'理'的方法，只是归纳；而近代科学求规律的

---

① 金观涛等：《科学传统与文化》，陕西科学技术出版社1983年版，第108页。
② 金观涛等：《科学传统与文化》，陕西科学技术出版社1983年版，第108—109页。
③ 金观涛等：《科学传统与文化》，陕西科学技术出版社1983年版，第109页。
④ 金观涛等：《科学传统与文化》，陕西科学技术出版社1983年版，第109页。

方法，则是推演法再加上归纳法。"① "因此，传统中国文化跟近代科学从精神上最主要的分别就在于：传统中国文化的中心思想，是以思考来归纳天人之一切为理；这个传统里头，缺少了推演，缺少了实验，缺少了西方所发展出来的所谓 Natural Philosophy。"② 中国学者林文照指出：近代科学没有在中国诞生的原因有，中国传统科学的内在缺陷、中国封建政治制度和教育制度对科学发展的阻碍及中国科学缺乏资本主义生产的推动力等。中国传统科学的内在缺陷包括：满足于实际上的应用，忽视了理论上的探讨；思辨性的思维排斥了严密的科学理论；缺乏科学实验的精神；背离实践方向的格物学说。③

上面研究的基本思路是：西方文明诞生了近代科学，中华文明没有诞生近代科学；把西方文明和中华文明进行比较，中华文明缺少的东西就是中华文明没有诞生近代科学的原因。这里的参照系是西方文明。这实质上是科学问题上的西方中心主义。这一思路确有合理的一面。因为近代科学只产生于西方文明，而在其他任何文明中都没有产生近代科学。追根溯源，近代科学在西方文明中产生的原因，就是其他文明没有产生近代科学的原因。在其他文明中也包括中华文明。循着这一思路，很多学者开始了自己的研究，并产生了丰硕的研究成果。这些研究成果给人以启迪、引人深思，为中华文明的创新、中国科学技术的发展提供了指南和动力。

但问题在于：近代科学的诞生有多个源头，并不只有西方文明一个源头。关于这个问题，有学者指出："近代科学结构成长的历史表明，近代科学技术不是属于哪一个民族，哪一种文明的。它是全人类文化精华的产儿。"④ "近代科学结构之所以出现于西欧封建社会向资本主义社会转化之交，这只是当时全人类所创造的科学精神在那里会聚的结果。"⑤ 这是一种新的思路，这是一种近代科学起源上的世界主义。这种思路并没有否定近代科学产生于西方，因为这是事实，它只是肯定：在近代科学产生的过程中，其他文明也作出了贡献。这就是说，近代科学的产生不是"独

---

① 杨振宁等：《中国文化与科学》，江苏教育出版社 2003 年版，第 16 页。
② 杨振宁等：《中国文化与科学》，江苏教育出版社 2003 年版，第 16 页。
③ 金观涛等：《科学传统与文化》，陕西科学技术出版社 1983 年版，第 83—105 页。
④ 金观涛等：《科学传统与文化》，陕西科学技术出版社 1983 年版，第 81 页。
⑤ 金观涛等：《科学传统与文化》，陕西科学技术出版社 1983 年版，第 81 页。

唱",而是"合唱",当然在"合唱"中西方是"主唱"。

(一) 近代科学的诞生离不开工业生产的发展

近代科学为什么诞生在西方,与西方工业生产的发展有关,与西方率先实现了从农业社会向工业社会的转变有关。恩格斯曾就此指出:"如果说,在中世纪的黑夜之后,科学以意想不到的力量一下子重新兴起,并且以神奇的速度发展起来,那么,我们要再次把这个奇迹归于生产。第一,从十字军远征以来,工业有了巨大的发展,并且产生了很多力学上的(纺织、钟表制造、磨坊)、化学上的(染色、冶金、酿酒),以及物理学上的(眼镜)新事实,这些事实不但提供了大量可供观察的材料,而且自身也提供了和以往完全不同的实验手段,并使新工具的制造成为可能。可以说,真正有系统的实验科学,这时候才第一次成为可能。第二,虽然意大利由于自己的从古代继承下来的文明,正继续居于领导地位,但是整个西欧和中欧,包括波兰在内,这时候都在相互联系中发展起来了。第三,地理上的发现——纯粹为了营利,因而归根结底是为了生产而作出的——又在气象学、动物学、植物学、生理学(人体的)展示了无数的——直到那时还得不到的材料。第四,印刷机出现了。"[1]

在这里,恩格斯论述了工业生产在近代科学诞生中的作用。当然,推动近代科学诞生的还应包括近代政治、文化等因素。事实上,没有工业生产、近代政治、文化等诸因素的相互作用,近代科学是不可能诞生的。但在这个问题上存在着不同的观点,一种观点是"生产决定论",即认为近代科学的诞生是由工业生产决定的;另一种是"文化决定论",即认为近代科学的诞生是由文化决定的。近些年来,"文化决定论"在中国非常流行。

我们认为,不管是"生产决定论"还是"文化决定论",都有失偏颇。正确的观点应该是诸因素的综合决定论。关于这个问题,席泽宗曾指出:"我认为,近代科学没有在中国诞生的原因是多方面的,不可能有一

---

[1] [德]恩格斯:《自然辩证法》,人民出版社1971年版,第163页。

个简单的答案。"① "我的观点是，把近代科技在欧洲的诞生归结为古希腊文化的影响，不能让人信服。比如，人们常常谈到欧几里得《几何原本》对近代科学的影响，但现在流传的《几何原本》文本是1908年在梵蒂冈图书馆发现的公元10世纪的一个手抄本，无法肯定它是真的'原本'。作为近代数学标志的微积分，并不是从欧几里得几何发展出来的。人们注意到牛顿《自然哲学的数学原理》是按《几何原本》的模式写的，但牛顿自己说过，《几何原本》对他没有多大帮助。把中国没有出现近代科学归结为中国传统文化的影响同样犯了文化决定论的错误。笔者不能完全同意杨振宁先生提出的《易经》影响了中国科学发展的提法。《易经》的影响没有孔子思想的影响大，而以《论语》为据，孔子的言行对科学发展不但无害，而且是有益的。我想，谈论中国近代科技为什么落后了，还是要从当时的社会、经济、政治条件出发进行综合分析。"②

但有一点是应该肯定的，近代科学的诞生离不开工业生产的发展。那么，工业生产是否只有西方才有呢？我们说，西方的工业生产到了近代达到了一个新的高度，是其他国家无法比拟的。但是，其他国家也有工业生产，有些国家的工业生产还比较发达。例如，中国近代的手工业，其规模和水平都有一个较大的飞跃，如广东的冶炼业、京西的采煤业、江南的纺织业、云南的铜业等都有较大的生产规模。不仅如此，分工也比较精细。如江苏松江棉布染色业作坊，按照产品种类，分成蓝坊、红坊、漂色坊、杂色坊。

这就是说，中国也有产生近代科学所需要的工业基础。但令人遗憾的是，中国的工业基础发展比较缓慢，且在质和量上远远落后于西方。这里的原因是多方面的，最主要的原因有两个。即封建制度的压迫和西方的入侵。由于工业基础的落后，再加上其他原因，使中国的科学没有跨入近代科学的门槛，使中国科学在近代以后远远落后于西方。

西方工业生产确实发展很快，西方工业生产确实达到了一个很高的水平。这是西方产生近代科学的基础。没有这个基础，西方的近代科学还可能在"冬眠"之中。但西方的这个基础，即西方的工业生产，只是西方

---

① 《中华读书报》2005年7月27日第13版。
② 《中华读书报》2005年7月27日第13版。

自己发展起来的吗？西方就没有借鉴其他国家的相关成果吗？对这个问题的回答显然是否定的。因为西方在发展工业生产时，不仅借鉴，而且大量借鉴了其他国家的相关成果。

先谈谈玻璃的问题。关于玻璃的发现，小普林尼有一段颇带浪漫色彩的描述："一些把泡碱（一种天然形态的碳酸钠）从叙利亚运往埃及的腓尼基商人，来到一个沙滩上宿营，生火，做饭。他们无意中把煮饭的锅放在了一块泡碱上，做饭的火把泡碱和沙子熔在了一起，形成了玻璃。"①这只是一种推断，当然这种推断也不是一点依据也没有。根据相关的材料，玻璃大概在公元前3000出现在西亚。公元前2000年，美索不达米亚人已开始生产玻璃制品。公元前1500年，埃及人制造了真正的玻璃器皿。在公元600年以前，在罗得岛和塞浦路斯岛已有玻璃制造厂。从公元700年起，阿拉伯各国——美索不达米亚、波斯、埃及和叙利亚的玻璃制造业已很繁荣。西方的玻璃肯定是从阿拉伯国家传入的，西方制造和使用玻璃也比较晚。特别是高级玻璃器皿，西方在很长时间内仍依赖其他国家。但这不排除西方在制造和使用玻璃的过程中也有自己的创造发明。而玻璃，不仅在工业生产中发挥着重要作用，也在科学研究中发挥着重要作用。试想，没有玻璃，能制造出望远镜和显微镜吗？没有望远镜和显微镜，近代科学的很多重大发现还有可能吗？这表明玻璃实在太重要了，然而追根溯源，玻璃却是阿拉伯人发现的。从这个意义上讲，阿拉伯人对近代科学的产生是有贡献的。

再拿印刷术来说，中国可能在隋朝就出现了雕刻印刷，在唐朝，雕版印刷的农书、历书、医书、字帖已大量出现。宋朝平民毕升发明了活字印刷术，当时为泥活字，以后又有了锡活字、铜活字、铅活字。印刷术后来传到西方。②梅森曾指出："至于印刷，可能是蒙古人把中国的印刷术，也许是一些样品，带到欧洲来的，而技术上的细节则是欧洲人自己重新研究出来。"印刷术在西方发挥了重要的作用。威廉斯曾指出："通过一系列的发明，发展和尔后的推广，印刷术在人类历史上重要性变得极为重大，是它使准确迅速地扩大著作的传播成为可能。""印刷

---

① ［英］德博诺编：《发明的故事》，蒋太培译，三联书店1986年版，第250页。
② ［英］梅森：《自然科学史》，周煦良等译，上海译文出版社1984年版，第98页。

术具有人文主义和公开性，在商业上颇有活力，能够开拓人们的眼界，帮助人们认识世界和改造世界，……"① 邢润川也指出："印刷术传到欧洲后，改变了原来只有僧侣才能读书和受高等教育的状况，为欧洲的科学从中世纪漫长黑夜之后突飞猛进发展以及文艺复兴运动提供了一个重要的物质条件。"②

当然，西方工业生产的发展，从东方各国借鉴的绝不止玻璃和印刷术。特别须要指出的是，工业生产的发展，须要有相应的市场。这种市场仅靠西方是不够的，须要有全球性的市场。从这个角度说，东方的市场无疑推动了西方工业生产的发展。这就是说，西方工业生产的发展，不仅仅是西方人的事，东方各国也参与其中，而且作出了自己的贡献。而工业生产的发展，是近代科学得以产生的基础。这表明，近代科学并不是西方所独有，它也包含东方各国的贡献。这种贡献并不是可有可无，而是一种必要因素。在很长一段时间，撇开这种必要的因素而谈近代科学的产生，这是不公正的，因为历史的事实并非如此。今天应该恢复历史的本来面貌，应该充分肯定东方各国在近代科学产生中所起的作用。

（二）近代科学的诞生依赖于政治制度的变革

近代科学的诞生，不仅仅是一个纯粹的科学问题，还涉及政治制度的变革。我们知道，西方在中世纪处于封建社会阶段，在这个阶段，西方的政治制度是一种专制的制度。这种制度极不利于科学的发展。因此，在中世纪，西方几乎没有任何科学上的建树。恩格斯曾就此指出："古代流传下欧几里得几何学和托勒密太阳系，阿拉伯人流传下十进位概念、代数学的开始、近代数字和炼金术；基督教的中世纪则一无所遗。"③

西方政治制度的变革是工业生产、商品生产发展的必然结果。而中国的三大发明加速了西方政治制度的变革。马克思曾就此指出："火药、指南针、印刷术——这是预示资产阶级社会到来的三大发明。火药把骑士阶

---

① ［英］德博诺编：《发明的故事》，蒋太培译，三联书店1986年版，第133页。
② 席泽宗等：《中国古代科学成就》，中国青年出版社1978年版，第489页。
③ ［德］恩格斯：《自然辩证法》，人民出版社1971年版，第9页。

层炸得粉碎；指南针推动了世界市场并建立了殖民地；而印刷术则变成新教的工具。总的来说是科学复兴的手段，变成对精神发展创造必要前提的最强大的杠杆。"①

这就是说，是三大发明加速了西方政治制度的变革。所谓政治制度变革，就是用资本主义制度代替封建制度。封建制度在西方的统治达1000多年。因此，封建制度的势力是很强大的。资产阶级通过发展工业生产、商品经济，首先在经济上占据了主导地位。然后，它又利用三大发明摧毁了封建制度。这里特别谈谈火药。封建制度的武装力量是骑士阶级，封建制度的防卫设施是城堡。火药的利用，使骑士阶层遭到了毁灭性的打击，使城堡不再起任何作用。在这种情况下，封建制度赖以生存的政治基础、军事基础不复存在，封建制度走向崩溃，代替它的是资本主义制度。这就是火药的作用，火药无疑是一种"加速剂"，它加速了封建制度的灭亡。

由此可见，三大发明的作用是巨大的，而三大发明是由中国传到西方的。例如，关于火药，梅森指出："火药于十三世纪首次在欧洲出现，第一次提到火药的是罗吉尔·培根在公元1249年写的一封信，那是在蒙古人侵入欧洲之后几年内。"② 麦克莱伦第三也指出："火药技术起源于亚洲。中国人早在公元9世纪就发明了火药，并在1150年以前就把它用来制造烟火、爆竹和火箭。到13世纪中期，中国的军队已装备了罗马蜡烛式的'火枪'，还有一种用弩机抛投的爆炸弹。到1288年，中国人又制成了金属枪身的火枪。蒙古人从中国人那里得到火药技术是技术传播的一个早期例子，也许就是在那以后，火药才经过中亚的干旱大草原传到了欧洲。伊斯兰世界得到火药技术则可能是通过直接与中国工程师和技师的接触，他们用火药来对抗于1249年来犯的欧洲十字军。欧洲人还可能是从去过东方的旅行家那里学到这项技术的，如马可·波罗就曾于1275—1292年在中国为那里的蒙古皇帝工作过。"③

不管是通过什么途径传到西方的，但有一点是可以肯定的，西方的火药技术源于中国。其他两大发明，也同样源于中国。而三大发明促成了西

---

① 《马克思、恩格斯、列宁、斯大林论科学技术》，人民出版社1979年版，第36页。
② [英]梅森：《自然科学史》，周煦良等译，上海译文出版社1984年版，第98页。
③ [美]麦克莱伦第三等：《世界科学技术通史》，王鸣阳译，上海世纪出版集团2012年版，第262—263页。

方政治制度的转变,即由封建制度转变到资本主义制度。正是资本主义制度,为近代科学的发展奠定了政治基础。不仅如此,资本主义制度还推动了工业生产、商品生产的发展,资本主义制度还引发了思想解放、思想领域的革命。这一切都有利于科学,都有利于科学的发展。可以这样说,在资本主义制度下,科学成了社会的"必需品",科学成了社会的"宠儿",这只是一个方面。另一方面是:科学获得了新的价值,科学成了人们追求的目标。这激励很多有才华的人进入科学领域,并成为杰出的科学家。这样,科学在西方就真正发展起来了,其发展的速度是前所未有的。

但追根溯源,不能不肯定中国的三大发明在西方科学发展中的作用。这不是"邀功",这的确是事实。当然,在肯定三大发明作用的同时,还应该看到三大发明作用的机制。这种机制在东西方各异。具体地说,在东方的中国,不仅没有促进社会的变革,反倒巩固了原来的封建制度。在西方就不同了,在西方导致了新旧社会制度的转变,即由封建制度转变到资本主义制度。因此,三大发明对科学发展的作用,在西方远大于东方,这有点"墙里开花墙外香"。这是由各种原因决定的,这里既有必然的原因,也有偶然的原因。然而不管怎么说,从政治的角度看,中国的三大发明在西方近代科学的发展中起了重要作用。这一点是确切无疑的。

(三) 近代科学的诞生受益于思想解放运动

在西方的中世纪,教会的势力控制着整个社会,特别是控制着社会的精神领域。教会所主张的宗教教条,人们只能服从不能违背。如果违背,就会受到教会的严惩。例如,英国的利特哥曾就他被教会拷问的情况作了如下描述:"我被拖上拷问架,然后给绑在上面了。我的腿被牵引到了共有三层的拷问架当中,有一条绳索绑在我的脚踝上。杠杆向前弯的时候,我的膝盖对着两层板子的主要力量在我大腿的肌肉当中爆发出来,我的膝盖顶被压粹了。我的眼睛开始鼓起来,嘴里冒出泡沫,牙齿如同鼓手的鼓点一样来回敲击。我的嘴唇开始发抖,发出痛苦的呻吟了,血从双臂上流出来,肌腱、手与膝盖都开始断裂。从这些给我巨痛的刑架上下来以后,我被捆着双手扔到地上，嘴里大叫着'我招，我招'。"①

中世纪的教会不仅采用酷刑，还用监禁和处死来对付他们所谓的"持异端者。"例如，法国神学家阿伯拉尔，他反对安瑟伦的"先信仰而后理解"的观点，主张信仰不应盲从，应建立在理性的基础上，故提出"理解而后信仰"的口号。于是他遭到教会的谴责，其著作《神学导论》被焚毁，他本人也被幽禁于修道院中而死。英国人奥卡姆，他主张神学只能管辖"信仰领域，"不能干预"知识领域"；并说教会只能管宗教，不应干预政治，应实行政教分离。他的思想主张，触犯了教会的封建神权统治，罗马教皇判他为"异端"，把他关进教廷的监狱中。牛津大学教授罗吉尔·培根，他青年时曾当过修道僧，但他不服从教会清规。到大学任教后，更反对盲目信仰，蔑视烦琐空洞的经院哲学，长期埋头进行物理、化学的实验和研究。宗教与科学是对立的，教会敌视他的科学研究成果，污蔑他的研究工作是搞"巫术""与魔鬼交往"，叫嚷要打倒这位"魔术师"。他后来被关进教会监狱，囚禁14年之久。当他被释放出狱时，已78岁高龄，两年后便去世了。布鲁诺因坚持和宣传哥白尼的日心说，而被教会指控为异端。他被迫流亡国外，颠沛流离10余年。后来受骗回国，被宗教裁判所逮捕下狱，囚禁7年。他虽在狱中受尽折磨，但坚贞不屈。最后他被教会法庭判处火刑，并被活活烧死在罗马的鲜花广场。伽利略因主张、论证和证实哥白尼的日心说，而遭到教会的迫害。他的天文学著作被教会列为禁书，他两次被宗教裁判所审判。在后一次审判中，他被押到教堂中当众忏悔。他还被教会以"异端"罪名判处终身监禁。在软禁中，他双目失明，并于1642年含冤去世。

教会所进行的拷问、监禁、火刑，严重地束缚了人们的思想，使人们不敢对宗教教条有任何怀疑，更不敢冲破宗教教条提出新的见解。这就严重阻挠了科学的发展，使科学长期处于"冬眠"的状态。这种状态持续了1000多年。在这1000多年的时间中，西方只是重复古希腊科学的内容，在某些方面还有所倒退。而古希腊科学也已丧失了其固有的科学精神，其作用只是工具而已，即只是论证宗教的一种工具。这样的科学只是宗教的奴仆，这样的科学只是被阉割的科学。就这样，西方在中世纪丧失

---

① [美] 布伦诺斯基：《科学进化论》，李斯译，海南出版社2002年版，第213页。

科学的创新力。而创新力是科学的灵魂、科学的生命。这就决定了中世纪的科学只是一个"空壳",这样的科学不可能有什么发展。

如果中世纪一直持续下去,西方就不会有什么近代科学,不仅如此,西方还会在科学上落后于其他国家。然而历史的机遇来了,这个机遇就是文艺复兴。文艺复兴是"发生于14—16世纪欧洲国家的一场早期资产阶级反封建、反神权的新文化运动。"① "文艺复兴运动首先在意大利兴起,后传播到欧洲各国。"② "文艺复兴的主要思潮是贯穿于哲学、科学、艺术中的人文主义"。③ 人文主义的观点包括:一是采取各种形式去赞扬人生的伟大、歌颂人生的价值和提倡尊重人生的尊严;二是大力发扬人的自由意志和个性自由的发展;三是反对教会宣扬人的愚昧无知便是德性、科学不复存在的谬论,竭力提倡学术的至高至上,以及必须恢复理性的尊严和思维的价值;四是深信共和制度和民主思想能够开拓人的智慧,并发扬人的才能。

文艺复兴运动解放了人们的思想,使人们从神学彼岸走向世俗社会。世俗社会是现实的。在世俗社会,人们要吃,人们要穿,人们要住,人们要爱。这些人之需要在宗教中曾斥之邪恶、斥之为堕落,宗教对它们是鄙视的,宗教对它们是不屑一顾的。而在文艺复兴运动中,它们则变成了人们追求的目标。作为追求的目标,它们是合理的、神圣的。这是价值观上的一次根本变革。这种变革的意义是重大的,因为人之需要变成了第一位,满足人之需要也变成第一位的。这就使人们把其重心放在物质生产方面,放在物质生产的发展方面。这给物质生产以极大的动力,并使物质生产以飞快的速度发展起来。其结果不仅改善了人们的物质生活,也为近代科学的产生奠定了基础。

文艺复兴运动也解放了科学,并极大地推动了科学的发展。恩格斯曾就此指出:"这是地球从来没有经历过的最伟大的一次变革。自然科学也就在这场革命中诞生和形成起来,它是彻底革命的。"④ "自然科学借以宣布其独立并且好像是重演路德焚烧教谕的革命行为,便是哥白尼那本不朽

---

① 黄楠森等主编:《新编哲学大辞典》,山西教育出版社1993年版,第206页。
② 黄楠森等主编:《新编哲学大辞典》,山西教育出版社1993年版,第206页。
③ 黄楠森等主编:《新编哲学大辞典》,山西教育出版社1993年版,第206页。
④ [德] 恩格斯:《自然辩证法》,人民出版社1971年版,第8页。

著作的出版,他用这本书(虽然是胆怯地而且可说是只在临终时)来向自然事物方面的教会权威挑战。从此,自然科学便开始从神学中解放出来,尽管个别的相对立的见解的争论一直拖到现在,而且许多人的头脑中还远没有得到结果。但是科学的发展从此便大踏步地前进,而且得到了一种力量,这种力量可以说是与其出发点起的(时间的)距离的平方成正比的。"[1]

可以这样说,没有文艺复兴,就没有近代科学,就没有近代科学的发展。文艺复兴最早涌现出来的科学家是达·芬奇、托斯卡内利、阿尔贝提、帕西奥里、波提切利等。达·芬奇对地球中心说持否定态度,认为地球不是太阳系的中心,也不是宇宙的中心。哥白尼在否定地球中心说的基础上建立了太阳中心说,循着哥白尼开辟的方向,开普勒建立了天上的力学,伽利略建立了地上的力学,牛顿则将二者综合起来建立了经典力学体系。与哥白尼发表日心说的同时,维萨里在1543年出版了《人体结构》这本解剖学专著。维萨里经过解剖发现,人心脏的中隔很厚,并由肌肉组成,血液不可能通过中隔从右心室流入左心室。这就否定了盖仑的观点。塞尔维特在维萨里发现的基础上提出了血液的小循环。哈维则更进一步提出了血液的大循环。根据血液的大循环理论,血液并非像盖仑所说的由静脉一端不断地被创造出来,在动脉末端被消耗干净,而是应该存在着连接动脉与静脉的细小血管,使动脉血能够回到静脉,再回到心脏。这所有的科学成果,都与文艺复兴有关,都与文艺复兴的思想解放有关。

由此可见,文艺复兴运动在近代科学的诞生中起到了重要的作用。而文艺复兴最初是在"复兴古典文化"的旗号下进行的。一些先进的知识分子广泛搜集湮没已久的希腊、罗马著作,进行整理和研究,而希腊、罗马著作,多保存于阿拉伯国家。十字军东征,西方从阿拉伯国家获得了大量的希腊、罗马著作。12世纪,西方掀起了翻译阿拉伯文献的热潮,希腊原始文献经过叙利亚文、阿拉伯文的翻译,再被翻译成拉丁文。大翻译的中心是西班牙和意大利。因此,古典的文化传统在中世纪里更多地保存在意大利。意大利的一些学者很早就在本土对古代的手稿、古迹和遗物作过某些研究。意大利各城市长期同拜占庭、阿拉伯的联系,使那里的学者

---

[1] [德]恩格斯:《自然辩证法》,人民出版社1971年版,第8页。

熟悉了更多的古希腊的文稿和艺术古迹。拜占庭灭亡前后，该国许多学者纷纷流亡到意大利的城市，也促进了意大利学者对古典文化的了解。这些因素，再加上经济前提和政治条件，使文艺复兴最早发生于意大利。而后又传播到英国、法国、德国、西班牙等国家。

从文艺复兴的根源来说，阿拉伯人起了重要作用。这种作用概括地讲就是：一是他们比较完整地保存了古希腊、罗马的文献。这些文献相当于文艺复兴的"火种"。二是他们曾对古希腊、罗马的文献作过一些研究。这些研究被西方人继承下来，并进一步发扬光大。三是他们中的一些学者，后来移居或流亡到西方国家，推动了西方对古希腊、罗马文献的翻译和学习。而古希腊、罗马文献是文艺复兴的源头。没有这个源头，文艺复兴是不可能的。从这个意义上说，阿拉伯人在文艺复兴中起了重要的作用。这种作用是基础作用，这种作用是"承前启后"的作用。更进一步说，对文艺复兴的作用也是对科学的作用，也是对近代科学的作用，因为二者是紧密相连的。这样，阿拉伯人在近代科学的诞生中就有了自己的贡献，有了自己的"份额"。

当然，在谈到阿拉伯人的贡献时，有一个问题是必须提出的，这就是：阿拉伯人为什么要当"二传手"，而不直接"进球"。这个问题是很复杂的。但这里可以简单谈两点：一是阿拉伯的文化还不足以产生近代科学。二是阿拉伯国家还不是世界科学的"交汇点"。所谓"交汇点"至少要有以下几个条件：新的生产方式的出现以及由此带来的新的需要，科学的各个分支已发展到需要综合的程度，大科学家成批涌现，学者传统和工匠传统的结合，等等。这些条件只有西方具备了，因此近代科学就诞生在西方。这就决定了阿拉伯人只能当"二传手"。

（四）近代科学的诞生是东、西方科学融合的结果

近代科学的诞生，其源头并不止一个，概括地讲是两个，即西方和东方。东方，并不像一些学者认为的那样与近代科学无关。事实上，东方在近代科学的诞生中作出了重大的贡献。布伦诺斯基曾就此指出："毕达哥拉斯是一位哲学家，对他的弟子们来说，他还是一位宗教领袖。事实上，在他身上有某种亚洲人的影响，这样的影响通过希腊文化流传过来，这也

是我们一般都忽略了的。我们往往觉得希腊就是西方的一部分,但是,萨摩斯岛是古希腊的边缘,它离小亚细亚的海岸仅有一英里之隔。最先激励希腊人的很大一部分思想就是从那里开始流动的,而且在出人意料的情况下,它又在接下来的许多世纪里流回到了亚洲,然后才到达西欧。"① 布鲁克也曾指出:"如果带着科学是希伯来—基督教文化的独有产物这样的先入之见,那么阿拉伯学者所作出的重要贡献就很容易被忽视。在文艺复兴之前西方科学的数个世纪中,穆斯林学者们所做的工作远不止只是重复他们从希腊人那里接受来的遗产。在代数方面,他们发展了多项式的概念,并首创了习惯上归功于笛卡儿的代数几何数。随着理论科学和工艺之间的传统壁垒被削弱,不同类型的实验被引进了科学。数学和物理学的富有成效的结合是由阿尔哈曾取得的,对他来说,光学变成了一门研究视觉几何学的学问。迄至14世纪初,阿尔—法里西正在构建实验模型——用装满水的玻璃球来模拟雨滴——以便对虹进行数学分析。"②

东方对近代科学的贡献,可从两个方面来分析:一是古希腊的科学源于东方,即源于古埃及和古巴比伦。这里先谈古希腊的文字,古希腊原来的文字是象形文字,后来改成了腓尼基人的拼音字母。这一改变,给古希腊的科学发展带来了极大的好处。古希腊初期,有很多人到古埃及去游历和学习,又有一些人则去古巴比伦去学习数学和科学。例如,古希腊的第一个自然哲学家,也是第一个科学家的泰勒斯,"曾经经商到古埃及,在埃及获得了几何学的知识,还到过美索不达米亚,在那里学到天文学"。③

这表明,古希腊的科学源于古埃及和古巴比伦。这是一种文明的传递。因为从世界的角度来看,古埃及和古巴比伦是人类文明最早出现地方,它们的文明水平较高,它们的文明所孕育的科学也较发达。而古希腊的文明则要晚得多,这就决定了它要学习古埃及和古巴比伦的文明,它要学习古埃及和古巴比伦的科学。当然,古希腊是"优等生",古希腊的文明又有独特的气质,因此它很快超过它的老师、很快在文明和科学上创造了辉煌的业绩。这真是"青出于蓝而胜于蓝"。这里举一个具体的例子:

---

① [美]布伦诺斯基:《科学进化论》,李斯译,海南出版社2002年版,第152页。
② [英]布鲁克:《科学与宗教》,苏贤贵译,复旦大学出版社2001年版,第44—45页。
③ [英]梅森:《自然科学史》,周煦良等译,上海译文出版社1984年版,第15页。

几何发源于古埃及，古埃及人早就知道了勾3股4弦5的事实，但他们始终上升不到理论的高度，并得出一般的结论。古希腊人就不同了，古希腊的毕达哥拉斯不满足于个别事实，他从个别事实得出一般结论，即毕达哥拉斯定理。他还对毕达哥拉斯定理进行了逻辑论证，使其具有更坚实的基础。就这样，古希腊人超越了古埃及人和古巴比伦人。然而超越归超越，他们最初的知识则来自古埃及人和古巴比伦人。古希腊的文明和科学非同一般，因为它们是西方近代科学的源头和种子。从这个意义上说，东方科学，即古埃及和古巴比伦的科学，对近代科学的诞生是有贡献的。

第二个方面主要谈谈阿拉伯科学对近代科学的贡献。当西方处于中世纪的时候，阿拉伯科学却得到了很大的发展。这里可略数其主要成就：阿尔—巴塔尼求得的黄道的倾角值和岁差的值，比托勒密算出的更为准确，他还发现了太阳的偏心率在变动着。阿尔哈金认为光线来自所观察的客体。而光是以球面形成从光源发射出来的。他对放大镜的实验研究使他接近了关于凸透镜的近代理论。伊本·阿尔-纳菲对盖伦学说进行了批判，他指出心脏的隔膜很硬，不像盖伦所设想的那样有细孔可以让血液通过。因此，他认为血液必然要通过肺从右心室流到左心室。这就是血液小循的理论。阿尔—查尔卡利编制了"托莱多星表"，对托勒密的天文体系略加修正，以一个椭圆的均轮代替水星的本轮。

阿拉伯科学后来传入西方。梅森曾指出："科学在西方哈里王国的兴盛时期，恰好是在基督徒侵入穆斯林西班牙之前不久。但在基督徒所占领了的一些城市里，特别是在公元1085年攻占了托莱多，穆斯林科学仍旧发达，因此当时西班牙就成了古代东方科学传入西方的一个主要通道。"[①] 而在传入西方的所有科学中，数学产生的影响可以说是最大的。

要谈阿拉伯数学对西方科学的影响、对西方近代科学的影响，就要首先谈谈古希腊的数学。古希腊的数学在毕达哥拉斯的时候是以数为基础的，而数就是整数或整数之比。用整数之比表达的比称可度比，意即相比两量可用公共量单位量尽。这是毕达哥拉斯的信条。但这一信条后来遇到了困难。因为有些数是不可公度的。例如，若设直角三角形的斜边能与一直角边公度，则同一个数将既是奇数又是偶数。证明过程如下：设等腰

---

① [英]梅森：《自然科学史》，周煦良等译，上海译文出版社1984年版，第90—91页。

直角三角形斜边与一直角边之比为 α：β，并设这个比已表达成最小整数之比。于是根据毕达哥拉斯定理得 $α^2 = 2β^2$。由于 $α^2$ 为偶数，α 必然也是偶数，因任一奇数的平方必是奇数。但是 α：β 是既约的，因此 α 必然是奇数。α 既是偶数，故可设 $α = 2γ$。于是 $α^2 = 4γ^2 = 2β^2$。这样，$β^2$ 是个偶数。于是 β 也是偶数，但 β 同时又是奇数，这就产生了矛盾。这一矛盾，导致了毕达哥拉斯关于数的信条的破产。

为了解决毕达哥拉斯的问题，柏拉图提出了数学几何化的思想。在柏拉图思想的指导下，欧多克斯通过给出比例即两个比相等的定义，巧妙地解决了毕达哥拉斯的问题。他所给出的定义与所涉及的量是可公度的还是不可公度的完全无关，其内容可叙述如下：所谓四个量成等比，即第一个量与第二个量之比等于第三个量与第四个量之比，是指当取第一、第三两个量的任何相同的倍数，并取第二、第四两个量的任何相同的倍数时，前两个量的倍数之间的小于、等于或大于的关系是否成立，取决于后两个量的倍数之间的相应关系是否成立。欧几里得则在柏拉图、欧多克斯等工作的基础上，总结了以前全部几何学的知识，建立起第一个几何公理系统。

古希腊数学的几何化，不仅导致了数学的第一个公理系统的建立，而且也推动了整个科学的发展。金观涛等曾就此指出："欧几里得几何在其形成过程中和形成后对科学理论成长中的巨大影响很值得注意。它在历史上先后出了近 1000 种版本。科学理论的传播总是以它的翻译居先的。实际上，如果我们去分析古希腊罗马文明所达到的科学成就，就会发现其中的最发达、最具有现代意义的部分都是在它的示范作用下取得的，它们共同形成了原始科学结构对后世科学家进行示范。对近代力学和天文学起到奠基作用的圆锥曲线研究实际是欧几里得理论体系的直接延伸。阿波罗尼的圆锥曲线论中 187 个命题，均由几何原本 10 个公论导出。伽利略对近代物理学划时代的贡献可以说是阿基米德方法和道路的发扬光大。而阿基米德则完全是以欧氏几何为示范来构造他的静力学理论的。"[①]

尽管古希腊数学几何化推动了数学和科学的发展，但也对数学和科学的进步产生了消极的影响。这里重点谈谈数学。数学有两个分支，即几何和代数，数学的几何化不利于代数的发展。因此，古希腊以后，西方在代

---

① 金观涛等：《科学传统与文化》，陕西科学技术出版社 1983 年版，第 42—43 页。

数上少有成就。克莱因曾指出："中世纪初期约从 400 年起到 1100 年左右为止；这七百年的时期本来是很可能使欧洲文明发展一些数学的。如果它能从当时所拥有的少量线索追究其包藏的丰富知识，它很可能从希腊著作获得很大帮助。但这段时期内数学并无进展，也没有人认真搞数学工作。"[①] 一些具体数字也充分说明了这个问题。据统计：在公元 401—1000 年，世界重大数学成就有 9 项，没有一项是西方人取得的。中国、印度、阿拉伯包揽了所有的数学成就。而这些成就主要是代数方面的。在公元 1001—1500 年，世界重大数学成就有 17 项，有 4 项是西方人发明的。但这是阿拉伯数学传入西方的结果。

为什么西方人在 1000 多年的时间中没有或很少取得数学的重大成就呢？原因是多方面的。克莱因曾指出："数学水平之所以低，主要原因是对物理世界缺乏兴趣。当时在欧洲占统治地位的基督教规定了它自身的目标、价值和生活方式。主要关心的是精神生活，因而认为出于好奇心或实用目的而探索自然的工作是浮薄不足道的。"[②] 除了克莱因所讲的原因外，数学几何化无疑是一个重要的原因。具体地说，就是数学的几何化使学者们把重点放在几何上面，结果忽略了代数的发展。另外，几何在欧几里得公理系统建立以后，已达到一个"顶峰"，要在这个"顶峰"的基础上攀上另一个更高的"顶峰"，需要新的思路及实现这种新思路的条件。而在当时以及很长一段时间内，这方面的条件远没有形成。此外，几何的论证是严格的，但代数却是简洁的、实用的，而东方学者正是在实用的刺激下发展了代数。

数学的几何化影响了西方的数学发展，特别是代数的发展，这只是问题的一个方面。问题的另一方面是，西方的代数自身也存在着严重的缺陷。例如，西方在阿拉伯数码输入之前，使用的是罗马数字。这种记数法是非进位制的，一个简单的数要写成长长的一串。罗马数字用 I、V、X、L、C、D、M 分别表示 1、5、10、50、100、500、1000。这样 3888 要写成 MMMDCCCLXXXVIII。这种笨拙的记数法在 12 世纪以前盛行于西方，

[①] ［美］克莱因：《古今数学思想》第一册，张理京等译，上海科学技术出版社 1979 年版，第 233 页。

[②] ［美］克莱因：《古今数学思想》第一册，张理京等译，上海科学技术出版社 1979 年版，第 233 页。

有的国家直到 16 世纪还在使用。那时，做加减法就已相当困难，会乘除法就可以称为专家了。中世纪有人厌恶这种烦琐的数学，作了一首诗："乘法原可恼，除法亦不良；黄金律，太讨厌，练习真使我发狂。"①

  试想，在这样一种笨拙的记数法的情况下，代数可能发展起来吗？况且，数学的几何化又使学者不重视代数。这样，发展代数的任务就落在了东方学者的身上。在公元 400—1500 年，东方学者，主要是印度、阿拉伯、中国的学者，在代数上作出一系列贡献。例如，公元 500 年，中国的祖冲之就算出了 π 的近似值到七位小数；公元 1000 年，中国的贾宪创造了开任意高次幂的"增乘开方法"，列出二项式定理系数表；公元 1247 年，中国的秦九韶推广了"增乘开方法"，提出了联立一次同余式的解法；公元 1248 年，中国的李治系统地论述了"天元术"；公元 1261 年，中国的杨辉用"垛积术"求出几类高阶等差级数之和；公元 1303 年，中国的朱世杰把"天元术"推广为"四元术"，等等。

  印度、阿拉伯学者在代数上也作了一系列贡献。例如，阿利耶毗陀，已经知道数学符号和零符号的应用。阿利耶毗陀还在他的著作中论述了关于乘方、开方、简单的二次方程、简单的代数恒等式和等差级数的知识。最重要的是阿利耶毗陀在他的著作中用连分数处理了不定方程的问题，和今天所用的方法实质上相同。巴拉马古的著作中经常出现有算术运算（包括对开方问题的处理）和利息问题，比例，等差级数以及自然数的平方和。巴拉马古对负数及零已有了清楚的概念。他提出了解各种二次方程的规则；他提出了方程 $ax + by = c$（a，b 和 c 都是整数）的完全整数解，以及处理不定方程 $ax^2 + 1 = y^2$ 的巧妙方法。巴士卡拉在他的著作中讨论了常用的算术运算，包括乘方和开方。巴士卡拉已经了解零的真实意义。他在他的著作中提出处理一次方程和二次方程的方法，包括不尽根的使用。他还解出了 $ax^2 + c = y^2$ 类型的不定方程。如 $8x^2 + 1 = y^2$ 的解是 $x = 3$，$y = 17$。$11x^2 + 1 = y^2$ 的解是 $x = 3$，$y = 10$；$32x^2 + 1 = y^2$ 的解是 $x = 3$，$y = 17$；$67x^2 + 1 = y^2$ 的解是 $x = 5967$，$y = 48842$；$61x^2 + 1 = y^2$ 的解是 $x = 22615390$，$y = 1776319049$。

  阿拉伯学者继承了印度学者的数学成果，他们开展了一系列有意义

---

① 梁宗巨：《世界数学史简编》，辽宁人民出版社 1980 年版，第 77 页。

的研究，并推进了代数的发展。例如，阿尔－花剌子模在他的著作提出了解方程的方法。关于一次方程，他的方法是"还原"和"对消"。"对消"是方程两边相似的与相等的项可以消去。对于二次方程，他没有作出一般的解法，而是用数值例子研究了六种（$x^2 = 2x$，$x^2 = 36$，$5x = 10$，$x^2 + 7x = 128$，$x^2 + 21 = 10x$，$12x + 288 = x^2$）不同类型的二次方程，对每一种类型给出了特殊的解法。他还用分析与几何方法解二次方程，并且在用分析法解时，他承认有两个答案。阿尔－卡拉吉在他的著作中提出了开高于二次方根的方法。他把二次方程的解法区分成几何解法和分析解法。他还提出了如下方程的解法。此外，他在他的著作中列出了求自然数的平方和与立方和的表达式；他把未知数的幂扩大到"无穷大"，把牛顿二项展开式推广到任意 n 的情形。海雅姆在他的著作中把代数分出来作为完全独立的数学学科。他把一次、二次、三次代数方程加以分类，根据分类，规定方程的次数和它的项的排列。方程的排列应当满足一个条件，即要使无论是方程的右边或者左边都没有负项。他为了解三次方程，还使用了几何方法。这就是考察两条曲线相交，即两条抛物线相交，抛物线和圆相交，等等。他的独到之处还在于：解几何问题时，使用了代数方法。在这个方面他是笛卡儿的先驱者。阿尔－卡西在他的著作中引进了十进制分数，并详细叙述了十进制分数的理论。他发现任意自然数幂的二项展开式。他为了把数开任意次方而运用了这种分解。他给出了各种类型的许多有趣的题目。如：我们想求出这样的数，把它加倍，再加上 1，把和乘以 3，再加上 2，然后乘以 4，再加 3，得到 95。对这个题目他作出三种解法：代数解法，即用"还原和对消"的方法解方程。然后用反求法。最后用二重假设原理的方法。他特别注意确定圆周长与直径的比。他使用阿基米德的方法，利用外切和内接 3×2^{28} 边形，即多边形的边数是 800335168。由此得到的结果是：$2\pi = 6.2831853071795865$。在这个式子里，π 的正确值达到 17 位。

印度人和阿拉伯人在代数上为什么能取得如此辉煌的成就。左莱茵曾指出："……印度人和阿拉伯人都喜欢搞算术、代数以及三角关系的代数式和运算。这种偏爱可能说明不同的心智状态，或者可能反映了不同文明的不同需要。这两种文明都是偏重实际的，而且正如我们在谈到亚历山大希腊文明时所指出的那样，实际需要确乎要求提供数量结果，而这就得用算术和代数来求出。"① "阿拉伯人钻研数学主要是为推进他们所从事的几门科学（天文学、占星术、光学和医学），而不是为了数学本身。他们也不搞为科学而研究科学的事"。②

这就是说，印度人和阿拉伯人之所以搞代数，其目的是为了满足实际需要，为了满足他们所从事的几门科学的需要。除了实际需要以外，我们认为，印度人和阿拉伯人还对代数本身感兴趣。这种兴趣来自他们的好奇心，来自他们的智力需要。智力需要不是实际需要，它类似游戏一类的东西。当然，这里的游戏是一种智力的游戏，它很有魅力，它很有吸引力。就这个方向而言，印度人和阿拉伯人不如希腊人。更不如继承了希腊文化基因的近代西方人。因此，是近代西方人把数学推到了更高水平。

这里还有一个问题须要指出的是：印度人和阿拉伯人在代数上之所以取得成就，还在于他们较少束缚，还在于他们的自由和勇敢。克莱因曾指出："新思想只有在自由和勇敢的直观启示下才能产生。逻辑说理和补救办法（如果需要补救的话）只有在具备了可供逻辑说理的东西之后才能起作用。印度人和阿拉伯人的闯劲把算术和代数又一次提高到几乎和几何并驾齐驱的地位。"③ 与此形成鲜明对照的是：中世纪的西方人，由于同时受到宗教教条和以几何为基础观念的束缚，在1000多年的时间中几乎没有获得任何重大的数学成就。这就使西方在数学上，特别是在代数上远远落后于印度和阿拉伯国家。

东方学者，主要是印度和阿拉伯学者在代数上的成就，传入西方并被西方人逐步接受。例如，阿拉伯学者从印度学者那里借来了十进制法，过了500年之后这个十进制概念为西方所接受。阿尔－花刺子模的算术著作，被翻译成拉丁文后，在西方广泛流行，对西方数学的发展起相当大的作用。列奥纳多，写了一本书叫《算盘书》。在这本书中，他采用了印度的数字和零，叙述了关于整数和分数的很多实用的计算方法，解释开平方和

---

① ［美］克莱因：《古今数学思想》第一册，张理京等译，上海科学技术出版社1979年版，第226页。

② ［美］克莱因：《古今数学思想》第一册，张理京等译，上海科学技术出版社1979年版，第224页。

③ ［美］克莱因：《古今数学思想》第一册，张理京等译，上海科学技术出版社1979年版，第227页。

开立方的方法。他还叙述了阿尔－花剌子模那种形式的比例的理论。他在解二次方程时像阿尔－花剌子模一样，没有承认负数根，但对负的量有某些暗示。鲍尔加尔斯基曾指出："《算盘书》为欧洲读者提供了东方各国人民所获得的数学知识的全貌，在这方面它有重大意义。此外，在这部著作里，列奥纳多第一个在欧洲开始应用代数解几何问题。同时，他较出色地理解了算术、代数、几何有着相互联系，这三者之间应该'彼此帮助'。"①

由于东方代数成就的传入，西方的代数研究开始了一个新的阶段。例如，雷基蒙太纳斯研究过许多几何学问题，他把他们化成了代数问题。帕里奥里广泛讨论过一次方程与二次方程，而且对于解那些可化为二次方程的方程，表现得非常熟练。培尔塔格里亚掌握了处理 $x^3 \pm px^2 = \pm q$ 和 $x^3 \pm px = \pm q$ 类型的方程的一般方法。卡当第一个允许二次方程和三次方程的负数根的存在。他也承认方程的虚根的存在性。他也知道如果有一个虚根，那么它应该有与第一个根共轭的另一个虚根。他还引进了四次方程的一般解法，并指出，这个解法是由他的学生费拉里得到的。邦别利用取完整平方的方法来解二次方程。他处理三次方程的方法是仿照卡当的，但已注意到三次方程可以有一个或两个，或三个根。他将方程的虚根运用自如，还作出正负实单位和虚单位的乘法表。韦达把字母表示数的写法引入代数。他不仅用字母表示未知量，而且还用字母表示数字系数。他在解高次方程时，总是把所给方程化为不完全的方程。他发现了三次方程 $x^3 + 3ax = b$ 的天才解法。他证明了三等分角问题和倍立体问题都依赖于解三次方程。他提出了任意次幂的代数方程有趣的近似解法，并且深入研究了相当于复数乘法的"三角形的结构"。

特别须要提出的是：法国的笛卡儿于公元1637年出版了《几何学》，制定了解析几何。在《几何学》中，他给出了字母符号的代数和解析几何的原理，那就是通过引进坐标系，使得能用方程表示几何形状和解析的依赖关系的方法。在《几何学》中，笛卡儿建立起算术运算和几何关系之间的联系。为此，他把这两种关系作了这样的对比："就像算术仅由四种或者五种运算，即加法、减法、乘法、除法、开方（开方可以看作是除法的一种类型）组成一样，在几何中为了求一些未知的线段，只须要

---

① ［苏］鲍尔加尔斯基：《数学简史》，潘德松等译，知识出版社1984年版，第108页。

在这些线上加上或者减去另外一些线段，或者相类似的，为了便于把一条线段与数建立起更密切的关系，我给这条线段规定一个单位（长度），这个单位通常是可以任意选取的。另外还有两条线段，要求第四条线段与这两条中的一条线段之比，等于另一条线段与单位线段与单位线段之比，这就是乘法；或者求第四条线段，它与两条中的一条之比，等于单位线段与另一条线段之比，这就是除法。最后，在单位线段与另外一条线段之间插入一个、二个或几个比例中项，这就是开平方或者开立方等。"① 在《几何学》中，他得到了如下结论：任何方程的根的个数，等于方程的幂的次数。同时他承认，在这些根中某些可能是"假的"（把负根称为假的），或者是"想象的"（即虚的）。他还提出了"符号法则"。按照这个法则，方程正根的个数（如果全都是实根）等于方程各项相对于前一项的变号次数，而负根的个数等于方程各项相对于前一项保持符号不变的次数。在《几何学》中，他建立了重要的待定系数法。这个方法是，如果两个恒等的多项式，当未知数的幂的次数相同时，它们的系数应该恒等。在《几何学》中，他证明了几何问题可以归结为代数形式的问题，因此在求解时可以运用代数的全部方法。同时由于代数的语言远较几何语言富有启发性，可以在问题改变形成之后，只要进行一些代数变换，就可以发现许多出乎意料的性质。此外，由于他采用代数语言来表示几何性质，这就使他提出了许多定理的简单证明，而这些定理要用传统的几何方法来处理则是很困难的。

费尔马也单独发现了解析几何。他指出："每当我们在最后的方程中求出两个未知数时，我们就有一条轨道，其中之一的顶端描出一直线或曲线。直线是简单唯一的；曲线的数目则是无限的，包括圆、抛物线、椭圆等等。""每当构成轨迹的未知数的顶端所描出的是直线或圆时，这轨迹就称为平面轨迹；当他所描出的是抛物线、双曲线或椭圆时，它就称为立体轨迹；如果描出其他曲线，则称为线性轨迹。若令两个未知量构成一给定的角，通常假定它为直角，并且未知数之一的位置和顶端是确定的，则此方程是很容易想象的。如果这两个未知量的幂次都不超过二次，则

---

① ［苏］鲍尔加尔斯基：《数学简史》，潘德松等译，知识出版社 1984 年版，第 151—152 页。

后面所述便能明白，其轨迹是平面轨迹或立体轨迹。"① 接着费尔马又进一步确定了各种轨迹的方程，以现代的记号写起来就是：①过原点的直线方程：$x/y = b/a$；②任意直线的方程：$b/d = ca - x/y$；③圆的方程：$a^2 - x^2 = y^2$；④椭圆方程：$a^2 - x^2 = ky^2$；⑤双曲线方程：$a^2 + x^2 = ky^2$；⑥双曲线方程：$xy = a$；⑦抛物线方程：$x^2 = ay$。

解析几何的建立，对西方数学发展具有关键性的作用，在某种意义上甚至可以说是决定性的作用。恩格斯曾指出："在以牛顿和林耐为标志的这一时期末，我们见到这些科学部门已经在某种程度上完成了。最重要的数学方法基本上被确定了，主要由笛卡儿制定了解析几何，由耐普卡制定了对数……"② "数学中的转折点是笛卡儿的变数，有了变数，运动进入了数学，有了变数，辩证法进了数学，有了变数，微积分也就立刻成为必要的了，而它们也就立刻产生。"③

这里须要注意一种倾向，即文化沙文主义的倾向，这种倾向认为：西方诞生了近代科学，因此西方文明高于其他文明，其他文明应在西方文明面前"俯首称臣、唯命是从"。更有甚者，把西方文明抬到一个至高无上的地位，而把其他文明贬得一塌糊涂、一无是处。这种文化沙文主义的倾向，一是忽略了历史的事实。他们看不到，或者看到了也不愿意承认，近代科学的诞生是东方文明和西方文明交汇的结果，并不仅仅是西方文明"一家所为"。二是东方文明和西方文明"三十年河东，三十年河西"，哪一种文明"也不是自一开始就占据着关键地位、主导地位、支配地位、垄断地位"④。例如，古埃及文明和古巴比伦文明，曾领先于古希腊文明。在中世纪，中国的文明在整体上超越了西方文明，阿拉伯文明也曾一度领先于西方。三是东、西方文明有一个互相吸收的过程。例如，中国文明吸收了印度文明；西方文明，是古希腊文明和古希伯来文明的结合，而古希伯来文明就来自东方。可以这样说，由于互相吸收，纯粹的东西方文明和纯粹的西方文明已不复存在了。四是东方文明和西方文明各有自己的精

---

① ［英］斯科特：《数学史》，侯德润译，商务印书馆 1981 年版，第 151 页。
② ［德］恩格斯：《自然辩证法》，人民出版社 1971 年版，第 9 页。
③ ［德］恩格斯：《自然辩证法》，人民出版社 1971 年版，第 236 页。
④ ［英］李约瑟：《中国古代科学思想史》，陈立夫主译，江西人民出版社 1990 年版，（序）第 2—3 页。

华，同时也都存在着糟粕。汤因比曾就西方文明指出："现在对我们来说，把过去由于产业革命弄颠倒了的人与人以外的自然之间的关系，重新稳定下来，是极为紧迫的任务，以前的技术改革、经济改革，都是在过去旧大陆西部地区，由新教改革开路进行。……这种宗教改革是从多神教改换成一神教。我相信人类现在正须要再回到多神教。关于对人以外的自然所具有的尊严性问题，我们有必要再恢复对它们所持的崇敬和体贴。为此，我们需要正确的宗教来帮助我们这样做。"① "所谓正确的宗教，就是教导我们对人和包括人以外的整个自然，抱有崇敬心情的宗教。相反，错误的宗教，就是允许牺牲人以外的自然，满足人本身欲望的宗教。归纳起来，我们现在必须信仰的宗教就是比如像神道这样的多神教，而必须放弃的宗教就是犹太系的一神教，就是脱离基督教站在无神论立场上对科学进步的信仰。因为这种科学信仰，就是从基督教那里继承下来的，为满足人的欲望，在道义上有权利用宇宙的思想。"②

在这里，汤因比所谈的就是西方文明的问题，为了解决这类问题，汤因比提出要从一神教转向多神教。转向多神教，实质上就是要吸取东方文明的长处，以弥补西方文明的不足。事实上，东方文明和西方文明各有自己的长处，也各有自己的短处，在它们之间，应当互相学习、互相吸收、互相补充。池田曾就此指出，"……考虑今天人类的文明，是否可以这样说：为了科学技术领域的进步，西方的一神教是有利的。然而对人类来说，为保持各民族的独立自主，对自然来说，为制止自然环境的破坏和污染，东方的多神教是更重要的。今后这两方面不是互相对立，而是互相补充，双方都有应该扬弃之处。"③

汤因比和池田的观点，在一些方面可能存在问题，可能需要商榷。例如，从一神教转向多神教可能吗？建立一种正确的宗教可能吗？把各种宗教融合起来可能吗？对这些问题，须要进一步分析、进一步探讨。但有一

---

① 《展望二十一世纪——汤因比与池田大作对话录》，荀春生等译，国际文化出版公司1985年版，第380—381页。

② 《展望二十一世纪——汤因比与池田大作对话录》，荀春生等译，国际文化出版公司1985年版，第381页。

③ 《展望二十一世纪——汤因比与池田大作对话录》，荀春生等译，国际文化出版公司1985年版，第380页。

点更可以肯定的，东、西方文明须要互相吸收。当然，"吸收"是一个过程，有时是很长的过程。如中国对佛教的吸收，就经历了一个很长的过程。

这就是我们对"李约瑟难题"的分析和思考。在分析和思考的基础上，我们可以得出这样的结论：近代科学不仅仅是西方文明的产物，而是东方文明和西方文明交互作用、不断融合的结果。这就是说，没有西方文明，近代科学不可能诞生；没有东方文明，近代科学也不可能诞生。但这种融合在什么时候、什么地方实现，却是由两种因素决定的：一种是必然因素；另一种是偶然因素。西方近代兼具了必然因素和偶然因素，因此近代科学就诞生在西方。这是西方的幸运，也是全人类的幸运，因为近代科学是全人类的共同财富。

七　论科学的功利主义

科学的功利主义，在古代就已经萌芽。当然，古代的科学功利主义是模糊的、不自觉的。尽管如此，它主宰了古代大多数国家的科学技术的发展。科学的功利主义到了现代才明朗起来、自觉起来。这与培根等人的努力有关，科学的功利主义作为一种思潮，极大地影响了科学技术的发展，并由此极大地影响了社会的经济、政治、文化的发展。这就决定了对科学功利主义的分析和探讨，是一个跨学科的问题，并且具有多重意义。

（一）科学功利主义的产生

科学功利主义的产生，是对古希腊关于技艺观念的直接反叛。古希腊关于技艺的观念，其主要内容包括：一是大自然所运用的技艺是一种无法感知的和无法模仿的自我复制，它系于大自然的永恒的内在形式；二是企图支配大自然是不可能的，因为即使是神，也必须尊奉必然性的法则；三是任何与大自然相竞争以制造其自然产品的努力都是一种渎神或至少是一种狂妄的行为。受上述观念影响，古希腊人不关心科学的实际应用。"那个时期的知识分子只限于搞哲学和科学工作，不去搞商业和贸易；有教养的人不关心实际问题，他们可以在几何学里考察所有的矩形而不关心哪怕是一个矩形的实际大小。他们就这样把数学思维同实际需要割裂开来，而且数学家也没有感到有去改进算术方法和代数方法的压力。"[①]

---

① ［美］克莱因：《古今数学思想》第一册，张理京等译，上海科学技术出版社1987年版，第57页。

《圣经》对古希腊观念的冲击。这种冲击主要表现在两个方面：一是自然是上帝的艺术，上帝的这种艺术暗示在人类的技艺之中，恰如上帝的绝对自由意志暗示在人类的相对自由意志之中。二是上帝已将其某些神圣的控制力量赐予其最高级的创造物，即人类，同时人类也被授予了支配上帝的其他造物的权力。《圣经》的观点，冲垮了古希腊在技艺问题上所设置的思想障碍，认可了人类对自然的支配，认可了技艺的生存和发展的权利。这就为近代科学的诞生创造了条件、开辟了道路。

对科学功利主义作出最大贡献的是培根。他首先对古希腊人的科学观进行了批判："我们就必须坦白承认，我们主要从希腊人得来的那种智慧不过像知识的童年，具有儿童的特性而已：它能够谈说，但它不能够生产。"[1] "我们所拥有的科学大部分来自希腊人。……现在且看，希腊人的智慧乃是论道式的，颇沉溺于争辩；而这恰是和探究真理最相违反的一种智慧。"[2]

培根的观点概括起来主要是：一是人类可以支配自然，并制成与自然的事物相同的事物。他指出：人类对于事物的支配完全有赖于技艺和科学；人类再也不应该因循亚里士多德的观点，认为凭借技术的力量与自然竞争毫无希望。他还强烈反对亚里士多德的下述观点，即认为技艺只能是大自然的婢女，只能帮助大自然完成其早已开始的工作；与此相反，他认为技艺以自然为基础，能够制成与自然在没有任何帮助的情况下所能产生的同样事物。二是人类对自然的支配必须遵循自然的根本法则。他一方面强调人类对自然的支配；另一方面又坚持人类应该驯服地仿效自然。这两方面并不存在真正的矛盾，其原因在于"只有服从自然，才能驾驭自然"。他提出的理由是，人不可能超越自然的潜力，但如听任自然，那么其潜力就会远远大于人们所能期望的。然而为了获得成功，人类对自然的干预就必须遵循自然的根本法则，而这必须建立在对自然的可靠认识之上。"所以，人类的认识和人类的力量这对孪生物确实是真正地合成一体；而操作的失败，正起因于对原因的无知。"[3] 三是自然运动（自然产

---

[1] 《自然辩证法通讯》1996年第4期，第33页。
[2] 《自然辩证法通讯》1996年第4期，第35页。
[3] ［荷］霍伊卡：《宗教与现代科学的兴起》，钱福庭等译，四川人民出版社1991年版，第77页。

品）与人工运动（人造产品）之间不存在任何根本的差异。他认为，在机械学自然运动与人工运动之间不存在任何根本的差异，在化学方面的自然产品与人造产品之间（或者说在繁殖与制造之间）也不存在任何根本的差异。根据这一观点，他作了如下的预测：自然化合物和新的金属可以由人工制造，植物种类的嬗变，新的动物种类的繁殖都是可能的，人造气候变化也可能得以实现。

培根强调科学要为人类服务。他指出：学究们的旧"科学"不结果实，它没有减轻生活的重担，因为它使技艺与自然相分离，把形式置于人类能力所及范围之外。这种停留于言词而不产生功效的自然哲学，如同没有功效的信念一样是没有生命力的。他写道：对于"哲学体系和各种科学的增长与进步"来说，"应当依照相同的规则要以果实来评判学说体系；而假如这体系是不出产果实的，我们就应当宣告它毫无价值，特别是当它不仅不产生葡萄和橄榄等果实反倒带有争执、辩论之荆棘和蒺藜时，我们就更应当作这样的宣告"。[1] 他认为，科学亦应被导向有益于人类，"科学的真正的、合法的目标说来不外是这样：把新的发现和新的力量惠赠给人类生活。"[2] 因为"我若能说万人的方言，并天使的话语，却没爱心，我就成了鸣的锣，响的钹。"[3] 他的理想是，作为恢复人类对自然的统治的结果，建立一种服务于人类的科学。这不纯粹是一项人类的工作，而是一项受到神所激励的工作：这一科学的"开端源于上帝……众光之父。"[4] 他具体谈到科学的作用，"印刷、火药和磁石这三种发明已经在世界范围内把事物的全部面貌和情况都改变了：第一种是在学术方面，第二种是在战事方面，第三种是航行方面；并由此又引起难以数计的变化来；竟至任何帝国、任何教派、任何星辰对人类事务的力量和影响都仿佛无过于这些机械性的发现了。"[5] 他祷告："上帝啊——宇宙的创始者、保护者

---

[1] 《自然辩证法通讯》1996年第4期，第35页。
[2] 《自然辩证法通讯》1996年第4期，第33页。
[3] 《自然辩证法通讯》1996年第4期，第33—34页。
[4] ［荷］霍伊卡：《宗教与现代科学的兴起》，钱福庭等译，四川人民出版社1991年版，第84页。
[5] ［荷］霍伊卡：《宗教与现代科学的兴起》，钱福庭等译，四川人民出版社1991年版，第84—85页。

和更新者,请用你那对人类的仁爱和怜悯,通过你那唯一的圣子,即与我们同在的上帝,保护那向着你的荣耀而上升和为着人的幸福而下降的事业吧。"①

这就是培根,这就是培根对科学功利主义的提倡和鼓吹。培根的"战斗"并不孤单,因为他有《圣经》作为支撑,在他的后面还跟着一大群科学家。这群科学家是他的响应者和跟随者,这群科学家中的主要代表是:波义耳、赫尔蒙特、格劳贝尔、格兰柏、爱德华兹等。

波义耳在临终遗嘱中祝愿皇家学会会员:"祝愿他们在其值得称赞地致力于发现上帝杰作的真实本性的工作中,取得快乐成功;祝愿他们以及其他所有自然真理的研究者们热诚地用他们的成就去赞颂那伟大的自然创造者并造福于人类之安逸。"②

赫尔蒙特向盖伦主义者提出了一个挑战——做一个实验,让它来决定医学未来的发展:"让我们到医院之外,到校园之外,到任何其他地方,挑出200或500个有发烧、胸膜炎等等病状的贫民,并把他们分两半,让我们用掷骰子的方法来决定哪一半归我管,哪一半归你治;我不用放血或清肠就可以把他们治愈,我们将会看到你我各自会有多少葬礼。"③

格劳贝尔认为,要使德国成为"世界霸主,部分地可以靠经济繁荣,部分地依靠新的军事技术,两者是化学知识的适当应用的结果,而这种知识来自于化学哲学。注重化学哲学,就可以达到经济的繁荣。被丰年和灾年交替困扰的农民可以学会在把多余的粮食用于酿麦芽酒,它后来演变成啤酒。葡萄农也采用同样的方法,他们须把葡萄酒蒸发而得到固体的醋,它能够被保存很长时间,直到重新兑水。这样,不仅葡萄酒商可以节省运输费用,他们还可以囤住其货物直到合适的时机,以便获取可观的更大的利润"。④

---

① [荷]霍伊卡:《宗教与现代科学的兴起》,钱福庭等译,四川人民出版社1991年版,第85页。

② [美]默顿:《十七世纪英国的科学、技术和社会》,范岱年等译,四川人民出版社1986年版,第130页。

③ [美]杜布斯:《文艺复兴时期的人与自然》,陆建华等译,浙江人民出版社1988年版,第181页。

④ [美]杜布斯:《文艺复兴时期的人与自然》,陆建华等译,浙江人民出版社1988年版,第182页。

格兰伯写道：国家必须用他发明的新武器武装起来。他描述了一种长的"军用杖"，它可以喷射出雾状或雨状的酸。用这种方法，被围城市的保卫者可以弄瞎敌人的眼睛。在基督徒的军队进攻时，可以用灌注这种酸液的小型手榴弹来弄瞎城楼上的守敌，然后就可以打开城门让基督徒军队进去。①

爱德华兹指出：罗盘是有用的，因为它使我们得以走访"广袤的世界"并无限地增进贸易和商业。火药与枪炮也是有用的、有效的和经济的，因为"我们有了一种比弓箭、标枪、战斧和长矛更简便和快速、更节省和经济的方法来杀死我们的敌人。现代的火炮将比罗马的攻城槌更快地结束争斗。……那么看一看，在这个世界将有更好的战争的时刻，争论只能用血来解决，现在有一种方法，用这种方法可以比以往较少耗费时间和流血而取得胜利：这是发明火药及运载和发射火药的器械的成果。"② 特别须要指出的是，英国皇家学会把科学的功利主义明明确确地写进它成立时的特许状中："我们明白，再没有什么比提倡有用的技术和科学更能促进这样圆满的政治的实现了。通过周密的考察，我们发现有用的技术和科学是文明社会和自由政体的基础。……我们只有增加可以促进我国臣民的舒适、利润和健康有用的发展，才能有效地发展自然实验哲学，特别是其中因增进贸易有关的部分；这项工作最好由有资料研究此种学问的发明天才和有学问的人组成的一个团体来进行。他们将以此事作为自己的主要工作和研究内容，并组成为拥有一切正当特权和豁免权的正式学会。"③

为什么近代有这么多的人谈科学的功利主义，其主要原因是：一是宗教的信仰和情怀。这里的宗教当然是指基督教。基督教的目的是拯救人类，基督就是人类的救世主。在基督教的世界里，科学亦应服务于拯救人类的目的。这就要求科学能够解决人类的实际问题。而古希腊的科学观、科学与此是相悖的。这就是培根等抨击古希腊科学的根源。二是宗教赋予人类以支配自然的权利。这一点很重要。因为只有承认这一点，科学才可

---

① [美] 杜布斯：《文艺复兴时期的人与自然》，陆建华等译，浙江人民出版社 1988 年版，第 183 页。

② [美] 默顿：《十七世纪英国的科学、技术和社会》，范岱年等译，四川人民出版社 1986 年版，第 353 页。

③ 《自然辩证法通讯》1996 年第 4 期，第 34 页。

能通往应用之路。否则，科学只能是智者的一种精神需要，科学只能在精神领域兜圈子。古希腊的科学不是如此吗！三是人类的许多实际问题确实需要解决。例如，吃饭的问题，穿衣的问题，住房的问题，出行的问题，资源的问题，等等。尤其是疾病问题，一些流行病、传染病使成批成批的人死去。在这种情况下，科学必须面对问题，必须面对问题的挑战。否则，科学还有社会的基础吗，科学还能继续下去吗！三是社会的主人换了。在古希腊，社会的主人是奴隶主；到了近代，社会的主人则成了资产阶级。资产阶级不同于奴隶主，他们要发财，他们要致富。他们关注科学，他们重视科学，并不是因为科学的真理性，而是因为科学可以帮他们攫取更多的利润。因此，在他们眼里，科学从来就是一种工具和手段。

由于上面四个原因，科学的功利主义开始在社会上勃兴，并被诸多学者鼓吹和宣扬。这不是偶然的，这是社会的需要，这是人类的需要。这是一种新的科学观。这种不同于古希腊的科学观，与古代其他国家的科学观反倒类似。这是一种奇特的现象：古希腊的科学观否定了古代其他国家的科学观，因而使古希腊产生了真正的科学。到了近代，古希腊的科学观又被否定，因此产生了科学的功利主义。这是一种循环，这是一种否定之否定。

当然，科学的功利主义并不是西方近代科学观的全部。因为古希腊的科学观还在、还发挥着它的作用。在基础科学领域，古希腊的科学观仍起着主导作用。除此而外，宗教也渗入科学观中。例如，在古希腊，人们研究科学是为了满足好奇心、为了消遣和娱乐。到了近代，人们则是为宗教目的来研究科学。宗教目的很宽泛，如了解上帝、证明上帝的伟大，等等。这些目的是虚幻的、根本不存在的，但它们却成了科学家研究科学的强劲动力，它们激励着科学家，它们鼓舞着科学家，它们使科学家攀上一个又一个的"高峰"。

这就是近代的科学观。近代的科学观是一种"混杂"，它包含着不同的因素，有些因素之间是对立的。然而正是这种"混杂"，使科学有了不同选择。这种选择使科学保持着必要的张力，使科学能够以较快的速度发展。这表明，多元比一元好，一元往往使科学走向死胡同。古希腊的科学不是这样吗，中世纪则使科学长期停滞不前。当然，多元也有多元的弊端。但多元的弊端肯定少于一元的弊端。这是历史的事实，也是历史的教训。

（二）科学功利主义的发展

科学的功利主义产生后，由于适应了时代的需要、人类的需要，很快发展成一种思潮。当然，它没有仅仅停留在思潮的层面，它走向了社会的实际领域，它影响了政府的决策，它影响了企业的决策。它产生的效果是显著的。具体地说，它为科学开辟了一条新的发展道路，它使科学有了新的支撑，它使科学获得了一种强大的、不竭的动力，它使科学硕果累累，并攀上了一个又一个的高峰。最重要的是，它使科学得到了应用，它使科学进入生产和生活领域。其结果是，它改变了整个社会的面貌，它改善了人类的生活条件。可以这样说，是科学真正拯救了人类，使人类过上了一种相对富足、幸福的生活。用今天的眼光来看，科学及其应用产生了如下的效果：

1. 把人类从诸多的苦难中挽救出来。例如，巴斯德证明某些疾病如炭疽、鸡霍乱与蚕病是由特种微生物造成的。利斯特把这一成果应用到外科手术上去。他先是用石碳酸（酚）作为防腐剂，以后又发现清洁是一种有效的防腐方法。除此而外，他还把戴维、莫顿和辛普森所发现的麻醉剂也用到外科手术。结果使外科手术达到了空前的安全地步，这就大大降低了城市居民的死亡率。詹纳发明了种痘的方法，使人减轻或完全避免了天花这种疾病的危害。伯登－桑德森与巴斯德等把詹纳的成果推广应用，结果又使许多疾病得到治疗。弗莱明发明的青霉素，在第二次世界大战结束前夕，就挽救了成千上万人的生命。柯亨领导的科研小组生产出纤维蛋白膜、纤维蛋白泡沫，前者可用来缝合受伤的人脑；后者可用以止住内出血。这些成果用于外科手术，也挽救了很多人的生命。

2. 促进了生产力和经济的发展。关于这方面的情况，马克思和恩格斯指出："资产阶级在它不到一百年的阶级统治中所创造的生产力，比过去一切世代创造的全部生产力还要多，还要大。自然力的征服，机器的采用，化学在工业和农业中的应用，轮船的行驶，铁路的通行，电报的使用，整个整个大陆的开垦，河川的通航，仿佛用法术从地下呼唤出来的大量人口，——过去哪一个世纪能够料想到这样的生产力潜伏在社会劳动里呢？"①

一些具体数字也说明了科学技术对生产力和经济的促进作用。如在1770—1840年的70年中，由于第一次技术革命，即蒸汽技术革命的推动，使英国工人的平均劳动生产率提高了20倍。在19世纪的最后30年中，由于第二次技术革命，即电力技术革命的推动，使世界工业总产值增加了两倍多，其中钢铁产量猛增55倍，石油产量增加25倍。

3. 改变了人类的工作条件和生活条件。导致这种改变的科学技术成果有：电报、电话、电视、录音机、录像机、电冰箱、洗衣机，等等。这里特别须要提一下电子计算机。电子计算机自20世纪40年代诞生以来，得到了迅速的发展，并在社会的各个领域得到了广泛的应用，实现了工厂自动化、办公室自动化、家庭自动化，极大地改变了人类的工作条件和生活条件，把人类带到了信息时代或信息社会。与电子计算机紧密相连的因特网、对人类的影响更大。它的影响既表现在经济领域，也表现在政治和文化领域。它的影响在许多方面都具有颠覆性，都是人们原来根本想象不到的。例如，过去工作，必须到相应的单位，现在则可以在家办公，其服务的对象可以远在千里，甚至万里。过去购物，必须到相应的商场，现在则点一下鼠标就可以了。过去发表意见，必须参加相应的会议或通过相应的媒体，现在只要上网，只要在网上发布就可以了。在朋友、同学等之间建立的微信圈，发表意见就更加方便了。过去恋爱，见面是必需的，有时还需要媒人的介绍，现在则有所谓网恋，不见面就可以谈恋爱。概而言之，网络对人类的生产和生活影响太大了，这种影响是前所未有的。

4. 使科学技术得到了空前的发展。在很长一段时间内，科学仅具有认识的价值，也就是说，人们进行科学探讨，是为了认识自然及其规律。古希腊的科学是这种发展的集中体现，也是这种发展的一个顶峰。但古希腊科学的衰落表明，仅靠认识价值不足以推动科学持续、稳定地发展。要解决这个问题，须要为科学寻找新的支柱，这就是科学的实用价值。而这种价值的认定和确立，与科学功利主义有关。科学的实用价值一旦实现，就会为科学的发展提供巨大的动力，使科学以前所未有的速度向前猛冲。

----

① 《马克思恩格斯选集》第1卷，人民出版社1995年版，第277页。

这一点在近代、现代，已被大量事实所证明。技术是直接用来支配自然的，它是联系科学与自然的中介。技术在功利主义的推动下，也得到了空前的发展。这集中地表现在三次技术革命。第一次技术革命，开始于18世纪60年代，其主要标志是蒸汽机的发明和完善，以及它在纺织、采矿、冶炼、机械加工等领域的广泛应用。第二次技术革命，发生在19世纪70年代，主要标志是电力的广泛应用——应用于动力、照明、通信和生产等方面，使人类历史跨进了"电气时代"。第三次技术革命，开始于20世纪50年代，主要标志是原子能、电子计算机和空间技术的出现。由此诞生了一系列新兴工业，并把人类带入"电子时代"。通过三次技术革命，技术不论在量上还是质上，都实现了空前的发展；在应用方面，也达到了从未有过的深度和广度。

（三）科学功利主义的问题

科学功利主义确实取得了巨大的成就。直到今天，科学功利主义仍在发挥着作用，并且仍是科学发展的主要动力。但科学功利主义也带来了一系列的问题。这些问题在20世纪以前就已经出现了。由于当时问题较小，危害也较小，因此没有引起人们的重视。20世纪以后就不同了，因为这时的问题已变得很大了，有些已变成全球性的问题。作为全球性的问题，其危害是巨大的，其危害关系到人类的前途和命运。这逼迫着人类去反思科学的功利主义、去反思科学功利主义带来的问题。

1. 科学技术的不适当应用。受功利主义的驱使，一些国家通过科学技术制造出各种先进的武器，并利用这些武器达到军事和政治的目的，其结果是造成了人类的大量伤亡。例如，在第一次世界大战中，使用毒气造成了约100万人的死亡。在第二次世界大战中，美国在日本的广岛和长崎投下两颗原子弹，给这两个城市和居民造成巨大破坏和伤亡，仅广岛就有20多万人受害。美国在对越南的侵略战争中，进行了所谓的"枯叶作战"，不仅向森林，而且向越南解放区不断撒布化学药剂。使这一广阔的自然界变成荒芜地区。不仅自然遭到损害，而且人体也受到摧残。一些地区的妇女流产和畸形儿的出生增加，发现了人的染色体异常。

2. 科学技术的大量应用，导致了全球性的环境问题。这主要表现在：

全球气候正在变暖；海平面上升；土壤过分流失；土地沙漠化扩展；森林资源日益减少；臭氧层变薄；生物物种加速灭绝，动植物资源急剧减少；淡水供给不足；水源严重污染；空气污染；有害废弃物危害着人类健康和安全。

臭氧层变薄与科学技术的应用有关，具体地说，元凶是卤代烃类物质。臭氧层破坏后，过度的紫外线辐射对环境最直接的结果是毁掉庄稼和花草树木，以及海洋食物链最基础的浮游植物。对大豆生产的实验表明，臭氧每减少25%，大豆产量就降低20%。同时，皮肤癌、白内障以及导致免疫能力下降的疾病发病率越来越高，也是臭氧减少和紫外线辐射带来的严重后果。据统计，在靠近南极的澳大利亚，近几年皮肤癌发病率增加了3倍，美国目前每年皮肤癌患者达50万人，死亡人数约5000人。

3. 造成了科学技术的畸形发展。所谓畸形发展，就是那些有直接功利目的的，或者与功利目的关系密切的科学技术，得到快速发展，并急剧膨胀起来；而那些没有直接功利目的的，或者与功利目的关系不密切的科学技术，则停滞不前，处于萎缩状态。这种情况在世界许多国家都曾出现过。例如，在第二次世界大战期间，希特勒领导的德国，就片面地发展那些与军事有关的科学技术。在冷战时代，美、苏两个超级大国也在片面发展那些与军事有关的科学技术，苏联在这方面尤为突出。目前，世界上的很多国家又完全以经济为标准，来确定科学技术发展的先后顺序。那些与经济关系密切的科学技术，受到人们的格外青睐、高度重视；那些与经济无关的或暂时无关的科学技术，则受到人们的冷落，甚至被搁置在一边。

科学技术的畸形发展，至少有如下的危害：①造成了科学技术资源的巨大浪费。在冷战时代，美、苏两个超级大国展开了核竞赛，双方都在不遗余力地发展核武器。据西方公布的材料，苏联有战略核武器约2万枚，近100亿吨梯恩梯当量。战略核力量由陆际、洲际导弹、潜艇发射的导弹和远程轰炸机组成。共有运载工具1500件，核弹头8000多枚，总当量50多亿吨。冷战结束后，这些核武器成了多余之物，不得不花费巨资进行销毁，这无疑是对科学技术资源的巨大浪费。②导致了科学技术各部分发展的失调。科学技术的发展，有其内部的规律，即它的各部分的发展有一定的比例、先后顺序。但科学的功利主义打乱了这种规律，导致了科学技术各部分发展的失调。例如，基础科学本来是其他科学技术的先导和源泉，但由于它与经济的关系比较疏远,因而受到了冷落,得不到应有的发展,结果又制约了其他科学技术的发展。这种失调的现象,在世界上很多国家都存在。

(四) 解决科学功利主义问题的对策

一些学者对科学功利主义的问题提出了批评。刘易斯指出:巫术和应用科学具有一个共同点,即两者都以技术为解决问题的手段,并由此去努力使现实臣服于人类的愿望。然而较早时期的哲人则认为,其问题在于如何使灵魂与现实协调一致,并认为要实现这一目标,只能经由知识、自律和美德的途径。他还指出:"近代主要的时代号手"培根与马洛笔下的浮士德有着惊人的相似之处。浮士德说:"一位能干的巫师,就是一位强大的神"。他还说,"一切运动于静寂的两极之间的事物,都要听命于巫师的指令。"培根的目标正是要扩大人类的力量,以完成一切可能的事情。最后,刘易斯将人类对自然的支配斥责为傲慢,而对于趋奉自然的古代"智慧",即使是斯多葛派的智慧而不是基督教的智慧,却加以赞扬。他还认为,"现代科学运动是在一种不良的环境和一种不祥的时刻诞生的。"[①]

默顿也指出:"功利主义的极端形式,狭义地解释的功利规范,给科学强加了一个限制,因为它认为只有当科学直接可获利时才是可取的。与这种观点有关,从理智上说是近视的,反对对那些不提供直接成果的基础性研究给予任何注意。学院与大学大多把它们的课程限定为一些可以在宗教、技术和经济方面找到直接应用的课题。洛克提供了另一个例子,说明一种狂热的功利主义对科学成长的妨碍所达到的程度,他评论说,'我们没有理由抱怨我们不知道太阳或恒星的本性,以及成千个关于自然的其他思辨,如果我们知道它们,它们对我们也没有真正的好处'"[②]"科学家们心照不宣地认识到这种危险,从而坚持拒绝把功利主义规范应用于他们的工作。……功利性应该是一种科学可以接受的副产品而不

[①] [荷]霍伊卡:《宗教与现代科学的兴起》,钱福庭等译,四川人民出版社1991年版,第85—87页。

[②] [美]默顿:《十七世纪英国的科学、技术和社会》,范岱年等译,四川人民出版社1986年版,第348页。

是科学的主要目的。因为一旦有用性变成科学成就的唯一标准，具有内在科学重要性的大量问题就不再受到研究了。因此，科学家提高纯科学的地位就应被视为抵御那样一些规范的侵入，这些规范限制了科学潜在生产的可能方向，威胁了科学研究作为一种有价值的社会活动的稳定性和连续性。"①

那么，到底应该怎样看待科学的功利主义呢？我们认为，首先应该肯定科学功利主义在科学技术发展中的积极作用，这种作用是巨大的。同时，我们也应该看到科学功利主义的问题，这种问题是客观存在的，是不依人的意志为转移的。但对这种问题应采取科学的态度：即不能因此而否定科学功利主义的积极作用，也不能对此漠然置之、任其发展，而应该采取有力措施，解决或控制此种问题。具体地说，要努力做到以下几点：

1. 制定科学技术发展的多元标准。把科学技术发展的标准仅仅局限于功利主义，显然是不够的，也不利于科学技术的发展。因此，应该制定科学技术发展的多元标准。在多元标准中，除了功利主义标准外，还应该根据科学技术自身的特点提出一些相应的标准，如认识标准、美学标准等。一般地说科学技术成果的认识价值取决于它的创新程度，如果它是新的，并且有质的飞跃，那就具有重大的认识价值。

科学技术发展的多元标准，不是凝固的、一成不变的，而是在不断地流动、不断地发展。造成这种现象的原因是多方面的，但概括起来主要有两个，一是科学技术自身发展的多样化；二是人类需要的多样化。因此，我们应该根据新的情况，不断调整、充实、丰富科学技术发展的多元标准，以推动科学技术健康、快速地发展。

2. 注意科学技术不同分支所侧重的标准。科学技术本身已经成为一个有机的大系统，这个大系统，从纵向看，包括基础科学、定向应用、应用技术、技术开发、产品研制……一直到它的经济和社会应用的各个环节。从横向看，仅自然科学现在就有着2600多门类，它们通过边缘科学、横向科学、综合科学等构成了网络。再从时向看，随着时间

---

① ［美］默顿：《十七世纪英国的科学、技术和社会》，范岱年等译，四川人民出版社1986年版，第348—349页。

的前进，各门学科日新月异地发展，不断涌现与更替着一系列前沿科学群。

由于科学技术分支甚多，而各分支的情况又千差万别，因此不能用同一标准来衡量它们的价值。这就是说，对科学技术的不同分支，应有不同的侧重标准。例如，对基础科学来说，应侧重认识标准，即主要应根据认识标准来确定它的价值，而对技术，特别是工程技术，则应侧重于功利的标准，即主要应根据功利的标准来确定它的价值。

当然，在某些情况下，须要考虑科学技术的综合价值，这时就须要制定综合标准，以确定科学技术价值的大小。例如，就科学而言，它的认识价值在于创新。但现代科学已与技术联为一体，这就是科学技术的一体化。因此，对于现代科学，也应考虑它的功利价值。这样，现代科学就不是只有一个标准，而是两个标准。两个标准不是分离的，两个标准须要综合。这就是综合标准。

3. 在科学技术的不同时期坚持不同的标准。科学技术的发展，可分为不同阶段或不同时期。在不同时期，科学技术应有不同的标准。例如，就科学而言，有些科学理论的建立是出于逻辑的考虑。例如，微积分的严格化的过程，非欧几何的建立，数理逻辑的产生，都是源于逻辑的考虑，都是解决逻辑问题的结果。

哥白尼的日心说，麦克斯韦的电磁理论，爱因斯坦的相对论，则是出于审美的考虑，是在审美标准的推动下建立起来的。以哥白尼的日心说为例，哥白尼之所以建立日心说，就是要解决托勒密地心说违背美学标准的问题。具体地说，托勒密的地心说违背了天体是以匀速运行的美学标准；托勒密的地心说其体系也太复杂，这也不符合美学标准。哥白尼曾就托勒密的地心说指出：他是这样一位艺术家：它要画一幅人像，从不同的模特儿那里临摹了他们最美的部分——手、脚、头、和其他部分，然后不成比例地凑合在一起，组成一幅人体肖像。尽管每一部分都画得极好，都是很美的，可是各个部分很不协调，这样画出来的就不是一幅人体肖像，而是一个怪物。[①] 哥白尼为了消灭这个"怪物"，才把地心说变成日心说。在哥白尼看来，日心说是美的，日心说符合美学标准。

---

① 徐纪敏：《科学美学思想史》，湖南人民出版社1987年版，第209页。

这表明，在科学不同时期，应坚持不同的标准。如果硬要用一种标准，譬如实践的标准、功利的标准，去决定科学的发展，那就会阻碍科学的发展。例如，在哥白尼日心说刚诞生的时候，就用实践的标准去要求它，那就会扼杀它，至少会阻碍它的发展。数理逻辑是逻辑推导的结果，它最初只是符合逻辑标准。如果只用功利主义的标准去要求它，它就无法存在下去，它就会走向消亡。

当然，对上述问题不能绝对化。因为科学是不断发展的，它会从一个阶段走向另一个阶段。当"阶段"发生变化时，其"标准"也会发生变化。例如，哥白尼的日心说建立起来后，它必须接受实践的检验。数理逻辑后来通过电子计算机，也变得有用了。这使它走向功利，这使它与功利吻合。这是一种辩证法，这里的辩证法不能违背。如果违背，就会受到辩证法的惩罚。历史上这样的事例还少吗！

4. 对功利主义所导致的科学技术的不适当应用进行利益制衡。功利主义所追求的是利益，当然这里的利益是少数人的利益，是少数人的短期利益。功利主义用利益绑架了科学技术，使科学技术屈从于少数人的利益、屈从于少数人的短期利益。这就导致了科学技术的不适当应用。由此导致了一系列的问题，如生态问题、环境问题等。

因此，要解决科学技术的不适当应用，很重要的一个措施就是进行利益的制衡。所谓利益制衡，包括两个方面：一是利益诱导；二是利益惩罚。利益诱导就是用利益引导科学技术的适当应用，即凡是能做到科学技术适当应用的就给以利益、给以奖励。利益惩罚则是对科学技术不适当应用者进行利益惩罚。惩罚的力度要大，要几倍于获利者的利益，有时要惩罚得获利者倾家荡产。通过利益控制，以推进科学技术的适当应用，以减少科学技术的不适当应用。

在利益控制的过程中，各级政府发挥着决定性的作用。因为政府是代表人民利益的。这一点与企业不同，企业往往只代表少数人的利益。因此，企业在少数人利益的推动下，可能将科学技术应用于不适当的方面，有时还可能造成严重的生态、环境问题。在这种情况下，政府必须发力，政府必须约束企业的不适当行为。如果企业敢冒天下之大不韪，政府则可以惩罚得它破产倒闭。只要政府是代表人民的，只要政府敢抓敢管，企业的行为——对科学技术的不适当应用就会被制衡。

5. 对科学技术应用中的问题进行道德约束。科学技术的不适当应用是多方面的,但突出地表现在军事领域,即一些国家为了自己的经济、政治方面的利益,片面地发展新式的、先进的武器,以至于对人类造成了或将会造成严重的危害。解决这样的问题,当然须要采取多方面的措施,但道德约束是很重要的一个方面。所谓道德约束,就是要通过全人类的努力,特别是学者的努力,建立一种新的价值观念和体系。这种价值观念和体系须吸收人类以往的一切优秀的价值成果,包括中国的、外国的;古代的、近代的、现代的;基督教的、伊斯兰教的、佛教的、儒学的;等等。在此基础上,还要进行分析、批判、综合。但最重要的,还是要针对科学技术应用中所产生的问题提出新的价值观念。

建立新的价值观念和体系并不是目的,目的在于用新的价值观念武装人们的头脑,使他们能够自觉地抵制科学技术的不适当的应用。这样做的人多了,就会产生一种道德约束机制,使科学技术的不适当应用难以进行,或难以为继,由此问题也就解决了。

但须要指出的是,建立新的价值观念,并使其成为人们的自觉行动,是一个很长的过程。在这个过程中,需要全人类的共同努力,特别是学者、政治家的共同努力,他们肩负的责任更重。值得欣喜的是,一些学者已经开始了这方面的工作。例如,佩奇指出:"……必须要有一种新的基本思想。为了拯救人类,应由这种思想来改造人,使人能够经得住时代风暴的考验,并根据自己在世界上享有的权利和肩负的职责发挥应有的作用。这种思想应该完全是人道主义的思想。只有新的人道主义才能创造这种奇迹,才能决定人类的精神复兴。"① 他还在这方面做了一些具体工作,提出若干新的价值观念(他称之为智慧的良种),如各国人民应有能力解决自己造成的问题;安全是一种基本需要,只有个人和社会在文化方面的成熟才是可靠的保证;从最广泛的意义上来说,人的发展是人类的最终目标,与其他方面的发展或目标相比,它应占绝对优先地位,等等。我们相信,通过全人类的共同努力,一定能建立起一种新的价值观念,从而有效地约束科学技术的不适当应用,使其更好地为人类服务。

---

① [意]佩奇:《世界的未来——关于未来问题一百页》,王肖萍等译,中国对外翻译出版公司1985年版,第112页。

6. 科学技术应用中的问题需依赖科学技术来解决。这里的科学技术可称之为绿色科学技术。绿色科学技术有两层含义：一是它针对的是科学技术应用带来的问题，它的目的就是要解决此类问题。二是它本身的应用很少带来问题，这里的问题主要是生态、环境问题。例如，除尘器、节能装置、污水处理设备等，都属于绿色科学技术。特别须要指出的是，目前所提倡和推行的循环经济，其基础就是绿色科学技术，就是绿色科学技术的综合。

在绿色科学技术的发展方面还存在诸多问题，概括地讲主要有：一是开发不够。绿色科学技术须根据具体情况进行开发。这种开发在我国做得还不够，与发达国家存在较大的差距。二是投入不多。开发绿色科学技术需要投入，我国的投入还不多，这一方面与我国的经济发展水平有关；另一方面则是政府重视不够。三是推广不力。我国的绿色科学技术本来就开发得较少，但又存在推广不力的问题。推广不力，最大的"肠梗阻"在于：企业不愿投入，政府不愿出资。这个问题不解决，绿色科学技术的推广就会乏力、就不会顺畅。四是综合较少。绿色科学技术需要综合，只有通过综合，才能充分发挥其作用。目前存在的问题是综合较少，能综合的也没有综合。这里既有科学技术的原因，也有经济和政治的原因。这个问题必须解决，只有这个问题解决了，绿色科学技术的潜能才能充分释放。

综上所述，我们对科学功利主义产生、发展、成就、问题等多方面的情况进行了分析和探讨。这种分析和探讨具有重大的理论意义和现实意义。因为科学的功利主义涉及科学技术，而科学技术是现代社会最重要、最强大的力量。特别须要指出的是：科学的功利主义，曾主宰着古代大多数国家的科学技术的发展。在近代和现代，科学的功利主义也是科学技术发展中的一种主要思潮。由于科学技术大量地应用于人类的生产和生活领域，这就使科学的功利主义走向了社会的方方面面，这就使科学的功利主义变得更加重要了。在这种情况下分析和探讨科学的功利主义，其理论意义和现实意义当然是重大的。这就是我们要选择这个问题的根据。但我们的工作只是一个开头，只能起"抛砖引玉"的作用。

参考文献

一 著作

《爱因斯坦文集》第一卷,许良英等译,商务印书馆1977年版。
《古希腊罗马哲学》,商务印书馆1961年版。
《老子、庄子》,中国纺织出版社2012年版。
《马克思恩格斯列宁斯大林论》,科学技术史人民出版社1979年版。
《马克思恩格斯选集》第1卷,人民出版社。
《西方哲学原著选读》(上卷),商务印书馆1981年版。
阿姆斯特朗:《神话简史》,胡亚豳译,重庆出版社2005年版。
白清才、刘贯文:《徐继畲集》,山西高等联合出版社1995年版。
柏拉图:《理想国》,刘勉等译,华龄出版社1996年版。
鲍尔加尔斯基:《数学简史》,潘德松等译,知识出版社1984年版。
北京大学哲学系外国哲学史教研室编译:《西方哲学原著选读》(上卷),商务印书馆1981年版。
贝尔纳:《历史上的科学》,伍况甫等译,科学出版社1983年版。
布尔斯廷:《发现者》,严撷芸译,上海译文出版社1995年版。
布伦诺斯基:《科学进化史》,李斯译,海南出版社2002年版。
陈昌曙等主编:《自然科学发展简史》,辽宁科学出版社1984年版。
陈晓中等:《中国古代科技成就》,中国青年出版社1978年版。
崔钟雷编译:《诗经》,浙江人民出版社2013年版。
丹皮尔:《科学史》,李珩译,商务印书馆1987年版。
德博诺编,发明的故事》,蒋太培译,生活·读书·新知三联书店1986年版。

杜布斯：《文艺复兴时期的人与自然》，陆建华等译，浙江人民出版社 1988 年版。

杜石然等：《中国古代科技成就》，中国青年出版社 1978 年版。

杜威：《确定性的寻求》，傅统先译，上海人民出版社。

恩格斯：《自然辩证法》，人民出版社 1971 年版。

方勇等译注：《荀子》，中华书局 2011 年版。

费尔夫：《西方文化的终结》，丁万江译，江西人民出版社 2006 年版。

冯契：《哲学大辞典》，上海辞书出版社 2007 年版。

冯契：《中国古代哲学的逻辑发展》（上册），上海人民出版社 1983 年版。

高之栋：《自然科学史讲话》，陕西科学技术出版社 1986 年版。

亨延顿：《文明的冲突与世界秩序的重建》，新华出版社 1998 年版。

洪万胜：《中国人的科学精神》，黄山书社 2012 年版。

黄楠森：《新编哲学大辞典》，山西教育出版社 1993 年版。

黄楠森、杨寿堪：《新编哲学大辞典》，山西教育出版社 1993 年版。

霍伊卡：《宗教与现代科学的兴起》，钱福庭等译，四川人民出版社 1991 年版。

季羡林：《三十年河东，三十年河西》，当代中国出版社 2006 年版。

江晓原：《12 宫与 28 宿》，辽宁教育出版社 2005 年版。

金观涛等：《科学传统与文化》，陕西科学技术出版社 1983 年版。

卡西尔：《人论》，甘阳译，上海译文出版社 2004 年版。

柯瓦雷：《牛顿研究》，张卜天译，北京大学出版社 2000 年版。

克莱因：《古今数学思想》，张理京等译，上海科学技术出版社 1987 年版。

孔祥毅等：《晋商研究（第二辑），》，经济管理出版社 2015 年版。

兰佐斯：《无穷无尽的数》，吴伯泽译，北京出版社 1979 年版。

李佩珊：《20 世纪科学技术简史》，科学出版社 1999 年版。

李约瑟：《中国古代科学思想史》，陈立夫主译，江西人民出版社 1990 年版。

李志敏：《四书五经》，，海南出版社 2009 年版。

梁宗巨：《世界数学史简编》，辽宁人民出版社 1980 年版。

林超然主编：《现代科学哲学教程》，浙江大学出版社 1988 年版。

林成滔：《科学简史》，中国友谊出版公司 2005 年版。

刘长林:《中国系统思维》,中国社会科学出版社 1990 年版。
刘长林:《中国象科学观》,社会科学文献出版社 2007 年版。
刘贯文:《徐继畬论考》,山西高校联合出版社 1995 年版。
刘明翰:《世界简史》,山东教育出版社 1985 年版。
刘延勃主编:《哲学辞典》,吉林人民出版社 1985 年版。
吕大吉:《宗教学通论》,中国社会科学出版社 1989 年版。
麦卡里斯特:《美与科学革命》,李为译,吉林人民出版社 2000 年版。
麦克莱伦第三等:《世界科学技术通史》,王鸣阳译,上海世纪出版集团 2012 年版。
毛建儒:《论科学技术发展的社会因素》,山西人民出版社 2004 年版。
梅森:《自然科学史》,周煦良等译,1984 年版。
孟宪俊等:《自然辩证法讲话》,甘肃人民出版社 1982 年版。
莫兰:《复杂思想:《自觉的科学》,陈一壮译,北京大学出版社 2001 年版。
默顿:《十七世纪英国的科学、技术和社会》,范岱年等译,四川人民出版社 1986 年版。
潘永祥等编:《中国古代科学技术大事记》,人民教育出版社 1917 年版。
佩尔斯:《科学的灵魂》,潘柏滔等译,江西人民出版社 2006 年版。
佩尔斯、撒士顿:《科学的灵魂——500 年科学与信仰、哲学的互动史》,潘柏滔译,江西人民出版社 2006 年版。
佩奇:《世界的未来——关于未来问题一百页》,王肖萍等译,中国对外翻译出版公司 1985 年版。
钱宝琮:《中国数学史》,科学出版社 1981 年版。
任继愈:《中国哲学史》,人民出版社 1979 年版。
任继愈:《中国哲学史简编》,人民出版社 1973 年版。
塞耶:《牛顿自然哲学著作选》,上海外国自然科学哲学著作编译组译,上海人民出版社。
申先甲:《物理学史简编》,山东教育出版社 1985 年版。
施瓦布:《希腊古典神话》,曹乃云译,译林出版社 2002 年版。
斯科特:《数学史》,侯德润译,商务印书馆 1981 年版。
松鹰:《电子科学发明家》,中国青年出版社 1981 年版。

汤因比、池田大作：《展望二十一世纪》，荀春生等译，国际文化出版公司 1985 年版。

田玉川：《晋商》，中国工人出版社 2007 年版。

汪前进：《中国古代 100 位科学家故事》，人民教育出版社、学习出版社 2006 年版。

王德保：《神话的由来》，中国人民大学出版社 2004 年版。

王鸿生：《中国历史中的技术与科学》，中国人民大学出版社 1997 年版。

王卡：《中国道教基础知识》，宗教文化出版社 2009 年版。

王宁林：《河东裴氏文化》，香港天马图书有限公司 2002 年版。

王阳明：《传习录》，邓阳译注，花城出版社 1998 年版。

韦伯：《儒教与道教》，洪天富译，江苏人民出版社 1995 年版。

温泽先：《山西科技史》，山西科学技术出版社 2002 年版。

沃尔夫：《十六、十七世纪科学、技术和哲学史》，周昌忠等译，商务印书馆 1985 年版。

吴文俊：《中国古代科技成就》，中国青年出版社 1978 年版。

武吉庆：《中国近代史》，高等教育出版社 2001 年版。

席泽宗：《科学史十论》，复旦大学出版社 2003 年版。

席泽宗等：《中国古代科学成就》，中国青年出版社 1978 年版。

徐纪敏：《科学美学思想史》，，湖南人民出版社 1987 年版。

亚里士多德：《尼各马科伦理学》，苗力田译，中国人民大学出版社 2003 年版。

杨昌栋：《基督教在中古欧洲的贡献》，社会科学文献出版社 2000 年版。

尹斌庸等：《古今数学趣话》，四川科学技术出版社 1985 年版。

詹姆斯：《世界古代发明》，颜可维译，世界知识出版社 1999 年版。

张岱年：《中国伦理思想研究》，江苏教育出版社 2009 年版。

张明喜：《我国基础研究经费投入问题分析〈自然辩证法通讯〉》，2016 年版。

张紫晨：《中国巫术》，上海三联书店 1996 年版。

赵敦华：《西方哲学简史》，北京大学出版社。

朱大可：《华夏上古神系》，东方出版社 2014 年版。

朱立元：《西方美学范畴史》，山西教育出版社 2006 年版。

朱清时等:《东方科学文化的复兴》,科学技术文化出版社2004年版。

二 期刊

段志光:《屠呦呦获诺贝尔生理学或医学奖之启示:特殊性与一般性》,《自然辩证法通讯》2016年第1期。

丘成桐:《"研学之乐",新华文摘》,2011年第7期。

杨中楷:《21世纪以来满足科学奖成果性质的技术科学趋向》,《科学学研究》2016年第1期。

《自然辩证法通讯》1996年第4期。

后　记

　　文化与科学技术的关系是一个既重要又持久、既老旧又现代的问题，是一个常探常新的问题，是一个永远不会沉寂的问题。我们对这个问题的研究始于20世纪80年代，本书则是对这种研究的总括，当然在总括中又包含着创新。在本书中，有宏观的探索，有中观的探索，也有微观的探索。宏观探索的指向是中国文化与科学技术的关系；中观探索的指向是山西文化与科学技术的关系；微观探索不同于宏观探索和中观探索，它涉及的是具体或个别问题。例如，中国近代数学为什么落后，屠呦呦获诺贝尔科学奖的文化反思，等等。作者在探索之余，时常听到这样一种声音："李约瑟之问"是伪问题。我们认为它不是伪问题，而是真问题。因为它涉及到文化与科学技术的关系，这种关系是客观存在的、是千真万确的。"五四"运动为什么提"打倒孔家店"，就与中国文化与科学技术的关系有关。最重要的是，它不是一个纯理论的问题，它还有现实的意义。因为在当今世界，各国都在大力发展科学技术，这就必然会遇到如下的问题：文化与科学技术有什么关系，怎样正确处理文化与科学技术的关系。正是基于它的重要性和现实意义，才吸引了诸多的学者进入它的领域，并产生了诸多的科研成果。直至今日，它仍像一块"磁石"，把诸多学者聚集在它周围，而且不断有新的研究成果产出。因此它不可能是伪问题。

　　尽管已经成书，但研究仍在路上，仍有许多问题需要去探索。因此，本书也只能算是一个探索阶段的初级成果。今后我们将不断深化研究，这不仅是出于我们的兴趣，更重要的是，不管从理论意义上还是从现实价值上看，都需要对相关问题做进一步分析和解读。

  我们的探索尽管持续了多年，也下了很大的力气，但由于各方面的局限，肯定存在这样那样的问题，恳请学术界斧正。

毛建儒 刘国帅
2021.4